Visualisierung komplexer Strukturen
Grundlagen der Darstellung mehrdimensionaler Netzwerke

PD Dr. Lothar Krempel ist wissenschaftlicher Mitarbeiter am Max-Planck-Institut für Gesellschaftsforschung in Köln und Privatdozent für empirische Sozialforschung an der Universität Duisburg-Essen.

Lothar Krempel

Visualisierung komplexer Strukturen

Grundlagen der Darstellung mehrdimensionaler Netzwerke

Campus Verlag
Frankfurt/New York

Schriften des Max-Planck-Instituts für Gesellschaftsforschung Köln, Sonderband

Bibliografische Information der Deutschen Bibliothek
Die Deutsche Bibliothek verzeichnet diese Publikation in der Deutschen Nationalbibliografie.
Detaillierte bibliografische Angaben sind im Internet über http://dnb.ddb.de abrufbar.
ISBN 3-593-37813-2

Das Werk einschließlich aller seiner Teile ist urheberrechtlich geschützt. Jede Verwertung ist ohne Zustimmung des Verlags unzulässig. Das gilt insbesondere für Vervielfältigungen, Übersetzungen, Mikroverfilmungen und die Einspeicherung und Verarbeitung in elektronischen Systemen.
Copyright © 2005 Campus Verlag GmbH, Frankfurt/Main
Umschlaggestaltung: Joachim Kubowitz, luxsiebenzwo, Köln
Layout und Satz: Christel Schommertz, Max-Planck-Institut für Gesellschaftsforschung, Köln
Druck und Bindung: Books on Demand GmbH, Norderstedt
Printed in Germany

Inhalt

Abbildungen | 9
Danksagung | 11

Einleitung | 13

Kapitel 1
Grafik und Information | 23
1.1 Grafische Darstellungen | 23
    1.1.1 Karten | 23
    1.1.2 Informationsvisualisierung | 25
    1.1.3 Grafische Information und das menschliche Denken | 25
    1.1.4 Mentale Karten als internalisierte Strukturen | 28
1.2 Strukturen sichtbar machen | 29
    1.2.1 Information über Strukturen | 29
    1.2.2 Grafische Kommunikation | 30
    1.2.3 Geordnete Netze | 32

Kapitel 2
Grafische Informationsverarbeitung | 33
2.1 Bertins visuelle Variable | 33
2.2 Die präattentive Wahrnehmung von Markierungen | 35
2.3 Layouts und Platzierungen | 37
2.4 Größenmarkierungen und quantitative Information | 37
2.5 Farben | 40
    2.5.1 Kommunikation von Daten mit Farben | 42
    2.5.2 Ein kurzer historischer Abriss | 44
    2.5.3 Anatomisch-physiologische Grundlagen der Farbwahrnehmung | 45
    2.5.4 Technologische Normierung der physiologischen Wahrnehmung: CIE 1931 | 47
    2.5.5 Farben, Farbsysteme und Farbwahrnehmung | 48

2.6	Colorimetrie	54
	2.6.1 CIE XYZ und xyY	55
	2.6.2 XYZ und RGB	56
	2.6.3 CIE L*a*b*	57
	2.6.4 CIE L*a*b* und XYZ	58
	2.6.5 CIE L*a*b und Munsell	59
	2.6.6 Farbmetriken im CIE L*a*b*-Farbraum	59
2.7	Quantitative Informationen und Farben	62
	2.7.1 Kontextkontraste	66
	2.7.2 Grenzen der Kommunikation mit Farben	68
	2.7.3 Die Zukunft hat begonnen	69
	2.7.4 Resümee	70
2.8	Effizienz: Ergonomie und Informationsökonomie	70

Kapitel 3
Netzwerkanalyse und Visualisierung 73

3.1	Netze und Graphen	73
	3.1.1 Subgraphen	74
	3.1.2 Verbundenheit	74
	3.1.3 Dichte	75
	3.1.4 Komponenten, Brücken, Schnittpunkte und Blöcke	75
	3.1.5 Knoteneigenschaften: Grad und Zentralität	75
	3.1.6 Lokale Verdichtungen	76
	3.1.7 Positionen und Rollen	79
	3.1.8 Weitere Typen von Graphen	80
3.2	Eigenschaften und Attribute von Netzen	80
3.3	Typologien und Partitionen als Erklärungen	81
3.4	Einfache Bildsprachen: Mengendiagramme und Quantifizierung	83
3.5	Strukturhypothesen als geometrische Beschränkungen	87

Kapitel 4
Netze ordnen 89

4.1	Einbettungen in einfache Lösungsräume	90
	4.1.1 Vereinfachungen	91
	4.1.2 Modell und Daten	92
	4.1.3 Optimierungen und Fehler	93
	4.1.4 Ein Algorithmus	94
	4.1.5 Beispiele	94
	4.1.6 Schlussfolgerungen	102
4.2	Die Darstellung von Graphen mit Kräftemodellen	103
	4.2.1 Was ist ein Spring Embedder?	103
	4.2.2 Eine allgemeine Übersicht	104
	4.2.3 Binäre symmetrische Graphen	106
	4.2.4 Eigenschaften der Spring Embedder	106
	4.2.5 Graphen-Layouts auf der Basis von Distanzinformationen	112
	4.2.6 Darstellungen bipartiter Graphen (Two-mode-Daten)	114
	4.2.7 Bewertete Daten	116
	4.2.8 Resümee	118
4.3	Platzierungen von Knoten unter Nebenbedingungen	120

Kapitel 5
Syntaktische Markierungen 123

5.1 Degree-Zentralität 125
5.2 First order zone 126
5.3 Partitionen 127
5.4 Partitionen, Teilmengen und Zonenmarkierungen 128
5.5 Partitionen und Hüllen 129
5.6 Zentralitäten und Erreichbarkeiten 130
5.7 Exkurs: Die grafische Exploration eines Blockmodells 132
    5.7.1 Aggregationen, Hüllen und Zonensymbole 132
    5.7.2 Numerische Ausgangsinformationen 133
    5.7.3 Visuelle Strategien und Markierungen 134
    5.7.4 Die Daten: kollegiale Netzwerke in einer Firma 134
    5.7.5 Fragen 137
    5.7.6 Layouts unter Verwendung der Verbundenheitsmatrix 137
    5.7.7 Layouts unter Verwendung der Blockmatrix 139
    5.7.8 Layouts auf der Basis von Burts euklidischer Distanzmatrix 140
    5.7.9 Resümee 142

Kapitel 6
Die Transformation von Layouts 145

6.1 Der symbolische Gabentausch der !Kung 146
6.2 Die räumliche Einbettung des Tauschsystems 147
6.3 Der Kern des Hxaro-Austauschsystems 150
6.4 Hxaro-Austausch und enge Verwandtschaft 151
6.5 Verwandtschaft und Austauschbeziehungen im Kern des Systems 153

Kapitel 7
Zusammenhänge sichtbar machen 155

7.1 Merkmalsmuster in Strukturen 156
7.2 Attribute und Zonensymbole 157
    7.2.1 Exkurs: Knotenattribute und Welthandelsdaten 159
    7.2.2 Kantenattribute 169
7.3 Strukturen und Muster explorieren 176
    7.3.1 Selektionen 177
    7.3.2 Aggregationen 179
7.4 Resümee 182

Kapitel 8
Optimierte Darstellungen von Strukturen 185

8.1 Ordnen und Positionieren 187
8.2 Strukturen markieren: syntaktische Zeichen 188
8.3 Attribute abbilden: Muster in Netzen 190

8.4	Quantitative Daten und grafische Markierungen	191
8.5	Entwicklungsperspektiven und offene Fragen	192
	8.5.1 Große Netze	193
	8.5.2 Mehrdimensionale Darstellungen	193
	8.5.3 Hierarchien in Netzen	194
	8.5.4 Die Effizienz von Darstellungen	194
8.6	Resümee	195

Literatur	199
Anhang – Programme und Programmierwerkzeuge	209
Personen- und Sachverzeichnis	211

Abbildungen

E.1	Informationsvisualisierung als grafische Erweiterung der Statistik	17
2.1	Empfindungen (JNDs) und physikalische Reize (schematisch)	38
2.2	Stevens' Law	39
2.3	Der Standardbeobachter nach CIE 1931	47
2.4	Das xyY-Diagramm nach CIE 1931	48
2.5	RGB und CMYK als zwei gerätespezifische Farbsysteme	49
2.6	Munsell-Farbsystem	50
2.7	Luminance (Munsell value) und Chroma im Munsell-Farbraum	51
2.8	Eine MDS-Rekonstruktion des Munsell-Color-Systems	53
2.9	Der CIE L*a*b*-Farbraum	58
2.10	Munsell, CIE xy und CIE L*a*b*	60
2.11	Helligkeitskodierte Farbschemata nach Cynthia Brewer	63
2.12	Kommunikation von binären, qualitativen und quantitativen Verteilungen mit helligkeitskodierten Farben nach Brewer	64
2.13	Das PRAVDA-Farbmodul des Data Explorers (IBM)	65
2.14	Induktion von Farbempfindungen	67
3.1	Ein Graph mit Brücken und Schnittpunkten	76
3.2	Degree-, Closeness- und Betweenness-Zentralität	77
3.3	Ein Netzwerk mit verschiedenen Verdichtungen	78
3.4	Positionen und Rollen	79
3.5	Logische Aussagen mit Euler-Diagrammen	84
3.6	Euler-Diagramme und Piagets infralogische Quantifizierung	86
4.1	Zwei Cliquen und ein Star	95
4.2	Zwei Cliquen und eine Brücke	95
4.3	Zwei Anordnungen für Doreians Politiker-Netzwerk	97
4.4	Ein System von drei Forschungsorganisationen und die Verbindungen zu verschiedenen Kommitees und Gremien	99
4.5	Das Forschungssystem und industrielle Partner I	101
4.6	Animation eines Spring Embedders	104
4.7	Schwerpunktorientiertes Graphenzeichnen mit fixierten Knoten	108
4.8	Platzierung bei Veränderung der Abstoßung nach Fruchterman/Reingold	110
4.9	Animation der Iterationen eines Spring Embedders für Two-mode-Daten	115
4.10	Zwei Lösungen für die Two-mode-Daten von Davis, Gardener und Gardener	115

4.11	Eine Weltkarte auf der Basis von Luftliniendistanzen	119
4.12	Größenmarkierungen und die Optimierung von Layouts	121
5.1	Der ungerichtete Beispielgraph mit strukturellen Löchern	125
5.2	Markierungen der Knoten mit Größen	126
5.3	Markierungen einer Partition mit Farben	127
5.4	Elementare Lagerungen in einer Partition	129
5.5	Zonensymbole als Beschreibung der primären Umwelt	129
5.6	Das Forschungssystem und industrielle Partner II	130
5.7	Breadth-First-Suche im Netzwerk des Forschungssystems	131
5.8	Das kollegiale Netzwerk und die Standorte einer Firma	135
5.9	Markierung der Blockpartition mit konvexen Hüllen	138
5.10	Geometrische Blockaggregation des elementaren Spring-Embedder-Layouts	139
5.11	Metrisches Embedding mit der Imagematrix	140
5.12	Konvexe Hüllen und Layout mit Burts Distanzmatrix	141
5.13	Aggregierte Blocks und Hüllen	142
6.1	Hxaro-Tauschbeziehungen im geografischen Raum	148
6.2	Eine schwerpunktorientierte Einbettung des Austauschsystems	149
6.3	Konvexe Hüllen für die unterschiedlichen Camps	150
6.4	Der Kern als Schnittmenge der konvexen Hüllen	151
6.5	Beziehungen des Kerns mit der Peripherie	152
6.6	Typen von Beziehungen in der Kernzone	152
7.1	Welthandel 1994, Positionen	160
7.2	Welthandel 1994, Volumina und Größen	160
7.3	Welthandel 1994, geografische Regionen als nominale Attribute	160
7.4	Welthandel 1994, Regionen und nominale Kantenattribute	162
7.5	Welthandel 1994, Regionen und Zonensymbole	163
7.6	Welthandel 1994, Bruttosozialprodukt als quantitatives Merkmal	164
7.7	Welthandel 1994, Bruttosozialprodukt und Austausch	165
7.8	Welthandel 1994, Bruttosozialprodukt, Ungleichheit und Handel	167
7.9	Farbmarkierungen für Kanten bei kategorialen Knotenattributen	168
7.10	Farbmarkierungen für Kanten bei geordneten Knotenattributen	169
7.11	Wachstum der Komponentenlieferungen im Weltautohandel	172
7.12	Internationale Arbeitsteilung (Krempel/Plümper 1999)	173
7.13	Konzentrationen von Schätzfehlern bei der Modellierung von Handelsflüssen I	174
7.14	Konzentrationen von Schätzfehlern bei der Modellierung von Handelsflüssen II	175
7.15	Welthandel 1994, Schwellenwertselektionen	178
7.16	Die Stellung der EU-15-Staaten im Welthandelsnetz 1994	179
7.17	Die EU-15 im Welthandelsnetz 1994	180
7.18	Welthandel 1994, Aggregation nach Regionen	181
7.19	Welthandel 1994 als Tetrade	181

Danksagung

Am Beginn dieses Projektes stand nicht mehr als die Vermutung, dass es mit grafischen Verfahren möglich sein müsste, Einsichten in die komplexen Anordnungen von Strukturen zu gewinnen. Warum die grafische Sprache ein geeignetes Mittel zur Analyse komplexer Zusammenhänge ist, galt es zu erkunden.

Viele Personen haben zum Gelingen des Projekts und zur Entstehung dieses Buches beigetragen, denen ich herzlich danken möchte. Zuallererst sind dabei Renate Mayntz und Fritz W. Scharpf als Direktoren des Max-Planck-Instituts für Gesellschaftsforschung zu nennen, die mir die Möglichkeit gegeben haben, diesem langfristigen Projekt nachzugehen. Als Nachfolger von Renate Mayntz hat Wolfgang Streeck durch sein nachhaltiges Dringen auf Vollendung der Arbeit in Form einer Habilitationsschrift einen wichtigen Anlass zur Fertigstellung des Manuskriptes gegeben.

Bei dem Versuch, effektive grafische Darstellungen zu entwickeln, habe ich mit einer Reihe von Koautoren an analytischen Problemstellungen aus sehr unterschiedlichen Wissenschaftsgebieten zusammengearbeitet. Ihre Unterstützung hat es mir erlaubt, die Verfahren an bestehenden wissenschaftlichen Fragestellungen zu erproben.

Dabei ist zunächst Thomas Schweizer, Professor für Völkerkunde an der Universität zu Köln, zu nennen, dessen Begeisterung dieser Arbeit bereits früh nachhaltige Entwicklungsimpulse gegeben hat. Die gemeinsame Untersuchung ethnografischer Datensätze mit statistischen und grafischen Verfahren hat bereits früh darauf schließen lassen, dass sich statistische und grafische Verfahren optimal ergänzen.

Auf der Grundlage äußerst komplexer historischer Quellendatenbanken sind die Arbeiten mit Carola Lipp (Volkskunde, Universität Göttingen) und Michael Schnegg (Universität zu Köln) entstanden. Hier haben wir eine historische Petitionsbewegung und deren Einbettung in das kulturelle Umfeld der Akteure während der deutschen Revolution von 1848 bis 1949 untersucht.

Bei der Analyse von Globalisierungsprozessen mit Welthandelsdaten in Artikeln, die zusammen mit Thomas Plümper (Universität Konstanz) entstanden sind, wurden grafische Darstellungen entwickelt, in denen Besonderheiten der Handelsverflechtungen als lokale Muster hervortreten.

Mit Magaretha Shivergeva und Ganchev Gancho, zwei bulgarischen Ökonomen, habe ich Verflechtungen ökonomischer Sektoren (Input-Output-Daten) analysiert. Der Wandel in Übergangsgesellschaften – ehemaligen kommunistischen Gesellschaften und deren Transformation zu marktwirtschaftlichen Ökonomien – sind aus den Darstellungen einfach ablesbar.

Mit Jürgen Güdler (IZ Sozialwissenschaften, DFG) verbindet mich eine lange und konstruktive Zusammenarbeit, in der wir immer wieder versucht haben, das Potenzial grafischer Verfahren an vielfältigen Fragestellungen zu schärfen. Im Rahmen des DFG-Förderrankings haben wir 2003 erstmalig zeigen können, wie mit den Instrumenten der Verbundforschung der DFG übergreifende Forschungsinfrastrukturen entstehen, die verschiedenartige Forschungsträger verbinden.

Nicht zuletzt sei das „Netzkränzchen" erwähnt, das einen wichtigen Anteil an der Fortentwicklung dieses Projektes gehabt hat: ein seit Jahren regelmäßig stattfindendes Treffen mit Hans Joachim Hummell (Universität Duisburg), Peter Kappelhoff (Universität Wuppertal), dem leider viel zu früh verstorbenen Thomas Schweizer (Universität zu Köln) und Wolfgang Sodeur (Universität Essen). Unsere intensiven Diskussionen haben sich über die Jahre als kompromissloses wissenschaftliches Forum erwiesen, das wichtige Impulse und Rückmeldungen über offene Probleme des Visualisierungsprojektes gegeben hat.

Das Manuskript dieses Buches hat im Verlauf seiner Entstehung vielfältige Überarbeitungen erfahren. Christian Borchers und Andrea Scholz haben als Praktikanten mein Manuskript gelesen und wertvolle Korrekturvorschläge gemacht. Weitere Anregungen gehen auf die Gutachter meines Habilitationsverfahrens und Kommentare von Gutachtern im Rahmen des Veröffentlichungsverfahrens des Max-Planck-Instituts für Gesellschaftsforschung zurück. Annette Pundsack hat viele Formulierungen meines Manuskriptes überarbeitet, um eine lesergerechte Fassung zu erzeugen. Thomas Pott und Christel Schommertz von der Redaktionsgruppe des Max-Planck-Instituts für Gesellschaftsforschung haben diese Veröffentlichung schließlich in ihre endgültige Form gebracht. Allen Beteiligten möchte ich meinen herzlichen Dank aussprechen. Für Fehler fühle ich mich persönlich verantwortlich.

Errata, Ergänzungen und Verweise auf neue Entwicklungen werde ich unter <www.mpifg.de/people/lk/book> dokumentieren. Ihre Kommentare, Anmerkungen und Hinweise nehme ich gerne entgegen. Netzwerkvisualisierungen bleiben ein spannendes Thema.

Köln, im Februar 2005 *Lothar Krempel* krempel@mpifg.de

Einleitung

Thema der vorliegenden Arbeit ist die Visualisierung sozialer Strukturen. Ziel ist es aufzuzeigen, wie grafische Darstellungen es erlauben, Einsichten in komplexe Netzwerke von Beziehungen zu gewinnen. Drei Kernfragen sind Gegenstand der Untersuchung:

(1) Wie und mit welchen Informationen können Netze geordnet werden, so dass aus ihren Darstellungen wesentliche Eigenschaften des Graphen abzulesen sind?

(2) Welche strukturellen Eigenschaften der Graphen und ihrer Einheiten können in diese Abbildungen visuell integriert werden, damit Besonderheiten der Strukturen klar und einfach zu identifizieren sind?

(3) Wie kann man zusätzliche externe Informationen auf die Darstellungen abbilden, so dass ihre Lagerung in der Struktur und lokale Konzentrationen von Merkmalen sichtbar werden?

Bei jedem dieser Probleme werden numerische Informationen in grafische Markierungen übersetzt: Beim Ordnen der Relationen werden Anordnungen der Einheiten eines Graphen gesucht, die es erlauben, die verbindenden Relationen zwischen den Punkten in bestimmter Weise optimal einzuzeichnen. Lösungen dieses Einbettungsproblems bestimmen hierzu die Lage der Elemente des Graphen. Zur Übertragung von Grapheneigenschaften in die entstehenden Anordnungen können die Größen, Formen oder Farben von Symbolen verwendet werden. Bei der Exploration externer Merkmale und ihrer Zusammenhänge mit der Lagerung in der Struktur werden die Knoten und/oder Kanten des Graphen vornehmlich farblich markiert. Dies gestattet es, die Verteilungen externer Merkmale näher zu inspizieren.

Wie man mit grafischen Mitteln Einsichten in komplexe Zusammenhänge gewinnen kann, ist daher die Frage, die zuerst untersucht werden muss. Dazu unternimmt diese Arbeit den Versuch, die in einer weit verstreuten Literatur vorhandenen Kenntnisse, wie man Informationen grafisch übersetzen kann, zusammenzutragen und zu systematisieren. Die bei der Untersuchung umfangreicher Graphen entwickelten Verfahren und Darstellungsformen werden auf dieser Grundlage anschließend schrittweise eingeführt. Prinzipien und Elemente der Netzwerkvisualisierung können so identifiziert sowie der Kern und die Grundlagen einer visuellen Methodologie bestimmt werden, mit der man mehrdimensionale Darstellungen von Netzwerken erzeugen und explorieren kann.

Was gezeigt werden soll

Besonderheiten von Graphen und die von ihnen repräsentierten Verflechtungen werden in der Graphentheorie und bei der Untersuchung sozialer Netzwerke vornehmlich mit numerischen Verfahren identifiziert. Wie einzelne Akteure in ein sie umgebendes Netz eingebunden sind und wie sich ihre Stellung im System gegenüber anderen Akteuren auszeichnet, kann man beschreiben, indem man die Anzahl der *direkten Beziehungen* einzelner Akteure betrachtet. Dehnt man die Betrachtung auf die über Dritte bestehenden *indirekten Beziehungen* aus, dann lassen sich in Netzwerken *zentrale* von eher *peripheren* Akteuren unterscheiden. Zentrale Akteure können viele andere Akteure eines Netzes auf kurzen Wegen erreichen.

Netze können aus *unverbundenen Teilsystemen* bestehen oder aber an bestimmten Stellen nur schwach verbunden sein. In diesem Fall zerfällt ein System in unverbundene *Komponenten*. *Lokale Verdichtungen* in Netzen entstehen dort, wo mehrere Akteure wechselseitig untereinander verbunden sind. Diese kann man mit Kriterien unterschiedlicher Stärke als *Cliquen, Clubs, Clans, k-cores, k-plexe* oder *lambda sets* identifizieren.

Eine dritte Perspektive bei der Analyse von Netzwerken versucht, Klassen von Akteuren zu identifizieren, die in gleichartiger Weise mit bestimmten Dritten verbunden sind. Dies erlaubt es, ein Netzwerk als eine Menge von *Positionen* zu beschreiben, deren Akteure ähnliche Beziehungen aufweisen.

Schließlich bestimmt man in Netzwerken *Rollen* dadurch, dass Akteure dann als gleichartig angesehen werden, wenn sie Beziehungen zu (unterschiedlichen) Personen haben, die in einem Netz ähnliche Stellungen einnehmen. Rollen beschreiben damit Akteure, die in ähnlicher Weise Beziehungen zu (nicht notwendigerweise identischen) Dritten unterhalten.

Ordnen

Diese Arbeit beschäftigt sich mit der Analyse sozialer Strukturen. Die zentrale Frage lautet, wie Verflechtungen zwischen Einheiten systematisch mit automatischen Verfahren grafisch dargestellt werden können. Graphen beschreiben Zusammenhänge zwischen Einheiten eines Systems. Der Versuch, diese Zusammenhänge zu ordnen und überschaubar zu machen, wird schnell so komplex, dass systematische automatische Verfahren erforderlich sind. Dabei stellt sich zunächst die Frage, wie man Algorithmen konstruieren kann, die möglichst viele der Eigenschaften des zugrunde liegenden Graphen bei der Darstellung berücksichtigen. Das zweite Problem besteht darin, die Informationen zu bestimmen, die Algorithmen dazu benutzen müssen.

Die mit verschiedenen Ordnungsverfahren erstellten Anordnungen bestimmen die Positionen der Einheiten in einer Weise, dass vernetzte Einheiten benachbart und nicht oder nur indirekt verbundene Einheiten entfernt zueinander positioniert werden.

> Die entscheidende Aufgabe bei der Visualisierung eines Graphen, ... ist ... der Abgleich der räumlichen Anordnung innerhalb des Diagramms mit den strukturellen Eigenschaften des Graphen. Dieser Schritt wird auch das Layout der Visualisierung genannt. Dabei sind so komplexe Abhängigkeiten zu berücksichtigen, dass aussagekräftige, auf objektivierten Kriterien beruhende Visualisierungen durch eine algorithmische Behandlung des Layoutproblems erst möglich werden. (Brandes 1999: III)

Die Nützlichkeit der Layouts hängt demnach davon ab, ob die bei der Analyse von Graphen identifizierbaren Eigenschaften, die Zentralität der Knoten und zusammenhängende Teilgruppen identifiziert werden können und ob diese Anordnungen auch geeignet sind, besondere strukturelle Lagerungen, wie die der Positionen und Rollen, zu unterscheiden.

Der methodologische Fokus dieser Arbeit ist das einzelne Bild, das einen möglichst umfassenden Einblick in Vorgänge gibt (vgl. auch Bertin 1983). Unter dieser Perspektive gewinnt die effektive Verwendung der grafischen Elemente eine besondere Bedeutung und erzwingt Optimierungen, wenn man Darstellungskonflikte nicht in Sequenzen mehrerer Bilder oder höherdimensionale Darstellungen auflösen will. Bereits bei dreidimensionalen Darstellungen ist ein Wechsel von Perspektiven unverzichtbar, da bestimmte Blickwinkel zu Verdeckungen und Überlagerungen führen, so dass in der Regel auf interaktive Benutzerschnittstellen nicht verzichtet werden kann.

Markieren

Weitere Fragestellungen sind, welche zusätzlichen Informationen in die so entstehenden Darstellungen integriert werden können, in welcher Weise Eigenschaften von Graphen und ihrer Elemente visuell kodiert werden müssen und wie man Größen, Formen und Farben verwenden kann, um die Besonderheiten der Strukturen klar hervortreten zu lassen. Diese Markierungen übertragen dabei bestimmte, bewusst ausgewählte Eigenschaften der Knoten, ihrer lokalen Umgebungen oder bestimmter Teilstrukturen in die Anordnungen und dienen damit der Hervorhebung besonderer Aspekte der Graphen.

Markiert man in Abbildungen geordneter Netze strukturelle Eigenschaften der Elemente mit Größen, dann hat dies für die Lesbarkeit der Abbildungen oft bereits erstaunliche Folgen: Es entstehen Abbildungen der Verflechtungen, die auch für Dritte einfach lesbar sind. Wie man Eigenschaften der Graphen in die Darstellungen integrieren kann und welche Markierungen hierzu geeignet sind, wird an thematisch sehr unterschiedlichen Problemen untersucht. Diese unterscheiden sich auch hinsichtlich des Informationsreichtums, mit denen die Beziehungen und Attribute beschrieben sind. Die Anwendungen umfassen Problemstellungen binärer, symmetrischer Graphen bis hin zu bewerteten, gerichteten Netzen, für die zusätzlich kontinuierliche Knoten- und Kantenattribute zur Verfügung stehen.

Explorieren

Ein dritter Schritt erlaubt es schließlich, zusätzliche Informationen, das heißt externe Attribute der Knoten oder Kanten eines Netzes, in Bezug auf die Lagerung in der Struktur eines Netzes zu untersuchen. Dabei werden die Knoten- oder Kantensymbole entsprechend den für sie vorliegenden Informationen unter Verwendung geeigneter Farbschemata markiert. Merkmalskonzentrationen in bestimmten Bereichen der Netzwerke treten dadurch als besondere Gebiete in Erscheinung und verweisen auf Zusammenhänge der externen Information und der Lagerung der Einheiten in der Struktur.

In Kombination führt die Übertragung struktureller Eigenschaften und externer Attribute in die Lösungsanordnungen geordneter Netze oft zu intuitiv lesbaren, multidimensionalen Informationslandschaften, in denen selbst lokale Besonderheiten schnell erkannt werden können.

Datenvisualisierung

Die Übersetzung von Daten in grafische Darstellungen wird heute allgemein als Aufgabe der Informationsvisualisierung verstanden. Eine solche abstrakte Sicht versucht dabei, die generellen Probleme, Daten und Datenstrukturen in grafische Anordnungen zu übertragen, zu systematisieren und zu verstehen, wie visuelle Merkmale (die Lage von Markierungen, Längen, Formen, Farben, Richtungen und Muster) verwendet werden können, um die mit numerischen Daten beschriebenen Informationen zu kommunizieren. So können vergleichsweise einfache Schaubilder der mathematischen Statistik, zum Beispiel Balken und Streuungsdiagramme, die nur sehr sparsamen Gebrauch von der Vielfalt grafischer Markierungsmöglichkeiten machen,[1] und sehr viel komplexere Darstellungsformen unter einer vereinheitlichenden Perspektive betrachtet werden.

Unter dieser generellen Perspektive stehen damit auch metrische Repräsentationen von Netzwerken in Konkurrenz zu schematisierenden Anordnungen und Darstellungskonventionen, wenn diesen ähnliche Informationen entnommen werden können oder aber spezifische Aspekte von Netzwerken einfacher dargestellt werden. Hinsichtlich der Platzierung der Einheiten eines Graphen sind euklidische Räume nur eine von mehreren Möglichkeiten, Anordnungen von Elementen zu erzeugen. Wo es darum geht, Mengen und Teilmengen in Systemen zu untersuchen und zu gruppieren, kann es bereits ausreichen, Topologien zu verwenden, in denen Ähnlichkeiten der Elemente anhand ihrer Nachbarschaften abgelesen werden können.

Im Prozess der Datenvisualisierung lassen sich zumindest zwei Arbeitsschritte unterscheiden: die Aufbereitung von Rohdaten zu Datenstrukturen und die Abbildung dieser Datenstrukturen auf visuelle Merkmale.[2] Die hierbei entstehenden Abbildungen werden dann als aussagekräftig angesehen, wenn in der visuellen Struktur alle Informationen der zugrunde liegenden Datenstrukturen repräsentiert sind. Und genau diese Darstellungen werden dann als effektiver bezeichnet, wenn sie schneller zu interpretieren sind, eine größere Anzahl von Unterscheidungen ermöglichen und bei ihrer Interpretation weniger Fehler auftreten, als dies bei alternativen Darstellungen der Fall ist.[3]

Methodologie

Die abstrakte Sichtweise verdeutlicht auch, dass die Visualisierung von Daten keine zur üblichen Statistik alternative Technologie ist, sondern als deren Erweiterung aufgefasst werden kann: Die Dateninformationen bzw. die Resultate der statistischen Bearbeitung dieser Informationen werden einer zusätzlichen Abbildung in das Medium der visuellen Merkmale unterzogen. Dieses besitzt eine höhere Bandbreite und ermöglicht es, mehrere Informationen gleichzeitig zu kommunizieren.

Unter einer methodologischen Perspektive bleibt anzumerken, dass das zur Herstellung effizienter Visualisierungen benötigte Wissen sich nicht aus der Binnenperspektive der

---

1   Diese verwenden vornehmlich die Lage von Punkten und die Längen von Linien als bedeutungstragende grafische Markierungen und damit visuelle Elemente, die seit langem vergleichsweise gut verstanden sind.

2   „The reference model of information visualization developed in this chapter aproximates the basic steps for visualizing information: The first step is to translate Raw Data to a Data Table, which can then be mapped fairly direct to a Visual Structure. View Transformation are used to increase the amount of information that can be visualized ... In visualization Data Tables are mapped to Visual Structures, which augment a spatial substrate with marks and graphical properties to encode information. To be a good Visual Structure, it is important that this mapping preserve the data." (Mackinlay 1986)
    „Data Tables can often be mapped into visual representations in different ways." (Mackinlay 1999: 33)

3   „A mapping is said to be expressive if all and only the data in the Data Table are also represented in the Visual Structure. ... A mapping is said to be more effective if it is faster to interpret, can convey more distinctions, or leads to fewer errors than some other mapping." (Mackinlay 1999: 23).

Informationsvisualisierung als grafische Erweiterung der Statistik

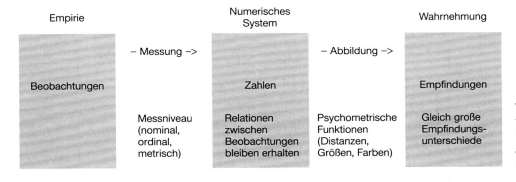

Abbildung E.1
Informationsvisualisierung als grafische Erweiterung der Statistik

Statistik bestimmen lässt. Ob eine Abbildung die Kommunikation der durch die Daten beschriebenen Sachverhalte erleichtert, resultiert nicht nur aus den Eigenschaften der dabei verwendeten visuellen Merkmale, ihrer Auflösungskraft und den bei einer solchen Abbildung angewendeten Transformationsregeln. Effiziente Transformationen beruhen auch auf Eigenschaften der menschlichen Wahrnehmung. Sie erfordern detaillierte Kenntnisse, welche Informationen und Ordnungen der Mensch visuellen Mustern entnehmen kann und unter welchen Bedingungen.

Kennt man die funktionalen Zusammenhänge zwischen der Variation grafischer Markierungen und der Stärke der mit ihrer Variation beim Menschen einhergehenden Empfindungen, dann lassen sich die Dateninformationen so in visuelle Variablen übersetzen, dass in der Wahrnehmung korrespondierende Empfindungsunterschiede entstehen. Werden dagegen Dateninformationen zwar eineindeutig, aber ohne Berücksichtigung dieser Funktionen auf grafische Markierungen abgebildet, so können die in den numerischen Daten enthaltenen Ordnungen verloren gehen bzw. müssen von einem Betrachter sequentiell durch die Zuordnung der Bedeutungen zu den Markierungen entschlüsselt werden.

Wie Längen von Linien, die Flächen von Kreisen und Quadraten, aber auch Farben in der menschlichen Wahrnehmung unterschieden werden, ist heute bekannt und kann, wie in Kapitel 2 dargestellt, mit *psychometrischen Funktionen* beschrieben werden. Übersetzt man numerische Informationen unter der Verwendung psychometrischer Funktionen, dann resultieren aus der Abbildung menschliche Empfindungsmuster, die denen der numerischen Messungen entsprechen. Da hierbei auch die Ordnungsrelationen zwischen den Dateninformationen erhalten bleiben, entstehen in der menschlichen Wahrnehmung *homomorphe Abbildungen*.[4] Wenn die natürlichen Ordnungen der menschlichen Wahrnehmung benutzt werden, können an den visuellen Mustern die gleichen Beziehungen und Zusammenhänge entdeckt werden wie an den numerischen Messungen.

---

4 „Mit ‚homomorpher Abbildung' wird im Gegensatz zur ‚Abbildung' ausgesagt, dass empirische Objekte nicht nur einfach auf Zahlen abgebildet werden, sondern dies so geschieht, dass die empirischen Relationen gleichzeitig in den numerischen Relationen erhalten bleiben ... Eine eineindeutige homomorphe Abbildung heißt auch Isomorphismus oder Strukturgleichheit. Isomorphe Abbildungen können aus homomorphen Abbildungen jederzeit durch geeignete Zusammenfassung von empirischen Objekten zu Äquivalenzklassen hergestellt werden (f ist dann keine Punktfunktion mehr, sondern eine Mengenfunktion)." (Gigerenzer 1981: 45f.)

Während man also bei der sozialwissenschaftlichen Messung[5] versucht, Beobachtungen bzw. Merkmale von Akteuren und Objekten so in Zahlen abzubilden, dass deren Eigenschaften und Zusammenhänge ausschließlich durch Operationen an den numerischen Messungen untersucht werden können, unterzieht die Informationsvisualisierung diese numerischen Messungen einer zweiten Transformation in den Bereich visueller Merkmale. Numerische Informationen, die ihrerseits bereits Abbildungen von Beobachtungen sind, werden somit unmittelbar in korrespondierende menschliche Empfindungen übertragen. Grafischen Markierungen können diese Informationen nicht nur besonders schnell entnommen werden, sie erlauben es auch, mehrere Informationen simultan zu kommunizieren.

Unter der Perspektive der Informationsvisualisierung ist man demnach daran interessiert, das Universum visueller Elemente zu identifizieren, mit denen Informationen einfach zu kodieren sind. Hierbei sucht man solche visuellen Elemente, die möglichst unabhängig voneinander zur Kommunikation von Informationen benutzt werden können. Dies ermöglicht die Darstellung multidimensionaler Verteilungen.

Für die visuellen Dimensionen kann man in einem weiteren Schritt versuchen, die Funktionen zu identifizieren, die beschreiben, wie diese Merkmale in der Wahrnehmung unterschieden werden. Mit ihrer Kenntnis lassen sich numerische Daten so in visuelle Merkmale übersetzen, dass die Dateninformationen und die zwischen diesen bestehenden Ordnungen erhalten bleiben. Grafische Markierungen können damit so gestaltet werden, dass die in den Daten enthaltenen Informationen präzise, leicht und schnell kommuniziert werden.

Kapitelüberblick

Kapitel 1 Das erste Kapitel versucht, die Rolle grafischer Verfahren bei der Verarbeitung großer Informationsmengen nachzuzeichnen. Angesichts der langen Tradition, Informationen visuell zu kodieren, sind die Erfahrungen und Konventionen der Kartografie ein wichtiger Ausgangspunkt. In der Kartografie sind bereits seit langem Darstellungskonventionen entwickelt worden, die auf langjährigen Erfahrungen mit der Verwendung grafischer Zeichen und Markierungen zur Kommunikation von Informationen beruhen.

Warum visuelle Darstellungen im menschlichen Denken und Problemlösen zum Entdecken, Orientieren und Erkennen von Zusammenhängen führen, ist jedoch die zugrunde liegende Frage. So hat zum Beispiel das theoretische Verständnis der Frage, weshalb gerade die mit der technischen Entwicklung digitaler Medien entstandenen vielfältigen neuen Formen grafischer Kommunikation so erfolgreich zur Vermittlung komplexer Zusammenhänge eingesetzt werden können, nicht mit dieser Entwicklung Schritt halten können.

Auch wenn der Versuch, dieser Frage nachzugehen, angesichts der Komplexität der menschlichen Wahrnehmung und der Vielfalt der kognitiven Prozesse nahezu aussichtslos erscheint, ergeben sich bereits bei einer knappen Zusammenstellung von Befunden verschiedene Hinweise darauf, dass die menschliche Wahrnehmung und das menschliche Denken die durch die Abbildung numerischer Informationen entstehenden Muster sehr flexibel verarbeiten und selbst ihren Vereinfachungen noch vielfältige Informationen entnehmen können.

---

[5] „Definition: Eine homomorphe Abbildung (Repräsentation) eines empirischen Systems in (durch) ein numerisches System heißt Messung. Aus dieser Definition ergibt sich unmittelbar ein wesentlicher Nutzen der Messung. Dieser besteht darin, dass die Relationen zwischen Zahlen stellvertretend für die Relationen zwischen empirischen Objekten gehandhabt und so empirische Aussagen (wie z. B. über die Stärke von Zusammenhängen zwischen psychologischen Merkmalen) abgeleitet werden können." (Gigerenzer 1981: 46)

Bereits aus Topologien können quantitative Informationen abgelesen werden, und Orientierungsleistungen in komplexen Informationsmengen können mit nur wenigen Bezugspunkten erbracht werden. Dies bedeutet auch, dass bei der Transformation von numerischen Ergebnissen schematische Vereinfachungen möglich sind, ohne dass der wesentliche Informationsgehalt einer Darstellung verloren gehen muss. Damit tritt auch der Nutzen von Prozeduren in Sichtweite, die es gestatten, Vereinfachungen von Anordnungsmustern flexibel zu erzeugen, metrische Einbettungen in Topologien zu verwandeln oder topologische Anordnungen zu verformen.

Kapitel 2 Im zweiten Kapitel geht es darum, effiziente Transformationsregeln für den Gebrauch elementarer visueller Merkmale zu identifizieren. Dazu werden Erkenntnisse der statistischen Grafik, der Untersuchung von Orientierungs- und Suchprozessen, der Wahrnehmungspsychologie und der Colorimetrie zusammengestellt.

Auch in der statistischen Grafik setzt man sich mit der Frage auseinander, welche Markierungen zur Kommunikation qualitativer und quantitativer Merkmale besonders gut geeignet sind. Im Wesentlichen wird dabei auf die visuellen Variablen Bezug genommen, die der französische Kartograf Bertin beschreibt. Diese werden hinsichtlich ihrer Eignung, nominale, ordinale und metrische Informationen zu kommunizieren, geordnet. Bertins Merkmale haben sich auch bei der Untersuchung von Such- und Orientierungsprozessen als besonders effektiv erwiesen. Sie werden vom Menschen in sehr kurzer Zeit entschlüsselt und erlauben es, in einfachen Vorlagen ohne willentliche Aufmerksamkeitssteuerung Suchaufgaben in sehr kurzer Zeit quasi automatisch zu bewältigen.

Für die Netzwerkvisualisierung sind neben der Lage von Markierungen insbesondere die Eigenschaften der Größenmarkierungen und der Farben interessant, wenn zusätzliche Informationen über Netze kommuniziert werden sollen. Wie die Größe physikalischer Reize, zum Beispiel die Länge von Linien, in der Wahrnehmung unterschieden werden, ist gut untersucht und funktional beschrieben. Dies gilt auch für die Flächen einfacher geometrischer Markierungen wie Kreise und Quadrate.

Wenngleich die Eigenschaften von Farben ungleich komplexer sind, so sind heute auch die der Wahrnehmung von Farben zugrunde liegenden Metriken bekannt. Psychometrische Farbmodelle beschreiben gleichabständige Stufen von Empfindungen, die vom Menschen bei Farbtönen, Helligkeiten und der Farbsättigung unterschieden werden. Sie erlauben es, Farben zur Kommunikation von Daten einzusetzen, so dass Daten isomorph in menschliche Sinneseindrücke abgebildet werden.

Das Ziel, die Effizienz der Darstellungen durch den Einsatz effektiver Transformationsregeln zu verbessern, kann man aus der Perspektive einer Informationsökonomie betrachten: Grafische Darstellungen sind leistungsfähiger, wenn sie es in gleichen Zeitintervallen erlauben, größere Informationsmengen zu bearbeiten. Damit ist gleichzeitig ein einfaches Kriterium zur Evaluation von Visualisierungen definiert.

Kapitel 3 Das dritte Kapitel beschäftigt sich mit sozialen Netzwerken, ihren Eigenschaften, ihrer grafischen Darstellung und einfachen Erklärungsversuchen der Struktur sozialer Netzwerke. Am Anfang folgt eine kurze Zusammenstellung von Netzwerkeigenschaften, wie sie heute typischerweise mit Verfahren der Netzwerkanalyse identifiziert werden. Dabei werden strukturelle Eigenschaften der Elemente, zusammenhängende Teilstrukturen, die bestimmte Eigenschaften haben, und auch besondere Lagerungen von Akteuren, die in ähnlicher Weise in die sie umgebende Struktur eingebunden sind, identifiziert.

Zur Erklärung der Struktur sozialer Systeme werden oft Typologien von Akteuren verwendet. Formal resultieren aus solchen einfachen Erklärungen nicht überlappende Teilmengen der Elemente eines Systems. Je nach dem Ausmaß, in dem diese Teilmengen besondere Lagerungen identifizieren, können sie als Erklärungen von Strukturen gelten.

Grafische Bildsprachen, mit denen Beziehungen zwischen Teilmengen untersucht werden können, sind sehr alt. Mengendiagramme, die heute als Venn-Diagramme bekannt sind, ermöglichen es, Beziehungen zwischen Teilmengen und logische Implikationen von Aussagen darzustellen. Sie verwenden einfache geometrische Figuren wie Kreise und stellen deren Zusammenhänge mit überlappenden Flächen dar. Dies erlaubt es auch, Nachbarschaften sowie Ordnungen und Reihungen von Teilmengen zu identifizieren, wenn bestimmte Mengen andere Mengen umschließen. Wenn sich Systeme mehrerer Teilmengen mit konzentrischen Kreisen darstellen lassen, dann können bereits aus diesen Darstellungen Entfernungen zwischen Nachbarschaften als Distanzen abgelesen werden. Derartige Anordnungen werden bereits seit langem bei der grafischen Darstellung von Netzwerken verwendet. Sie eignen sich als Bezugssystem für die Lagerung der Elemente und gestatten es zum Beispiel, deren Lage zum Schwerpunkt des Gesamtsystems zu verdeutlichen.

Kapitel 4 Das vierte Kapitel untersucht Verfahren zur Ordnung von Netzwerken. Die mit Netzwerken beschriebenen Verflechtungen zwischen den Einheiten eines Graphen stellen ein sehr komplexes Problem dar. Bei der Visualisierung sind dabei grafische Formen zu finden, die wesentliche Eigenschaften der zugrunde liegenden Graphen erhalten.

In einem ersten Abschnitt wird diskutiert, wie einfache Abbildungen in der Tradition der Kreisdiagramme behandelt werden können, so dass mit automatischen Verfahren Darstellungen erzeugt werden, die Auskunft über die Struktur eines Graphen geben. Dazu wird ein Algorithmus verwendet, der die Zuordnung der Knoten zu fixen Positionen so optimiert, dass die Gesamtlänge aller Kanten minimal wird. Es wird gezeigt, wie ein solcher Algorithmus einfache Strukturen darstellen kann und Resultate bekannter statistischer Verfahren reproduziert. Schließlich werden Verfahren vorgestellt, die man einsetzen kann, um Netze von a priori klassifizierten Teilmengen näher zu untersuchen. Leitet man für die so unterschiedenen Teilmengen geometrische Beschränkungen des Lösungsraumes ab, indem man wie bei Venn-Diagrammen zum Beispiel einzelne Mengen verschiedenen Kreisen zuordnet, dann sortiert der Algorithmus das Gesamtsystem in einer Weise, dass zentrale Einheiten Plätze in Richtung auf das Zentrum des Gesamtsystems oder aber in Richtung auf Hauptinteraktionspartner einnehmen. Periphere oder aber nur innerhalb der gleichen Menge verbundene Akteure nehmen stattdessen Orte in der Peripherie des Systems ein.

Eine zweite Gruppe sehr flexibler Verfahren, die sich bei der Ordnung von Graphen bewährt haben, sind die so genannten *Spring Embedder*. Diese Verfahren ordnen Graphen, indem sie zwischen direkt verbundenen Einheiten anziehende Kräfte verwenden und gleichzeitig zwischen allen Einheiten abstoßende Kraftfelder einführen. Die hierbei entstehenden Gleichgewichte führen oft zu einfach lesbaren Layouts, die unter Berücksichtigung weiterer Gesichtspunkte optimiert werden können. Es wird gezeigt, wie man diese Verfahren für zwei spezielle Klassen von Graphen (bipartite und bewertete Graphen) modifizieren kann, so dass auch diese Problemklassen flexibel geordnet werden können.

Die besonderen Vorzüge dieser Verfahren bestehen darin, dass man mit ihnen Einbettungen der Graphen innerhalb gewisser Grenzen flexibel transformieren kann, wobei die Nachbarschaften der Anordnungen erhalten bleiben. Die Verformungen der Lösungstopologien sind besonders dort nützlich, wo zusätzliche Informationen über die Netzwerke mit Größenmarkierungen kommuniziert werden sollen.

Kapitel 5 Das fünfte Kapitel untersucht, wie die Layouts mit zusätzlichen Informationen angereichert werden können, die eine schnellere Orientierung in den Darstellungen komplexer Netzwerke ermöglichen. Hierbei werden Eigenschaften der Graphen mit Markierungen in die Layouts integriert, die es erlauben, besondere Lagerungen der Elemente des Systems zu identifizieren.

Es werden *Zonensymbole* verwendet, die die Einbettung der Elemente des Graphen in die sie umgebende Struktur beschreiben, sowie *konvexe Hüllen,* um die Lagerung von Teilsystemen in der Struktur zu identifizieren. Es wird demonstriert, wie die Zentralität besonderer Positionen eines Netzes mit den kürzesten Pfaden zu allen erreichbaren Knoten illustriert werden kann.

Ein Exkurs erörtert die Frage, ob die mit Spring Embeddern erzeugten Anordnungen auch geeignet sind, komplexere Befunde der Netzwerkanalyse darzustellen. Hier geht es darum, Darstellungsformen und Markierungen zu entwickeln, mit denen analytisch durch Verfahren der Netzwerkanalyse bestimmte Positionen (Mengen äquivalenter Akteure, die gleichartig in die umgebende Struktur eingebunden sind) dargestellt werden können. Dabei werden Hüllen und Aggregationen benutzt, um die Ergebnisse von Blockmodellanalysen grafisch zu kommunizieren.

Kapitel 6 Das sechste Kapitel demonstriert, wie bereits die Transformation verschiedener Layouts des gleichen Datensatzes zusätzliche Einsichten in das zugrunde liegende Netzwerk ermöglicht. Dabei wird ein unter geografischen Einschränkungen geordnetes System von Tauschbeziehungen in ein soziales System transformiert, das Auskunft über den Kern des zugrunde liegenden Tauschsystems gibt. Dies erlaubt es, den sozialen Kern der überregionalen Austauschstruktur zu identifizieren. Um zu beantworten, inwiefern das System eher auf rituellen Austauschbeziehungen, Verwandtschaftsbeziehungen oder reinen Tauschbeziehungen beruht, werden die Beziehungen dieses Kerns mit zusätzlichen Informationen angereichert.

Kapitel 7 Das siebte Kapitel behandelt die Frage, wie man zusätzliche externe Informationen in die Layouts übertragen kann. Hierbei verwendet man vornehmlich Farbschemata. Sie ermöglichen es, selbst sehr komplexe Zusammenhänge visuell zu explorieren, die in numerischer Form kaum mit ähnlicher Flexibilität und nur mit erheblich größerem Aufwand hinsichtlich verschiedener Beurteilungsaspekte inspiziert werden können. Je nach Informationsgehalt zusätzlicher Attribute werden ihre Verteilungen in den lokalen Umgebungen der Knoten mit nominalen oder sequentiellen Farbschemata unter Verwendung von Kreisdiagrammen dargestellt. Durch die Übertragung der durch die Attribute unterschiedenen Merkmalsklassen mit Farben entstehen Muster, aus denen die relativen Anteile bestimmter Merkmale abgelesen werden können. Bei ordinalen oder metrischen Attributen lassen sich die sequentiellen Farbanordnungen auch als kumulierte Verteilungen vergleichen.

Hier werden Welthandelsdaten verwendet, die als bewerteter Graph aufgefasst werden. Diese Daten werden mit einem Spring Embedder geordnet, der bewertete Relationen verarbeitet. Dabei gilt es zu untersuchen, wie nominale und quantitative Knotenattribute (die regionale Zugehörigkeit der Länder und deren Bruttosozialprodukt) mit Farbschemata in die Layouts übertragen werden können. Darüber hinaus soll gezeigt werden, wie man aus diesen Knotenattributen bedeutungstragende Markierungen der Kanten ableiten kann. Werden diese abgeleiteten Kantenattribute zusätzlich mit Farbmarkierungen in die Layouts übertragen, dann treten zusammenhängende Teilsysteme von Akteuren mit gleichartigen Attributen als lokale Besonderheiten visuell in Erscheinung. Gleichartige farblich markierte Bereiche in den so markierten Netzen verweisen auf lokale Konzentrationen der externen Merkmale in der Struktur bzw. auf Korrelationen mit der Lagerung in der Struktur.

In einem dritten Fall liegen zusätzliche externe Merkmale als Kantenattribute vor. Diese können mit Farbmarkierungen der Kanten des Graphen übertragen werden. Hierbei handelt es sich um besonders komplexe Informationen (Wachstumsraten von Flüssen über Zeit, Konzentrationen von Handelsgütern, Schätzfehler statistischer Modelle), die auf spezielle Muster untersucht werden können. Mit Zonensymbolen kann die Verteilung der Kantenattribute in den primären Umgebungen der Knoten beschrieben werden. Die Darstellungen solcher Verteilungen geben einerseits Auskunft über die Konzentration bestimmter Merkmale in der lokalen Umwelt eines Knotens, andererseits können die Verteilungen visuell vergleichsweise einfach mit denen anderer Knoten verglichen werden: Ähnlichkeiten der lokalen Verteilungen mehrerer Knoten weisen farblich gleichartige Muster auf. In dem Ausmaß, in dem in geordneten Netzen benachbarte Positionen oder Teilsysteme ähnliche lokale Verteilungen aufweisen, ist die Lage in der Struktur zusätzlich zur Verbundenheit durch lokal gleichartige Merkmalskonzentrationen gekennzeichnet. Benachbarte Lagen oder Verdichtungen in den Anordnungen der Graphen sind dann auch hinsichtlich externer Merkmale multidimensional ähnlich gelagert. Lassen sich mehrere solcher multidimensional homogener Teilsysteme identifizieren, dann eröffnet dies neue theoretische Perspektiven, Ordnungen und Vorgänge in den Strukturen besser zu verstehen.

Schließlich gilt es zu demonstrieren, wie die so angereicherten Darstellungen mit Selektionen und Aggregationen näher exploriert werden können. Selektionen von Handelsflüssen, die bestimmte Volumina überschreiten, erlauben es, nicht nur die Komplexität der Darstellungen zu reduzieren, sondern auch die Lagerung der Elemente näher zu explorieren. Aggregationen von Einheiten und ihren Attributen sind ein zweites Werkzeug, mit denen Darstellungen gezielt untersucht werden können, ohne dass die Netze neu geordnet werden müssen.

Kapitel 8 Das Schlusskapitel versucht, die in dieser Arbeit beschriebenen Erfahrungen zum Ordnen von Graphen, zur grafischen Markierung struktureller Eigenschaften, zur Darstellung externer quantitativer Informationen in Strukturen und zur Exploration der so entstehenden Muster zusammenzufassen und auszuwerten. Schließlich werden Entwicklungsperspektiven und offene Fragen der Visualisierung von Strukturen identifiziert.

Kapitel 1
Grafik und Information

1.1 Grafische Darstellungen

Grafische Darstellungen dienen den Menschen bereits sehr lange als Informationsspeicher zur Aufzeichnung von Beobachtungen. Schon Völker ohne Schriftsprache benutzten Karten: In Polynesien waren Karten aus Stöcken *(stick charts)* bei der Navigation zwischen den Inseln behilflich. Kartenzeichnungen auf Lehmtafeln aus Babylonien datieren aus dem Jahr 2300 vor Christus, und aus China sind Kartenzeichnungen bekannt, die vor dem 6. Jahrhundert unserer Zeitrechnung angefertigt wurden.

1.1.1 Karten

Offenbar sind die Anfänge der Kartografie eng mit der nautischen Geschichte verbunden. Für die Seefahrt wurde ein verlässlicheres Medium als das menschliche Gedächtnis benötigt. Die Frage „Wo ist Norden?" und „Wie tief ist das Wasser?" können Karten beantworten. Richtet man die Ebene einer Karte nach Norden aus, dann verbinden sich die Nachbarschaften mit den Himmelsrichtungen. Dies ermöglicht es, sich zu orientieren und zu navigieren. Trägt man Beobachtungen in Karten ein, dann beantworten diese Karten die Frage „Wie viel wovon ist wo?".

> For hundreds of years before computers became available, the manual preparation of maps that expressed the shape and content of the landscape, and the distribution of its resources, was a highly specialized form of draftsmanship. Such maps had many uses, from archival, through economic, military, navigational, political to zoological. The message that these maps carried was an expression of „how much of what is where", and this point distinguishes contour maps from maps that tell merely „how to get from where to where". (Watson 1992: 48)

Karten, in denen statistisches Material aufbereitet wurde, sind eine Erfindung des 18. Jahrhunderts. William Playfair (1759–1823) veröffentlichte im Jahr 1786 den „Commercial and Political Atlas", in dem zum ersten Mal statistisches Material grafisch aufbereitet wurde. Die von ihm entwickelten *bar, line* und *pie charts* sind bis heute visuelle Formen, mit denen statistische Daten kommuniziert werden. Die zunehmende Komplexität der wirtschaftlichen Verhältnisse und das Wachstum der Informationen in den gesellschaftlichen Entscheidungszentren erforderten eine effektivere Form der Kommunikation.

> William Playfair wrote on the increasing complexity of modern commercial life. He pointed out that when life was simpler and data was less abundant, an understanding of economic structure was both more difficult to formulate and less important for success. But by the end of the eighteenth century, this was no longer true. Statistical offices had been established and had begun to collect a wide variety of data from which political and commercial leaders could base their decisions. Yet the complexity of these data precluded their easy access by any but the most diligent.
> Playfair's genius was in surmounting this difficulty through his marvelous invention of statistical graphs and charts. In the explanation of his innovation he tells the viewer: „On inspecting any one of these Charts attentively, a sufficiently distinct impression will be made, to remain unimpaired for a considerable time, and the idea which does remain will be simple and complete, at once including the duration and amount. (Wainer 1983: Foreword to Bertin, American edition)

Die Entwicklung ortsübergreifender Infrastrukturen, der Bau von Straßen und Eisenbahnlinien und die Einrichtung des Telefonsystems spiegeln sich in den Karten des 19. Jahrhunderts wider: Orte werden durch Straßen und Eisenbahnlinien verknüpft, die neuen Infrastrukturen erscheinen als Verbindungen zwischen diesen. Die Vielfalt und Komplexität dieser Systeme lässt andere Darstellungsformen nützlich werden: Statt einer vollständigen Erfassung sämtlicher technischer Verbindungen werden vereinfachte Karten produziert, die zum Beispiel einem Eisenbahnreisenden eine schnelle Orientierung erlauben. Während die Kursbücher als schriftliche Transkription des Verkehrs und der möglichen Verbindungen immer umfangreichere Formen annehmen, erscheinen in den 1930er Jahren erste auf die Orientierung der Reisenden abzielende Diagramme.

Klassisch ist das Design der Übersichtskarte der Londoner U-Bahn: Statt einer metrischen Topografie werden nur noch die Haltestellen regelmäßig angeordnet, unterschiedliche Linien durch Farben gekennzeichnet und Umsteigemöglichkeiten als solche markiert. Für den Reisenden ist es nicht wichtig zu wissen, wie groß die Entfernungen zwischen den einzelnen Haltepunkten sind, zu seiner Orientierung genügt deren Reihenfolge. Der geografische Raum in den Darstellungen erfährt in peripheren Bereichen Schrumpfungen, zentrale Bereiche (solche mit vielen Stationen und Übergängen) werden stattdessen vergrößert.

Visuelle Medien gewinnen in unserem täglichen Leben seit geraumer Zeit ständig an Bedeutung und haben mit dem Fernsehen und der Computertechnologie eine weite Verbreitung erfahren. Gleichzeitig sind neue Formen entstanden, visuell zu kommunizieren: Animationen, Simulationen, virtuelle Objekte und dreidimensionale Welten, um nur die wichtigsten zu nennen. Durch die Fortentwicklung der technischen Standards, die Entwicklung von Systemen zur Kodierung von Farben und leistungsfähiger elektronischer Formate für digitale Bilder ist die Bandbreite grafischer Kommunikationsmedien dramatisch verbessert worden. Ein Stillstand der Entwicklung ist nicht in Sicht.

Die theoretischen Kenntnisse darüber, wie man effektiv visuell kommuniziert, haben mit der stürmischen technischen Entwicklung jedoch nicht Schritt halten können. Eine systematisierende Aufarbeitung des über verschiedene wissenschaftliche Disziplinen verstreuten relevanten Wissens ist inzwischen in vielen Bereichen als wichtig und vielversprechend erkannt worden (vgl. Orford/Dorling/Harris 1998; Maar/Obrist/Pöppel 2000).

1.1.2 Informationsvisualisierung

Eine der Forschungsrichtungen, die sich mit der grafischen Verarbeitung von Informationen beschäftigt, ist die Informationsvisualisierung. Sie befasst sich mit der Aufgabenstellung, wie man Daten und Informationen in lesbare Abbildungen übersetzen kann. Ziel ist eine möglichst effektive Kommunikation. Visualisierungen sind um so effektiver, je spontaner (schneller) die dargestellten Sachverhalte von einem Beobachter entschlüsselt (gelesen) und verstanden werden können. Die besondere Leistungsfähigkeit visueller Verfahren ist mittlerweile in vielen Bereichen erkannt worden, in denen große Informationsmengen verarbeitet werden müssen (vgl. zum Beispiel Card/Mackinlay/Shneiderman 1999; Chen 1999).

Grafische Kommunikation besitzt eine höhere Bandbreite als Schrift- und mathematische Zeichensprachen, die Informationen sequentiell kodieren. Bilder ermöglichen es dagegen, verschiedene Informationen simultan darzustellen und zu beurteilen.

Netzwerke und die mit ihnen beschriebenen Beziehungen zwischen Elementen sind oft so komplex, dass grafische Verfahren versprechen, diese besser zu überblicken, ihre Struktur und auch Vorgänge in diesen Strukturen schnell und leicht zu verstehen.

1.1.3 Grafische Information und das menschliche Denken

Visuelle Verfahren können nicht nur große Mengen geordneter Informationen kommunizieren, wenn diese effektiv visuell kodiert sind, sondern stehen offenbar in einem engen Zusammenhang mit dem menschlichen Denken. Ob, inwiefern und wie man mit visuellen Verfahren Denken extern simulieren kann *(external thinking)*, sind Fragen, die Medienforscher wie Scaife/Rogers (1996) ansprechen. Sie gehen von der Vorstellung aus, dass Denken oft mit internen Bildern (Abbildern) verbunden ist. Derartige Abbilder können im Gegensatz zu den „realen" Objekten in der äußeren Welt arrangiert, umgeordnet und beliebig zueinander in Beziehung gesetzt werden. Auch die neuere kognitive Psychologie geht davon aus, dass komplexes Wissen in Form von mentalen Modellen gespeichert wird.

> Mentale Modelle stehen in einer Analogiebeziehung zu Ausschnitten aus der Realität; es handelt sich um „interne Quasi-Objekte" ... In der Literatur zu mentalen Modellen wird durchgehend die Bildhaftigkeit dieser Repräsentationen betont ... Diese Bildhaftigkeit hängt mit der analogen Beschaffenheit mentaler Modelle und mit der Bedeutung der visuellen Wahrnehmung für die Erkenntnistätigkeit zusammen ... Mentale Modelle werden bei der Anwendung auf konkrete Problemlösungen imaginativ manipuliert; die Veränderungen werden ebenso imaginativ „abgelesen", d.h. in Form von imaginalen Repräsentationen ausgewertet und nicht als logische Schlussfolgerungen mithilfe abstrakter Symbole gezogen. Solche Imaginationen sind „interne Medien", mit denen unser Denken arbeitet ... Auch Johnson-Laird ... weist darauf hin, dass mentale Bilder keine neuen Informationen einführen, es jedoch ermöglichen, gespeicherte Informationen leichter manipulieren zu können. (Weidenmann 1994: 38f.)

Verfahren, die empirisches Material ordnen und zusammen mit zusätzlichen Informationen systematisch in unterscheidbare visuelle Informationen umsetzen, transkribieren dieses Material in ergonomischer Weise und führen es dem menschlichen Denken in konsumierbarer Weise zu. Soweit dabei Ordnungen erzeugt werden, die wahrnehmbar sind, entlasten sie das menschliche Denken von der Aufgabe, diese Ordnungen zu erstellen. Offenbar ist der Mensch nur eingeschränkt fähig, große Mengen von Information (zum Beispiel Beziehungen zwischen vielen Einheiten) schriftlichen Aufzeichnungen (zum Beispiel einer Matrix) zu entnehmen und in ein geordnetes Bild zu übersetzen.

Die zukünftige Rolle visueller Verfahren bei der Analyse komplexer Probleme scheint darin zu bestehen, die aufwändigen Operationen an komplexem Material zu externalisieren, zu kodifizieren, maschinell lösen zu lassen und die so entstandenen Ordnungen visuell zu kommunizieren. Unterschiedliche Möglichkeiten, Ordnungen zu erzeugen, werden so Gegenstand der wissenschaftlichen Diskussion. Deren technische Implementation erlaubt es, Lösungsprinzipien auf Größenordnungen von Fragestellungen anzuwenden, die jenseits der Kapazität menschlicher Denkleistungen liegen.

Der Kern einer solchen Arbeitsteilung beruht darauf, die technische Infrastruktur zu solchen Aufgaben zu benutzen, die das menschliche Denken nicht oder nur in begrenztem Umfang erbringen kann, und die geordnete Information dem kognitiven Apparat in geeigneter Weise (visuell) zu kommunizieren. Die visuelle Technologie nutzt die besonderen Fähigkeiten der menschlichen Wahrnehmung, Bezüge in geordnetem Material zu erkennen.

Die menschliche Fähigkeit, Probleme durch das Erkennen von Ordnungsprinzipien und Teilordnungen zu lösen, ist bereits in den klassischen Studien Piagets zur Entwicklung des räumlichen Denkens detailliert beschrieben worden. Jean Piaget, Mathematiker und Entwicklungspsychologe, hat Ende der 1940er Jahre untersucht, in welcher Abfolge kognitive Operationen in der Entwicklung des Menschen auftreten, die beim Kind schließlich zur Ausbildung eines räumlichen Denkens führen.

Piagets Methodologie bildet die Ordnung der mathematischen Axiomatik auf die kognitive Entwicklung des Menschen ab und untersucht, welche Aufgaben früher als andere gelöst werden und welche Lösungsprinzipien dabei Anwendung finden. Seine Befunde lassen uns heute verstehen, welche Potentiale in vereinfachten Darstellungen und Verfahren schlummern, die versuchen, Informationen unter voraussetzungsloseren schwächeren Annahmen zu ordnen und überschaubar zu machen.

> Doch das Messen ist nur ein besonderer Fall von räumlichen Operationen, und wenn man diese in ihrer Gesamtheit betrachtet, beobachtet man beim Kind eine Situation von großem allgemeinen und theoretischem Interesse. Historisch begann die Geometrie mit der euklidischen Metrik, dann kam die projektive Geometrie und schließlich die Topologie. Theoretisch hingegen bildet die Topologie eine allgemeine Grundlage, woraus man parallel den projektiven Raum und die allgemeine Metrik, aus der die euklidische hervorgeht, ableiten kann. Erstaunlicherweise steht nun die Entwicklung der präoperativen Anschauungen und dann der räumlichen Operation dem theoretischen Aufbau sehr viel näher als der historischen Abfolge: die topologischen Strukturen (Nachbarschaftsbeziehungen, Umhüllungen, Öffnung und Schließung, Koordinierung benachbarter Gegenstände in linearer und dann zwei- oder dreidimensionaler Ordnung usw.) gehen den anderen deutlich voraus, denn aus diesen Grundstrukturen entstehen gleichzeitig und parallel die projektiven Strukturen (Koordinierung der Gesichtspunkte usw.) und die metrischen Strukturen (Ortsveränderung, Messen, Koordinaten oder Bezugssysteme als Verallgemeinerung des Messens in zwei oder drei Dimensionen) hervor. (Piaget/Inhelder 1973: 111)

Die topologischen Operationen[6] sind nicht nur elementarer als die euklidischen, sondern werden in der menschlichen Entwicklung früher ausgebildet. Die einfacheren und vertrauteren Operationen zur Entdeckung von Ordnungen bestehen im Erkennen von Nachbarschaften, des Verschiedenseins und der Trennung von Punkten, deren Reihung und Aufeinanderfolge. Die Inklusion von Mengen oder ihr Umgeben und Umschlossensein

---

6   „Die Topologie beschäftigt sich mit den Eigenschaften von Punktmengen. Bei der Anwendung elastischer Verformungen bleiben gewisse Eigenschaften der Punktmengen erhalten. Zum Beispiel gehen Randpunkte in Randpunkte über, wobei benachbarte Punkte benachbart

und die Kontinuität derartiger Ordnungen führen auf dieser einfachen Ebene bereits zur Ausbildung des Messens.

Von besonderem Interesse sind die von Piaget beschriebenen Übergänge von topologischen zu den abstrakteren und komplexeren Formen des räumlichen Denkens, die metrische Räume voraussetzen. Piaget beschreibt diese als *infralogische Operationen*. Diese verdeutlichen, dass auf topologische Informationen gegenstandsorientierte Denkprinzipien angewendet werden können, die die abstrakteren, metrischen Operationen auf der Basis topologischer Information nachbilden.[7] Die Ausführungen in Kapitel 3.4 knüpfen an diese Erkenntnisse an und erlauben es zu verstehen, wie bereits mit einfachen Bildsprachen quantitative Informationen kommuniziert werden können.

> Diese Operationen, die sich nicht mehr auf Einschachtelungen von Klassen beziehen, sondern auf die Einschachtelungen von Teilen eines und desselben Gegenstandes im gesamten Gegenstand, ersetzen den Begriff der Ähnlichkeit durch den Begriff der Nachbarschaft, den Begriff Unterschied allgemein durch den Begriff Unterschied der Reihenfolge oder der Lage (insbesondere durch den Begriff Verlagerung), und den Begriff Zahl durch den Begriff Maß.
>
> Aber ... auf der Ebene der konkreten Operationen bilden sie ein Gesamtsystem, das ebenso vollständig ist wie das der logisch arithmetischen Operationen und aus dem sich „Gegenstände" verschiedener Ordnung herausbilden, die mittels der Logik und Arithmetik zu Mengen oder numerischen Sammlungen zusammengestellt werden können. Insofern sie die Gegenstände als solches konstituieren, gehen diese infralogischen Operationen einher mit bildhaften Symbolen (geistigen Bildern oder bildlichen Vorstellungen), die ihnen viel adäquater sind (obwohl sie nicht völlig adäquat sind) als die Bilder, die mit dem Begriff irgendeiner Klasse (oder Zahl) einhergehen können.   (Piaget/Inhelder 1975: 522)

Bertin, der Kartograf und Praktiker, beschreibt das gleiche Problem aus der Perspektive der Vereinfachung struktureller Muster. Er spricht in diesem Zusammenhang von relationaler Auflösung *(relational accuracy)*,[8] der geometrischen Bedeutung der Anordnung von grafischen Zeichen:

> Thus one can receive directions or identify a site with all the efficiency necessary, by counting the number of streets, by observing relationships of arrangement (between the river and the road), angles (before the curve), or structure (boundary between the new suburbs and the old city).   (Bertin 1983: 299)

---

bleiben und die Randkurve geschlossen bleibt. Entsprechendes gilt für die Punkte im Inneren. Dagegen ist bei einer elastischen Verformung i.e. die Eigenschaft, dass das Bild einer Strecke wieder eine Strecke ist, nicht erfüllt. In einer Geometrie der elastischen Verformungen spielen also die Begriffe Strecke, Gerade und Winkel und die mit ihnen verbundenen Begriffe eine untergeordnete Rolle. Analog zu den Klassen kongruenter bzw. ähnlicher Punktmengen kann man die Klassen derjenigen Produktmengen bilden, die sich durch elastische Verformungen auseinander erzeugen lassen. Man spricht von Klassen topologisch äquivalenter Punktmengen."   (dtv-Atlas zur Mathematik, Bd. 1, 1976: 209)

7   Auch wenn mit linearen Verfahren, Regressionen und Korrelation heute mächtige Prozeduren zur Verfügung stehen, die selbst unzureichende Informationen per Ausgleichsrechnung in metrische Räume transformieren, bleibt die Frage, inwieweit voraussetzungslosere Verfahren bei der Verarbeitung nichtmetrischer Informationen eine nützlichere Funktion für die sozialwissenschaftliche Forschung haben können.

8   „Relational accuracy is the geometric meaning of the arrangement of the signs. The arrangement of three points as well as their number remain similar, whatever the planar reduction. Consequently: (1) Any question involving an alternative (/=), an order (O), or a small enu-

1.1.4 Mentale Karten als internalisierte Strukturen

Von der Fähigkeit des Menschen, Informationen zu strukturieren und bildhaft anzuordnen, machen wissenschaftliche Untersuchungen, die sich mit *kognitiven Karten* beschäftigen, bereits seit längerem Gebrauch. In der direkten Analogie sind *kognitive Karten (cognitive maps)* Internalisierungen der äußeren physikalischen Welt (Tolman 1948). Sie erlauben dem Menschen, sich zu orientieren und zu navigieren. In welchem Ausmaß eine kognitive Karte Orientierungen ermöglicht, hängt von der Art der Informationen ab, die mit einer Karte beschrieben sind. Kognitive Karten können danach unterschieden werden, wie differenziert sie sind und in welchem Ausmaß sie es gestatten, sich zu orientieren.

Bereits bedeutsame Bezugspunkte, besondere Gebäude, Wahrzeichen, Punkte, die weithin sichtbar sind, Türme, Kirchen, Brücken, Hügel oder Berge, gestatten es, sich auf einfache Weise zu orientieren. Thorndyke und Hayes-Roth (1982) beschreiben dieses Stadium als *landmark knowledge*. Mit den Bezugspunkten kann eine Person die eigene Lage lokalisieren. *Route knowledge* bezeichnet dagegen die Fähigkeit, von einem Ort zu einem anderen Ort zu gelangen. Um von einem Punkt A zu einem Punkt B zu gelangen, reicht es aus, wenn man sich an weithin sichtbaren Wahrzeichen orientiert. Optimale Wege, das heißt die kürzeste Verbindung zwischen zwei Punkten zu finden, ist jedoch ohne umfassende Umgebungskenntnisse nicht möglich. *Survey knowledge* bezeichnet schließlich vollständig ausgebildete kognitive Karten, in der die wichtigsten Eigenschaften der Umgebung enthalten sind.

Inwieweit man sich in den durch automatische Verfahren geordneten Strukturen orientieren kann, ist nicht nur eine Frage der verwendeten Verfahren, sondern auch der zur Verfügung stehenden Information.

Der Vorteil der automatisierbaren Verfahren ist dabei, dass sie auch sehr große Informationsmengen verarbeiten können. Selbst bei unvollständigen Informationen stehen die Chancen nicht schlecht, in den so geschaffenen Strukturen zentrale Einheiten (als *landmarks*) von peripheren Bereichen unterscheiden zu können. Optimale Orientierungen *(route knowledge)* setzen dagegen systematische und vollständige Informationen wie auch geeignete Algorithmen voraus. In dem Ausmaß, in dem Informationen systematisch und vollständig sind, können Ordnungsverfahren Informationslandschaften entfalten, in denen man sich zunehmend besser orientieren kann. Im Idealfall wird man dabei ähnlich differenzierte Strukturen entfalten, wie sie im menschlichen Denken entstehen.

Kognitive Ordnungen und Strukturen sind ein wichtiges Thema der Sozialwissenschaften. Die Einbettung von Zusammenhängen in Strukturen werden als ein Schlüssel zum Verständnis gesellschaftlicher und politischer Prozesse angesehen:

---

meration of elements on the plane can receive an accurate answer. What is read can conform strictly to what should be read. Relational accuracy can be absolute. (2) Within the limits of meaning indicated above, relational accuracy is independent of scale. It can therefore be substituted for dimensional accuracy at the point when the latter becomes insufficient or inefficient. Thus one can receive directions or identify a site with all the efficiency necessary, by counting the number of streets, by observing relationships of arrangement (between the river and the road), angles (before the curve), or structure (boundary between the new suburbs and the old city). (3) The number of discernible elements is limited for a given area of paper. The number of representable elements thus varies with the square of the scale, and a reduction of the scale will reduce the number of elements which can be represented accurately. However this will not reduce relational accuracy. Reduction of the scale involves choosing from the information those elements which must be recorded with absolute relational accuracy. This choice governs the notion of cartographic representation." (Bertin 1983: 299)

> ... to understand international processes we need to map the cognitive terrain of the actors in the process first ... The source for change ultimately resides in how leaders view their external environment and their nation's interest in it. (Charles Kegley, zitiert nach Young 1996)

Wie und warum Akteure welche Entscheidungen fällen, kann man anhand ihrer kognitiven Karten versuchen zu verstehen. Experten sind Personen, die sich intensiv mit speziellen Wissensgebieten beschäftigt haben. Sie verfügen über komplexe Ursachenerklärungen und sind in der Lage, die Bedeutung verschiedener Einflussfaktoren abzuwägen. Cognitive maps von Experten sind hoch ausdifferenziert, und ihre Untersuchung verspricht, zentrale Problemelemente zu verstehen. Axelrod präsentiert eine Reihe von Studien, in denen die kognitiven Karten politischer Experten erfragt und untersucht werden. Für ihn ist eine *cognitive map* „the structure of the causal assertions of a person with respect to a specific policy domain" (Axelrod 1972: 58).

Es scheint zu den wichtigen Fähigkeiten moderner Informationsgesellschaften zu gehören, vernetzte Strukturen und komplexe kausale Zusammenhänge zu verstehen und sich in großen Informationsmengen zu orientieren und zu navigieren. Die Pioniere der Informationsvisualisierung haben bereits früh den Bedarf an effektiven Methoden grafischer Kommunikation erkannt und beschrieben:

> All the pieces are here – huge amounts of information, a great need to clearly and accurately portray them and the physical means for doing so. What is lacking is a deep understanding of how best to do it. (Wainer 1983)

1.2 Strukturen sichtbar machen

1.2.1 Information über Strukturen

Soziale Netzwerke beschreiben Beziehungen zwischen Akteuren. Akteure sind unter anderem Individuen, Firmen, Organisationen oder auch Nationen. Beziehungen zwischen diesen können Kontakte, Mitgliedschaften oder Austauschprozesse sein, um nur einige der vielen Arten zu benennen, mit denen Akteure untereinander verbunden sein können. Beobachtungen der Verbundenheit von Paaren von Akteuren erlauben es, deren Einbettung in die sie umgebende Struktur zu untersuchen, zusammenhängende Cluster und soziale Positionen zu identifizieren. Mit derartigen Informationen kann untersucht werden, wie die Ökologie sozialer Beziehungen die individuellen Einheiten beeinflusst. Die strukturelle Perspektive ergänzt das Verständnis bilateraler Interaktionen um deren potentielle Folgen und kann helfen, Fragen über kollektive soziale Phänomene zu beantworten.

Netze oder Graphen sind formal durch eine Menge von Akteuren (Knoten) sowie durch die zwischen diesen bestehenden Beziehungen (Relationen, Kanten) definiert. Wie man *Netzwerke* analysieren kann, hängt von der Art der Information ab, die zur Verfügung steht: ihrer Vollständigkeit, dem Grad ihrer Komplexität, ob nur wenige oder fast alle Relationen in einem Netz existieren, ob quantitative Beobachtungen vorliegen oder nicht. Da die Menge der möglichen Relationen mit der Größe des Netzes im Quadrat steigt, setzt nicht zuletzt die Größe einer Struktur der Bearbeitung Grenzen.

Beobachtungen von Netzen bestehen im einfachsten Fall aus einer Liste von Akteuren, zwischen denen ein Netz aufgespannt wird, sowie den Paaren von Akteuren, die in einer bestimmten Art verbunden sind. Werden Ausprägungen von Beziehungen unterschieden, dann wird jeder der Relationen zusätzlich eine Bewertung hinzugefügt.

Wie man aus diesen Informationen Aufschluss über das zugrunde liegende Netzwerk erhält, ist Gegenstand der *Netzwerkanalyse*. Bereits seit den ersten Anfängen der Netzwerkanalyse (der Soziometrie) hat man versucht, sich dieser Frage auf zwei Wegen zu nähern: mit beschreibenden Statistiken und mit manuell hergestellten Abbildungen. Statistiken zielten in dieser frühen Phase der Entwicklung im Wesentlichen darauf ab, die konstituierenden Elemente, die Akteure in den sozialen Strukturen, zu beschreiben: durch die Anzahl der direkten Verbindungen (den Degree der Einheiten) und bei Unterscheidung gerichteter Beziehungen den In- und Outdegree und durch die Verhältnisse der direkt ein- und ausgehenden Beziehungen.

Die Mathematik zur Identifikation von Gruppierungen (Cliquen und Cluster) wurde erst später entwickelt (vgl. Luce/Perry 1949). Erste Vorschläge zur Identifikation sozialer Positionen stammen aus den 1970er Jahren (Boorman/White 1976; Arabie/Boorman/Levit 1978). Konfigurationen, die von mehreren Einheiten gebildet werden, konnten zu diesem Zeitpunkt nur mühsam mit visuellen Verfahren identifiziert werden. Das traditionelle Soziogramm ordnet die Einheiten mit gleichen Abständen auf einem Kreis an. Die Größenordnung der vornehmlich aus der Kleingruppenforschung stammenden Probleme ermöglichte es, Abbildungen manuell herzustellen. Hierzu wurden die Einheiten als Punkte und die beobachteten Beziehungen als Linien markiert, die jeweils zwei Punkte miteinander verbinden. Durch manuelles Vertauschen konnten so (bei entsprechendem Geschick und Ausdauer) lesbare Konfigurationen entstehen. Linton Freeman (2000) beschreibt den Beitrag Morenos zur Visualisierung sozialer Netzwerke:

> ... in his early works, Moreno introduced five important ideas about the proper construction of images of social networks: (1) he drew graphs, (2) he drew directed graphs, (3) he used color do draw multigraphs, (4) he varied the shapes of the points to communicate characteristics of social actors and (5) he showed that variations in the locations of points could be used to stress important structural features of the data.

1.2.2 Grafische Kommunikation

Die visuelle Kommunikation von Informationen erfordert Erfahrungen, welche grafischen Elemente geeignet sind, verschiedene Informationen (nominaler, ordinaler oder metrischer Art) zu transportieren. Wie man Informationen grafisch umsetzen muss, damit gleichartige Informationen als *zusammengehörig* wahrgenommen und bestimmte Gruppierungen *selektiv* betrachtet werden können, wie Größenverhältnisse *unterscheidbar* bleiben und wann Ähnlichkeiten zwischen den Elementen aus einer Abbildung ablesbar sind oder allgemein welche Informationen die menschliche Wahrnehmung verschiedenen visuellen Markierungen entnehmen kann und unter welchen Bedingungen, sind Fragen, die sich die Informationsvisualisierung stellt.

Bertins „Semiologie der Graphik" (1974, 1983) ist ein grundlegendes Werk der Prinzipien grafischer Kommunikation. Seine theoretische Perspektive weist über die technologischen Möglichkeiten zur Zeit der Entstehung weit hinaus und ist auch heute noch ein wichtiger Schlüssel zum Verständnis neuer grafischer Kommunikationselemente. Für Bertin ist grafische Kommunikation die effektive Übersetzung von Information in das visuelle Zeichensystem.

Eine zweite Quelle von Gestaltungsprinzipien effektiver grafischer Kommunikation entstammt den wunderschönen Büchern, die Edward R. Tufte (1983, 1990, 1997) zusammengestellt hat. Hier ermöglicht es die vergleichende Perspektive in Sammlungen bemerkenswerter Grafiken, Prinzipien grafischer Kommunikationsleistungen zu identifizieren.

Ein dritter Strang von Prinzipien zur Optimierung visueller Kommunikation sind die experimentellen Erkenntnisse, die Physiologen und Psychologen bei der Untersuchung menschlicher Wahrnehmungleistungen gewonnen haben. Bei diesen Experimenten geht es in der Regel darum, wie Vorlagen (physikalische Reize) in menschliche Wahrnehmungsempfindungen umgesetzt werden und wie effektiv und unter welchen Bedingungen die menschliche Wahrnehmung komplizierte grafische Vorlagen entschlüsselt.

Wie man lesbare Abbildungen erstellen kann, ist das Problem, das die *Informationsvisualisierung* zu lösen versucht. Informationsvisualisierung ist die Übersetzung von Information in visuelle Zeichen. Ziel ist eine möglichst effektive Kommunikation. Visualisierungen sind umso effektiver, je spontaner (schneller) die dargestellten Sachverhalte von einem Beobachter entschlüsselt (gelesen) werden können.

Kartografen haben bereits seit langer Zeit Erfahrungen gesammelt, wie man umfangreiche Informationen visuell aufbereitet. Durch die rasante technische Entwicklung und das neu entstandene Problemlösungs- und Kommunikationspotential gewinnen Fragen der Optimierung visueller Kommunikation auch im Bereich der Computergrafik und in der grafischen Statistik zunehmend an Bedeutung.

Welche visuellen Markierungen für welche Zwecke verwendbar sind, darüber geben Praktiker wie der französische Kartograf Bertin Auskunft. Bertin unterscheidet *planare* von *retinalen* grafischen Variablen. Unter den Möglichkeiten, die das visuelle System bietet, Informationen zu kommunizieren, ist die Lagerung von Markierungen in der zweidimensionalen Ebene (der Fläche des Bildes) das wichtigste bedeutungstragende visuelle Element. Bertin bezeichnet die Lagerung in einem Bild als *planare Variable*. Sind die Dimensionen der Fläche geordnet, so lassen sich aus der Positionierung einer Markierung die zugrunde liegenden x- und y-Ausprägungen der Achsen eines Bildes ablesen. Ein Scattergram, bei dem die Beobachtungen als Punkte zweier metrischer Variablen dargestellt werden, skaliert die horizontalen und vertikalen Achsen und definiert damit die Lage jeder Markierung in der Fläche.

Retinale Variablen sind grafische Attribute von Markierungen, die die visuelle Erscheinung verändern: die Größe, der Helligkeitswert, das Muster, die Farbe, die Richtung und die Form. Nach Bertin können retinale Variablen verwendet werden, um in Grafiken eine zusätzliche, dritte Information zu kommunizieren. Retinale grafische Variablen unterteilt Bertin in *gruppierende* Variablen, die es erleichtern, Einheiten als zusammengehörig wahrzunehmen, und *trennende* Variablen, die es ermöglichen, gleichartige Einheiten selektiv wahrzunehmen.

Eine Eigenschaft visueller Kommunikation ist, dass effiziente und ineffiziente Visualisierungen oft nur durch einen schmalen Grat getrennt sind. Effiziente Darstellungen von Konfigurationen beginnen zu leben, Besonderheiten treten klar hervor und werden sichtbar. Darstellungen, die spontan lesbar sind, können sich jedoch bereits bei nur geringen Änderungen in schwer lesbare Abbildungen verwandeln, die nur noch mit großem Aufwand sequentiell entziffert werden können.

Psychologen erklären dies mit der Art, wie die menschliche Wahrnehmung komplexe visuelle Vorlagen entschlüsselt. Dabei spielt die Zerlegung komplexer Aufgaben in elementare eine wichtige Rolle. Elementare Aufgaben werden von verschiedenen Zentren im

Gehirn parallel bearbeitet und an eine übergeordnete Einheit zurückgemeldet. Die maximale Responsezeit einer der Teilaufgaben bestimmt dabei die Leistungsfähigkeit des Gesamtsystems (vgl. Green 1999).

> Die Wahrnehmung eines logischen Bildes erfolgt zum großen Teil aufgrund von Automatismen des kognitiven Systems zum Erkennen bestimmter visueller Eigenschaften der Objektwelt. Bei diesen Automatismen handelt es sich um Erkennensmodule für bestimmte sensorische Objektmerkmale wie *Form, Größe, Orientierung, Farbe, Helligkeit* und *Textur* ... sowie um Mechanismen der spontanen Strukturierung des visuellen Informationsangebots. Diese Prozesse verlaufen *bottom-up* und parallel, sie sind nur in geringem Maße vom Vorwissen abhängig und kaum willentlich beeinflussbar. Sie werden deshalb auch als präattentive Verarbeitungprozesse bezeichnet.   (Schnotz 1994: 120)

1.2.3 Geordnete Netze

Für den Kartografen Bertin sind Netze – im Gegensatz zu Tabellen – Beziehungen zwischen Elementen der gleichen Menge. Bei der Darstellung von Netzen sind die Beziehungen nicht durch ihre Lage in der Ebene definiert, sondern sie werden als Linien zwischen den Markierungen eingetragen. Für Bertin können Netze geordnet werden. Geordnete Netze bilden eine Topografie.

Heute ist bekannt, dass man Netze auf unterschiedliche Art und Weise ordnen und mit verschiedenen Kriterien unterschiedliche Topologien erzeugen kann. Forscher in verschiedenen Disziplinen lösen das Ordnungsproblem auf sehr unterschiedliche Weise. Battista et al. (1994) haben die vielfältigen Ansätze in einer umfangreichen Bibliografie dokumentiert und kommentiert.

Wegen der anspruchsvollen Topologien der Knoten und der Komplexität der dabei zu bewältigenden Aufgaben sind Informationsvisualisierungen von Netzwerken eine große Herausforderung. Planare Anordnungen sind wünschenswert, aber nicht immer herzustellen. Selbst bei einer vergleichsweise kleinen Anzahl von Knoten (weniger als 100) können die erzeugten Layouts unübersichtlich und Beziehungen verdeckt werden.

Das bereits bei Moreno, aber auch bei Bertin angeführte Kriterium der Überschneidungsfreiheit der Kanten ist nur eines einer längeren Liste von Kriterien, die zur Optimierung benutzt werden können. Im Fall der Überschneidungsfreiheit der Kanten sind Lösungen nur für Graphen geringer Komplexität herstellbar: Überschneidungsfreie (planare) Graphen definieren eine spezielle Klasse von Netzwerken mit vergleichsweise geringer Dichte. Soziale Systeme sind dagegen oft komplex.

Algorithmische Verfahren zum Zeichnen von Graphen *(graph drawing)* werden heute von einer internationalen Gemeinschaft von Mathematikern und Informatikern intensiv untersucht. Die Darstellung von Graphen wird dabei als ein komplexes *Layoutproblem* behandelt, für das unterschiedliche Optimierungskriterien verwendet werden können, um lesbare Darstellungen zu erzeugen. Damit sind neue Verfahren neben die klassischen Positionierungsverfahren der multivariaten Statistik getreten, die es erlauben, mit zusätzlichen Konstraints die Lesbarkeit der grafischen Darstellungen gezielt zu verbessern.

Diese neuen Entwicklungen finden auch in der Netzwerkanalyse zunehmend Aufmerksamkeit und Verbreitung und stehen heute mit der in dieser Community entwickelten Software (Krackplot, Multinet, Pajek und Visone) in verschiedenen Varianten zur Verfügung.

Kapitel 2
Grafische Informationsverarbeitung

Die Kernfrage, die sich die Informationsvisualisierung stellt, ist, wie man Informationen in visuelle Variablen übersetzen muss, damit diese aus den grafischen Markierungen abgelesen werden können. Im Folgenden geht es darum zu klären, inwieweit grafische Zeichen numerische Informationen darstellen können und welche Auflösungskraft diese grafischen Elemente haben. Grafische Markierungen mit metrischen Eigenschaften erlauben es, numerische Werte so darzustellen, dass sie von der menschlichen Wahrnehmung schneller verarbeitet werden können als numerisch kodierte Informationen. In dem Ausmaß, in dem numerische Informationen bei der grafischen Transkription erhalten bleiben, ermöglichen Grafiken nicht nur die Untersuchung größerer Informationsmengen, was besonders für große Datenmengen hilfreich ist. Sie helfen auch, Einblicke in multiple Lagerungen in Strukturen zu gewinnen.

2.1 Bertins visuelle Variable

Bertins *retinale grafische Variable* (Markierungen, die die visuelle Erscheinung verändern) sind, neben den Positionierungen der Einheiten (den planaren Variablen), die visuellen Mittel, mit denen zusätzliche Informationen über ein Netzwerk kommuniziert werden können.

Welche Markierungen zur Kommunikation nominaler, ordinaler oder metrischer statistischer Informationen eingesetzt werden können, haben bereits Cleveland and McGill (1984) untersucht. Die Autoren fassen Bertins *visuelle Variable* als elementare Wahrnehmungsaufgaben *(elementary perceptual tasks)* auf und untersuchen experimentell, welche grafischen Kodierungen statistischer Informationen zu präziseren Urteilen führen. Ihre experimentellen Untersuchungen liefern Kriterien zur Fundierung der statistischen Grafik.

> A graphical form that involves elementary perceptual tasks that lead to more accurate judgements than another graphical form (with the same quantitative information) will result in better organization and increase the chances of a correct perception of patterns and behavior. (Cleveland/McGill 1984: 536)

Tabelle 2.1
Die Eignung verschiedener grafischer Markierungsarten zur Kommunikation quantitativer Information nach Mackinlay (1986)

	Quantitative	Ordinal	Nominal
more	Position	Position	Position
	Length	Density	Color Hue
	Angle	Color saturation	Texture
	Slope	Color hue	Connection
	Area	Texture	Containment
	Volume	Connection	Density
	Density	Containment	Color saturation
	Color saturation	Length	Shape
	Color hue	Angle	Length
	Texture	Slope	Angle
	Connection	Area	Slope
	Containment	Volume	Area
less	Shape	Shape	Volume

Mackinlay (1986) hat diese Liste ergänzt und ordnet die Markierungsarten hinsichtlich ihrer Eignung, unterschiedliche Arten statistischer Informationen zu kommunizieren (Tabelle 2.1).

Während Kartografen Beobachtungen verwenden, deren Lage bekannt ist, ist die Lage der Einheiten bei der Visualisierung relationaler Informationen zunächst unbekannt. Bei der Netzwerkvisualisierung ist damit die Platzierung der Elemente das zentrale Problem, das zunächst gelöst werden muss. Diese Lage kann aus den Relationen des Graphen und den mit ihnen zur Verfügung stehenden Informationen berechnet werden. Die Logik der dabei entstehenden Anordnungen, die Einbettung der Elemente in einen Lösungsraum, resultiert aus den hierbei verwendeten Ordnungs- und Optimierungskriterien.

Eine möglichst hohe Flexibilität der Ordnungsverfahren ist erforderlich, wenn zusätzliche Markierungen in die Einbettungen eingebracht werden sollen. Algorithmen, die den zur Verfügung stehenden Raum eines Bildes möglichst effektiv ausnutzen und dabei wesentliche Eigenschaften der Struktur erhalten, bieten gute Voraussetzungen, weitere Informationen in die so erzeugten Strukturen zu übertragen und zu bewerten. Anordnungen der Knoten eines Graphen, die zu Überlappungen und Verdeckungen führen, beschränken dagegen die Möglichkeit, zusätzliche Informationen zu kommunizieren.

Einfache Darstellungen von Netzwerken, die Relationen in Graphen mit geraden Linien abbilden *(straight-line drawings)*, benutzen aus diesem Zeichenvorrat die *Lage (position)* zur Darstellung der Knoten. Bei geradlinig gezeichneten Graphen sind damit gleichzeitig die *Länge (length)* der Kanten, deren *Richtung (slope)* sowie die *Winkel (angle)* zwischen den Relationen bestimmt.

Damit verbleiben nur noch einige Gestaltungselemente, mit denen weitere Informationen transportiert werden können: *Formen (shapes)*, *Größen (area, volume)*, *Farbtöne (color hue)* und deren *Sättigung (color saturation)* sowie *Texturen (texture)*, mit denen Muster bezeichnet werden, die sich aus kleineren grafischen Elementen zusammensetzen.

Die Verwendung der Größen ist insofern problematisch, als die maximale Größe einer Markierung durch die Platzierung der Einheiten begrenzt ist, wenn Überlappungen vermieden werden sollen. Andererseits sind Größen als Markierungen effektiver als Farbmarkierungen, wenn quantitative Informationen kommuniziert werden sollen.

Wenn zusätzliche Eigenschaften (syntaktische Informationen) der Netze in die Lösungen eingetragen werden, dann erlauben Farben, die Bedeutung der Struktur schneller zu erfassen. *Nominale Knotenattribute* können mit unterschiedlichen Farbtönen *(color hue)* der Knoten oder auch mit unterschiedlichen Formen *(shapes)* dargestellt werden. *Ordinale* und *quantitative Attribute* stellen schnell besondere Anforderungen an die Unterscheidbarkeit der Größe der Markierungen oder an die Farbschemata, mit denen diese kommuniziert werden können.

Die Liste der grafischen Variablen, die zur Verfügung stehen, um zusätzliche Informationen zu kommunizieren, hat sich mit Entwicklung der Computergrafik verlängert: Neben den dreidimensionalen Darstellungen ist die Geschwindigkeit von Veränderungen und deren Richtung *(motion: velocity; motion: direction)* ein weiteres Darstellungsmittel, mit dem Informationen kommuniziert werden können.

Grafische Darstellungstechniken

Von *Layering* (vgl. zum Beispiel Carr/Sun 1999) spricht man, wenn Darstellungen aus verschiedenen Schichten von Informationen beziehungsweise unterschiedlichen Zeichen bestehen. Layering vergrößert die Bandbreite der Informationen, die simultan kommuniziert werden können „by creating a hierarchy of visual effects ... possibly matching an ordering of information content" (Tufte 1990: 60). Informationen in Darstellungen können so strukturiert werden, dass sie als verschiedene Ebenen selektiv wahrgenommen werden können.

Ein Gestaltungsmittel, das visuelle Schichten erzeugt, ist die simultane Darstellung zwei- und dreidimensionaler Markierungen. Mit der zweidimensionalen Markierung der Kanten und der dreidimensionalen Markierung der Knoten entstehen bei Strukturvisualisierungen zwei Ebenen des Bildes. Selbst dann, wenn in den beiden Ebenen einer Darstellung das gleiche Farbschema benutzt wird, können diese selektiv gelesen werden.

Dreidimensionale Formen entstehen für das menschliche Auge nicht nur aus der Perspektive, sondern auch durch Farbverläufe, die als Reflektionen (von imaginären) Beleuchtungsquellen interpretiert werden können. Tiefeneindrücke werden durch Verdeckungen, Farbabschwächungen, Nebel sowie Licht- und Schattenverteilungen erzeugt.

2.2 Die präattentive Wahrnehmung von Markierungen

Bei der Untersuchung menschlicher Wahrnehmungsleistungen ist eine Menge von visuellen Elementen identifiziert worden, die sich dadurch auszeichnen, dass diese in äußerst kurzer Zeit quasi automatisch ohne besonderen Aufwand wahrgenommen werden können. Diese *präattentiven* Elemente können bereits dann in Vorlagen erkannt werden, wenn nicht mehr als 200 bis 250 Millisekunden Zeit zur Wahrnehmung zur Verfügung stehen.

Neurophysiologen gehen davon aus, dass das visuelle Gehirn über parallele, spezialisierte Systeme der Informationsverarbeitung verfügt, die räumlich über das Gehirn verteilt sind, und dass die Teilaufgaben, die diese unterschiedlichen, parallel arbeitenden Systeme lösen, das Endresultat der Wahrnehmung zu unterschiedlichen Zeiten erreichen (vgl. Zeki 2000: 170f.).[9]

---

9 (1) Das visuelle Gehirn verfügt über parallele Systeme der Informationsverarbeitung, die räumlich über das Gehirn verteilt sind. (2) Die unterschiedlichen, parallel arbeitenden Systeme

In experimentellen Untersuchungen, die sich mit Suchprozessen in den Stadien der frühen Wahrnehmung *(early vision)* befassen, wurde der Frage nachgegangen, welche grafischen Markierungen *(features)* Suchprozesse nach Zielobjekten erleichtern.

Präattentive Wahrnehmungselemente zeichnen sich bei diesen experimentellen Untersuchungen dadurch aus, dass sie von Versuchspersonen auch dann ohne besondere Anstrengungen identifiziert werden können, wenn die Lage dieser Markierungen zufallsgesteuert variiert wird und die Darbietungszeit dieser Vorlagen unterhalb der für die Steuerung von Augenbewegungen erforderlichen Zeit liegt.[10] Diese Untersuchungsanordnung zwingt die Versuchspersonen dazu, eine dargebotene Vorlage mit einem einzigen Blick zu erfassen.

Unter den visuellen Features, die heute als präattentiv gelten, finden sich unter anderem die bereits bei Bertin aufgeführten *Längen, Breiten* und *Größen* wie auch die *Farbtöne* sowie deren *Intensität*. Für zweidimensionale Darstellungen sind mittlerweile weitere Markierungsarten als präattentiv identifiziert worden: *Flicker* unterschiedlicher Frequenz, *Bewegungsrichtungen, dreidimensionale Tiefenmarkierungen (3-d depth cues)* und auch *die Richtung der Beleuchtung* von Objekten. Auch diese Markierungen lassen in komplexen Vorlagen Objekte bereits bei nur sehr kurzen Darbietungszeiten aus einem Bild hervortreten *(pop up features*, vgl. Treisman/Gormican 1988; Healy 1992).

Objekte, die dagegen aus *Kombinationen mehrerer präattentiver Features* bestehen, werden in der Regel *nicht* präattentiv erkannt. Die Suche nach kombinierten Features *(conjunction search)* ist ein sequentieller Prozess, der wesentlich mehr Zeit in Anspruch nimmt als Wahrnehmungen präattentiver Features. Die Zeit, die benötigt wird, um ein bestimmtes Ziel *(target)* mit einer bestimmten Featurekombination unter einer Anzahl ähnlich kombinierter, aber unterschiedlicher Elemente *(distractors)* zu finden, nimmt mit der Anzahl der Vergleichsobjekte zu und ist damit bei der Suche nach kombinierten Features eine Funktion der Komplexität der Suchaufgabe.

Für die Visualisierung von großen Datenmengen sind diese Befunde von großer Bedeutung. In dem Maß, in dem es gelingt, grafische Markierungen so zu benutzen, dass sie *parallel* und *präattentiv* gelesen werden können, resultieren besonders schnell, akkurat, einfach und mühelos lesbare Abbildungen. Ein Prinzip, grafische Darstellungen zu effektivieren, besteht damit darin, Informationen möglichst mit präattentiven Features zu kodieren und Kombinationen mehrerer Features nach Möglichkeit zu vermeiden.

---

erreichen das Endresultat der Wahrnehmung zu unterschiedlichen Zeiten, d. h. die funktionale Spezialisierung bezieht sich auch auf den zeitlichen Bereich. (3) In der visuellen Wahrnehmung entsteht deshalb für kurze Zeit eine Asynchronität. „Wenn wir das Gehirn dazu zwingen, unterschiedliche Informationsquellen zu verknüpfen, die es in sehr kurzen Zeitfenstern von weniger als 100 Millisekunden wahrgenommen hat, so werden wir feststellen, dass das Gehirn nicht das verbindet, was in der realen Zeit abläuft, sondern das was es verarbeitet hat. ... So geschieht es z. B., dass eine Farbe, die zum Zeitpunkt t verarbeitet wird, mit einer Bewegung zusammengebracht wird, die zu einem Zeitpunkt $t + 1$ geschieht. Die Tatsache, dass wir Farbe sehen können, bevor wir Bewegung sehen, deutet darauf hin, dass die beiden Systeme weitgehend autonom sind." (Zeki 2000: 170f.)

10 Die Initialisierung von Augenbewegungen benötigt mindestens 200 Millisekunden.

2.3 Layouts und Platzierungen

Die Lage der Markierungen der Knoten eines Netzes ist das zentrale Problem der *Strukturvisualisierung*. Während bei der Darstellung zweidimensionaler Beobachtungen mit einem Scattergram aus der Lage einer Markierung die Dimensionsausprägungen exakt abgelesen werden können, unterscheiden sich Netze nach Bertin (1974) dadurch, dass bei diesen die Beziehungen zwischen den Elementen mit verbindenden Linien markiert werden. Für Bertin besteht das Problem der Darstellung von Netzen in der Anordnung der Knoten in der Weise, dass die Kanten sich nur minimal überschneiden. In dem Maß, wie es gelingt, ein Netz zu ordnen, entsteht eine Topologie.

Die Erzeugung von Platzierungen für Knoten eines Netzwerkes wird mit zunehmender Anzahl von Elementen sehr schnell ein komplexes Problem, das manuell nicht mehr bewältigt werden kann. Verfahren, die zur Lösung des Platzierungsproblems eingesetzt werden können, stammen heute aus verschiedenen wissenschaftlichen Disziplinen: der multivariaten Statistik, den Arbeiten der mathematischen Graph Drawing Community und dem internationalen Netzwerk zur Analyse sozialer Netzwerke (INSNA, www.insna.org) – einer interdisziplinären Gruppe von Wissenschaftlern, die Verfahren zur Analyse von sozialen Strukturen entwickelt.

Die Verknüpfung der Informationsvisualisierung mit der Netzwerkvisualisierung führt zu einer Reihe von Optimierungsproblemen, insbesondere bei komplexen Graphen. Besonders nützlich sind hier Verfahren, die es erlauben, die Platzierungen unter Kommunikationsgesichtspunkten flexibel zu optimieren und zu vereinfachen, ohne die zugrunde liegenden Ordnungen zu zerstören. Sie ermöglichen es, die Verteilung zusätzlicher Attribute in der Struktur zu inspizieren. Lokale Konzentrationen können dabei auf Besonderheiten hinweisen: partikulare Zusammenhänge, die mit anderen Analyseverfahren nur schwer zu entdecken sind. Systematische großflächige Muster, die entstehen, identifizieren Korrelationen der Attribute mit der Lage in der Struktur. In Kapitel 4 werden einige Varianten dieser Verfahren vorgestellt, die zur Ordnung von Relationen eingesetzt werden können.

2.4 Größenmarkierungen und quantitative Information

Größen von Markierungen sind die effektivsten grafischen Mittel, mit denen zusätzlich zur Lage quantitative Informationen kommuniziert werden können. Die Psychophysik, die sich mit den Zusammenhängen physikalischer Reize und den durch sie erzeugten Sinneseindrücken beschäftigt, hat die Probleme der Größenwahrnehmung untersucht. Ihre klassischen psychometrischen Gesetze der Größenwahrnehmung sind bereits von Cleveland/McGill (1984) als wichtige Konstruktionsprinzipien der statistischen Grafik identifiziert worden.

Größenunterschiede müssen gewisse Grenzen überschreiten, um als verschieden wahrgenommen werden zu können. Unterschiedsschwellen *(just noticeable differences,* JNDs*)* beschreiben dabei die Schwelle, die zwei Größen überschreiten müssen, damit man Markierungen als verschieden groß wahrnehmen kann. Dies ist in der Psychophysik ein wohl bekanntes Problem, das bereits von Weber (1834) untersucht worden ist.

> Suppose that $d_p(x)$, a positive number, is defined by the following: An object with length $x + d_p(x)$ is detected with probability p to be longer than the object with length x then Weber's law states that for fixed p, $d_p(x) = k_p x$ where k_p does not depend on x.
> (Cleveland/McGill 1984: 538)

Abbildung 2.1
Empfindungen (JNDs)
und physikalische
Reize (schematisch)

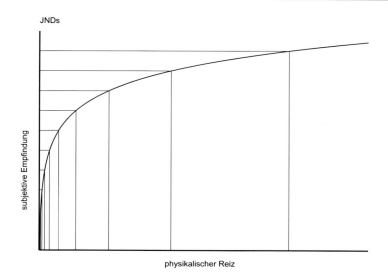

Damit der Unterschied in einem Stimulus unterscheidbar wird (gerade wahrnehmbar), muss man einen bestimmten Anteil hinzufügen. Für einen kleinen Reiz benötigt man nur eine kleine Veränderung, für größere Stimuli numerisch größere Veränderungen. Webers Gesetz besagt damit, dass die gerade unterscheidbaren Zuwächse (JNDs) in direkter Proportion zur Größe des Stimulus stehen. Demnach ist es also leichter, einen Unterschied bestimmter Länge zwischen kurzen Linien zu entdecken als den gleich großen Unterschied zweier längerer Linien.

Aus Webers Gesetz resultiert auch, dass die Anzahl unterschiedlicher Größen, die in einer Grafik kommuniziert werden können, begrenzt ist.[11] Gestattet zum Beispiel die Variation eines visuellen Zeichens zehn unterscheidbare Abstufungen, dann ist es möglich, eine metrische Variable mit ihren Zentilen darzustellen. Dies kann auch in Form des Fechner'schen Gesetzes ausgedrückt werden. Fechner hatte 1860 in Anschluss an Weber den Zusammenhang zwischen der wahrgenommenen Empfindung p (in Einheiten von JNDs) und den erforderlichen Stimulus-Intensitäten a als Fechner'sches Gesetz formuliert:

$$(2.1) \qquad p = \frac{1}{K} \log a$$

Stevens (1957) hat eine Potenzfunktion spezifiziert, die es erlaubt, den Zusammenhang der subjektiven Eindrucksurteile und der Größe der physikalischen Reizvorlagen für unterschiedliche physikalische Medien zu beschreiben: Bezeichnet man die subjektiv wahrgenommene Größe mit p und die physikalische Größenordnung des verwendeten Stimulus mit a, dann beschreibt der Exponent α die Beziehung zwischen dem dargebotenen Reiz und dem resultierenden Eindrucksurteil für ein bestimmtes physikalisches Medium, wobei k eine multiplikative Konstante ist.

$$(2.2) \qquad p = k a^{\alpha}$$

---

11 Bertin spricht im Zusammenhang mit der Auflösungskraft eines Zeichens von der „Länge" *(length)* einer grafischen Variablen.

Ein Exponent kleiner 1 beschreibt die Situation, in der ein Reiz mehr als verdoppelt werden muss, um den Sinneseindruck zu verdoppeln. Bei einem Exponenten größer 1 führt bereits eine geringe Steigerung zu einem starken Anwachsen.

> Stevens (1975) says that if p is the perceived magnitude and a the actual magnitude, then p is related to a by $p=ka^{\alpha}$. If a_1 and a_t are two such magnitudes and p_1 and p_2 are corresponding perceived values then $p_1/p_2=(a_1/a_2)^{\alpha}$. Thus only if $\alpha=1$ is the perceived scale the same as the actual physical scale. (Cleveland/McGill 1984: 537)

Wie die Stärke eines physikalischen Reizes (die Länge einer Linie, die Fläche einer Markierung) mit dem wahrgenommenen subjektiven Größeneindruck zusammenhängt, kann man untersuchen, indem man die Empfindungen einer Person bei verschieden hellen Lichtreizen vergleicht. In der sozialwissenschaftlichen Methodologie sind psychophysiologische Reaktionen intensiv benutzt worden, um zu untersuchen, ob mit physikalischen Herstellungsverfahren verlässlichere und präzisere Befragungsergebnisse erzielt werden können. Bei Versuchen der Größenskalierung *(magnitude scaling)* wird einem Befragten eine Licht- oder Tonquelle zur Verfügung gestellt, die zur Beantwortung von Fragen auf eine bestimmte Helligkeit oder aber Lautstärke eingestellt werden soll.

Wenn man verschiedene Vorlagen vergleicht, können die Exponenten experimentell ermittelt werden. Dazu bedient man sich einer Anordnung des so genannten *cross-modality matching*: Zwei verschiedene physikalische Quellen (zum Beispiel eine Ton- und Lichtquelle) werden gleichzeitig benutzt, um Reize herzustellen, die als gleich groß empfunden werden. Mit einer entsprechenden Anzahl von Experimenten lässt sich so für jedes physikalische Medium der Exponent bestimmen, der beschreibt, in welchem Ausmaß für ein bestimmtes Medium die Sinneseindrücke auf die Zunahme der physikalischen Größen reagieren.

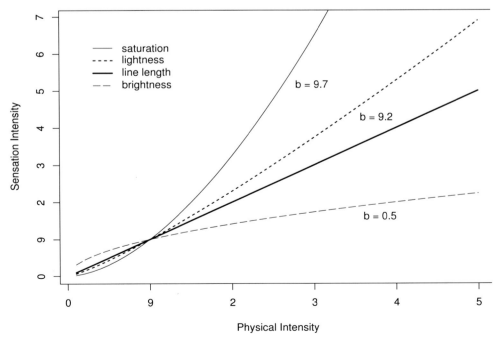

Abbildung 2.2
Stevens' Law.
Der Zusammenhang zwischen Empfindungen und der Größe physikalischer Reize für unterschiedliche Modalitäten nach Stevens' Potenzfunktion

Tabelle 2.2
Repräsentative Exponenten für Stevens' Law, die die Beziehung zwischen subjektiven Größen und der Größe physikalischer Stimuli beschreiben (vgl. Lodge 1981)

Continuum	Exponent	Stimulus condition
Loudness	0.67	3000 hertz tone
Lightness	1.2	reflectance of gray paper
Visual length	1.0	projected line
Visual area	0.7	projected square
Brightness	0.5	point source
Saturation	1.7	red-gray mixture

Grundsätzlich zeigt sich dabei, dass unterschiedliche Reizmodalitäten in verschiedener Weise mit den Empfindungen zusammenhängen. Je nachdem welche Reizvorlagen (Längen, Flächen oder Helligkeiten) gewählt werden, finden sich unterschiedliche Exponenten für Stevens' Gesetz. Lineare Beziehungen zwischen physikalischen Größen und Empfindungen sind die Ausnahme: Die Verdopplung eines physikalischen Reizes führt in der Regel nicht zu einer Verdopplung des Größeneindrucks.

Lediglich für die Länge von Linien finden sich lineare Beziehungen, das heißt ein Exponent von 1. Der Größeneindruck der Fläche (eines Quadrats) wird dagegen mit Stevens' Law durch einen Exponenten von 0.7 beschrieben (vgl. Lodge 1981: 25; Stevens 1975). Weitere Exponenten finden sich in Tabelle 2.2

Die Ergebnisse der Untersuchungen sind für die grafische Kommunikation von numerischen Informationen äußerst hilfreich. Verwendet man zum Beispiel Quadrate, um über die Größenordnung eines entsprechenden Attributes zu informieren, dann ist es ratsam, die numerischen Werte mit Stevens' Funktion zu transformieren, um die Unterschiede der numerischen Größenordnungen in der grafischen Darstellung zu erhalten.

Stevens' Law gibt auch die Antwort auf den bei Tufte (1983) diskutierten Lügenfaktor *(lie factor)* von Grafiken, ein Problem, das entsteht, wenn numerische Informationen linear in Flächen und Volumina dreidimensionaler Körper transformiert werden. Dieses Problem kann mit Stevens' Exponentialgleichung bei Kenntnis der entsprechenden Exponenten vermieden werden.[12]

2.5 Farben

Obwohl in der Kunst die Gestaltung mit Farben eine sehr lange Tradition hat und Künstler durch den gezielten Einsatz von Farben vielfältige Eindrücke, Erinnerungen und Empfindungen auslösen können, ist die menschliche Farbwahrnehmung heute nur auf elementaren Ebenen gut verstanden. Farben spielen heute im Alltag nicht nur bei Kleidung und Nahrung eine wichtige Rolle. In standardisierter Form werden sie bei Signalen und Verkehrszeichen eingesetzt und sind so zu wichtigen Kommunikationsmitteln industrieller Gesellschaften

---

12 Cleveland und McGill erörtern dieses Problem, sprechen sich aber gegen die Verwendung von Volumina aus, da die hier gefundenen Exponenten eine größere interindividuelle Varianz aufweisen.

geworden. Farbige Medien sind heute in vielfältiger Form Bestandteil des alltäglichen Lebens: zum Beispiel als gedruckte Zeitschriften oder Bücher, als Filme auf der Kinoleinwand oder im häuslichen Farbfernsehen. Digitale Farbtechnologien halten heute mit Computern, Farbdruckern und digitalen Fotoapparaten Einzug in die Haushalte und Büros.

Pixelorientierte digitale Bilder sind zunächst nichts anderes als große Ansammlungen numerischer Daten, die einzelne Bildpunkte mit relativen roten, blauen und grünen Farbausprägungen beschreiben. Bildverarbeitungsprogramme können diese Werte in vielfältiger Weise bearbeiten: vergrößern, ausgleichen, normieren, transformieren. Vektororientierte Formate beschreiben dagegen grafische Objekte mit Linien und Farbattributen sowie die von ihnen eingeschlossenen Flächen.

Während Farbwahrnehmungen ein vielschichtiges und nur in Teilaspekten verstandenes Phänomen sind, stellen die Modelle des Color Engineering bereits heute ein für viele Anforderungen des Alltagslebens ausreichendes System zur Beschreibung von Farben zur Verfügung. Heute verfügt man über aufwändige colorimetrische Verfahren, die es ermöglichen, Farbtechnologien ständig fortzuentwickeln und technisch aufeinander abzustimmen. Colorimetrische Modelle basieren auf hochgradig standardisierten Vergleichen einzelner Farbtöne und beschreiben die menschliche Farbwahrnehmung durch statistische Mittelwerte. Obwohl sie die Variation individueller Farbempfindungen vernachlässigen und mit normierenden Annahmen arbeiten, können technische Apparaturen, die unter Berücksichtigung dieser Prinzipien entwickelt worden sind, eine immer größere Anzahl der vom Menschen unterscheidbaren Farben herstellen und sind in der Lage, die menschlichen Farbwahrnehmungen immer perfekter nachzubilden.

Andererseits sind vielfältige Besonderheiten der menschlichen Farbwahrnehmung bekannt, bei denen identische Farbtöne als verschieden und verschiedene Farben als identisch erscheinen: Helligkeitskonstanzen, Adaptationen, induzierte Farbwahrnehmungen und simultane Kontrastbildungen sind nur einige der wichtigsten Farb- und Wahrnehmungstäuschungen, die mit den technischen Systemen nicht erklärt werden können. Sie verdeutlichen, dass die Vorgänge der menschlichen Farbwahrnehmung weitaus komplexer sind, als es die heutigen technischen Systeme beschreiben können.

Eine umfassende Theorie, die die Besonderheiten der menschlichen Farbwahrnehmung zusammenhängend integriert und erklären kann, existiert heute nicht. Vielmehr deutet sich an, dass dazu spezifische Eigenschaften der unterliegenden Farbphysiologie, der Reizleitung und kognitive Verarbeitungsvorgänge von Farberfahrungen integriert werden müssen, wenn eine umfassende Theorie angestrebt wird (vgl. zum Beispiel Palmer 1999).

Farbwahrnehmungen sind ein äußerst komplexes Phänomen. Innerhalb sorgfältig kontrollierter Bedingungen ist der Mensch in der Lage, eine Vielzahl von Farben wahrzunehmen und quantitativ zu unterscheiden. Unter idealen Bedingungen sind Farben besonders effiziente Formen der visuellen Kommunikation. Farben sind selektiv und können ohne besondere Anstrengungen sehr schnell wahrgenommen werden. Allerdings sind Farbwahrnehmungen reagibel. Farblich unterscheidbare Ordnungen können sich durch äußere Umstände verändern. Bereits farbliche Kontexte, Farb- und Helligkeitskontraste beeinflussen die Wahrnehmung einzelner Farbtöne. Farbliche Ordnungen sind somit vergleichsweise sensitiv gegenüber Abweichungen der Beleuchtungen.

Auch wenn die colorimetrischen Farbsysteme eine bewährte formale Grundlage darstellen, die es erlaubt, Farbtechnologien heute immer perfekter aufeinander abzustimmen, beschreiben psychometrische Modelle Wahrnehmungsempfindungen, die in metrischer Form nur unter hochgradig standardisierten Umgebungsbedingungen gelten. Die Variation der in diesen Modellen konstant gehaltenen Bedingungen beeinflusst die resultierenden Empfindungen und damit auch die zugrunde liegenden Metriken dieser Systeme.

Die Verwendung von Farben ist oft durch bestimmte Betrachtungsbedingungen geprägt: Die Farben von Verkehrszeichen sind unter Tageslichtbedingungen unterscheidbar, farbige Printmedien werden in der Regel unter künstlichen Beleuchtungen betrachtet und digitale Grafiken in den weitgehend standardisierten Umgebungen von Computerarbeitsplätzen.

Nichtsdestoweniger bilden diese Modelle den Kern einer Farbtechnologie, die sehr erfolgreich Einzug in viele Bereiche des alltäglichen Lebens gehalten hat. Sie bilden nicht nur die Grundlage für die rasante technologische Entwicklung immer perfekterer Farbsysteme, sondern sind ebenso für die Kommunikation von Daten mit Farben zentral.

2.5.1 Kommunikation von Daten mit Farben

Bei der Kommunikation von Daten mit Farben nutzt man die Eigenschaften der menschlichen Farbwahrnehmung aus, Ähnlichkeiten von Farben unterscheiden zu können. Wenn Farben als gleichartig voneinander entfernt wahrgenommen werden, dann können mit Farben quantitative Daten kommuniziert werden. Während die Platzierungen der Knoten eines Netzes die zugrunde liegende Ordnung bestimmen, eignen sich Farben, um Attribute der Knoten und Kanten darzustellen. Einfärbungen der Knoten und der Kanten eines Netzes können helfen, „Gruppen oder Ordnungen in x und Gruppen oder Ordnungen in y zu entdecken, die auf der Grundlage der z-Werte gebildet werden" (Bertin 1982: 183). Dies bedeutet, dass in zweidimensionalen Darstellungen eine dritte Information auf die Anordnungen in den Layouts mit Farben übertragen werden kann.

Die Verwendung von Farben zur Kommunikation ist jedoch ein vielschichtiges Thema. Wer heute Farben verwenden will, um quantitative Informationen zu kodieren, ist bei der Benutzung von Computern mit einer Vielzahl technischer Standards konfrontiert. Diese beschreiben oft nicht mehr als die auf einem Bildschirm darstellbaren Farben in einer gerätespezifischen Weise. Um die bei der Kommunikation mit Farben auftretenden Schwierigkeiten besser zu verstehen und technische Probleme von den Besonderheiten der menschlichen Farbwahrnehmung unterscheiden zu können, ist ein etwas umfassenderer Überblick erforderlich.

Das Potential, das die Kommunikation mit Farben birgt, illustriert die Tatsache, dass Farbwahrnehmungen (im engeren Sinne) nicht kulturspezifisch sind: Verschiedene Kulturen benennen in ihren Sprachen zwar unterschiedlich viele Farben, in fast allen Sprachen finden sich jedoch Worte für elf Farbtöne (Weiß, Schwarz, Rot, Grün, Gelb, Blau, Braun, Violett, Rosa, Orange und Grau, vgl. Berlin/Kay 1969). Auch wenn diese oft mit unterschiedlichen Bedeutungen assoziiert werden, sind Farben international unterscheidbare Zeichen und damit Elemente, die eine weltweite Kommunikation ermöglichen.

In der Kunst werden Farben seit langem benutzt, um Stimmungen, Gefühle und Empfindungen zu kommunizieren. Auch heute sind die ästhetischen Wirkungen komplexer Arrangements nur in Ansätzen verstanden. Wie Farben ästhetisch wahrgenommen werden, ist offenbar ein hochgradig kulturell überformter Prozess, dessen Regeln nur ansatzweise expliziert sind und der auf den höchsten Ebenen der menschlichen Farbwahrnehmung angesiedelt ist.

Allerdings ermöglicht das heutige Wissen, Maschinen und Apparate zu konstruieren und zu verbessern, die immer größere Farbauflösungen erzielen.[13] Diese anwachsende

---

13   Der CGA-Adapter war der erste von IBM (1981) entwickelte Grafikadapter für PCs und konnte vier Farben bei einer Auflösung von 320 x 200 Bildpunkten darstellen. Der Enhanced Graphic

Bandbreite verbessert zum einen die Voraussetzungen, Farben zur Kommunikation von Informationen einzusetzen. Zum anderen führt die zunehmende Verbreitung von PCs, Farbbildschirmen und Farbdruckern sowie deren Vernetzung und Einbindung in die globale Infrastruktur des Internets mit der Möglichkeit, Bilder zu übertragen, zu immer neuen Gelegenheiten, Farben zur Kommunikation einzusetzen.

Für die Kommunikation von Daten mit Farben sind die in der Kartografie entwickelten Konventionen ein wichtiger Bezugspunkt. Kartografen haben in einer langen Tradition Regeln entwickelt, wie Farben zur Kommunikation von Informationen benutzt werden können. Diese Erfahrungen sind auch für die Kodierung von Informationen bei der Netzwerk- und Strukturvisualisierung hilfreich.

Da der Farbkontrast zur Farbe des Hintergrundes die farbliche Erscheinungsform der Objekte beeinflusst und die Größenverhältnisse unterschiedlich gefärbter Flächen die Wahrnehmung einzelner Objekte verändern, ist das kartografische Problem jedoch nicht unbedingt mit dem der Informationskodierung bei der Visualisierung von Strukturen identisch. Geografische Karten markieren oft flächige, aneinander grenzende Gebiete mit Farben. Einheiten in Strukturen und die verbindenden Linien sind dagegen oft kleine Markierungen. Oft verzichtet man bei der Visualisierung von Strukturen darauf, den Hintergrund des Bildes zu markieren. In komplexen Darstellungen hängen Farbwahrnehmungen von vielen weiteren Faktoren ab, so dass auch metrische Farbräume nur Anhaltspunkte für die Konstruktion effektiver Farbschemata sind.

Heute stellt sich die Wahrnehmung von Farben wissenschaftlich als ein Gebiet dar, in dem verschiedene Beschreibungsebenen (Zonen) voneinander unterschieden werden müssen. Diese können als hierarchisch aufeinander aufbauende Zonen der Farbwahrnehmung verstanden werden. Auf den *elementarsten* Ebenen der Farbwahrnehmung beschäftigt man sich mit der physikalischen Charakterisierung des Lichtes, seiner Zusammensetzung und den Reaktionen, die verschiedene Lichtmischungen bei den Sinneszellen des menschlichen Auges auslösen. Auf einer *höheren* Stufe geht es darum, wie diese Empfindungen in die vom Menschen unterscheidbaren Farben umgesetzt werden und welche Farbeigenschaften der Mensch systematisch unterscheiden kann. Eine weitere Stufe beschreibt, wie Farbwahrnehmungen durch den Kontext anderer Farben beeinflusst werden und wie Muster und komplexe Arrangements von Farben sowie die Beleuchtung von Farbvorlagen die Farbwahrnehmung einzelner Farbtöne beeinflussen. Hier geht es um die *Induktion* von Farbempfindungen durch den Kontext und die *Adaptation* der Farbwahrnehmung an verschiedene Umgebungsbedingungen.

Bedeutungen und Assoziationen, die mit Farbwahrnehmungen verbunden sind, und Erfahrungen, die der Mensch mit bestimmten Farbeindrücken verbindet, sind schließlich Vorgänge, die in höheren Stufen der Farbwahrnehmung angesiedelt sind. Die menschlichen Farbempfindungen *(color appearance)* sind ein komplexes Zusammenspiel der *physikalischen Eigenschaften des Lichtes, der Reflektionseigenschaften von Objekten,* der *physiologischen und anatomischen Eigenschaften des Auges* und der *Verarbeitung der Sinneseindrücke im Zentralnervensystem.* Diese müssen von den mit bestimmten Farben verbundenen *Bedeutungen* und *Assoziationen* sowie den *ästhetischen Empfindungen* und *physiologischen Reaktionen* abgegrenzt werden, die Farben beim Menschen auslösen.

Adapter EGA (1984) konnte aus einer Palette von 64 Farben 16 bei einer Auflösung von 640 x 350 Bildpunkten darstellen, der VGA-Adapter (1987) 16 Farben bei 640 x 480 Punkten. Im Jahr 1990 führte IBM die XGA-Karten ein, die bei 800 x 600 Pixeln 256 Farben aus einer Palette von 16 Millionen Farben darstellen können.

Schließlich müssen hiervon die Probleme unterschieden werden, die aus dem Umgang mit *unterschiedlichen Farbtechnologien* (Bildschirme, Drucker) entstehen. Die Erzeugung ähnlicher Farbabbildungen mit unterschiedlichen Medien, wie etwa die Ausgabe einer auf einem Bildschirm erzeugten Darstellung auf einem Drucker, ist technisch nicht trivial, sondern ein Problem, das nur mit einem geräteunabhängigen Farbstandard optimiert werden kann.

Angesichts der Komplexität der bei der Farbkommunikation ineinander greifenden Vorgänge ist es nicht verwunderlich, dass die Verwendung von Farben zur Kommunikation auch heute nur eher ansatzweise verstanden ist. Historisch war der Weg, der zurückgelegt werden musste, um zum heutigen Verständnis der Farbwahrnehmung zu gelangen. Er war lang und voller Konfusionen. Die Frage, ob Farben Eigenschaften der Objekte der äußeren Welt oder aber lediglich subjektive Empfindungen sind, gab lange Zeit Rätsel auf. Erst durch die Entdeckung der physikalischen Eigenschaften des Lichtes war ein Schlüssel zum Verständnis der Farbwahrnehmung gefunden. Ein kurzer historischer Abriss der Entwicklung kann helfen, ein elementares Verständnis der Grundlagen und Probleme der menschlichen Farbwahrnehmung zu vermitteln und verschiedene Aspekte der Kommunikation mit Farben besser zu verstehen.

2.5.2 Ein kurzer historischer Abriss

Die griechischen Philosophen gingen davon aus, dass zwischen den Augen und den Gegenständen, die der Mensch farbig wahrnimmt, ein zusätzliches Medium existieren müsse, das diese Eindrücke überträgt. Plato vertrat eine *emanente* Wahrnehmungstheorie. Diese ging davon aus, dass eine innere Quelle im Auge zur Wahrnehmung der Farben Strahlen aussendet.[14] Leonardo da Vinci entwickelte in der Zeit der italienischen Renaissance das perspektivische Zeichnen und eigene Vorstellungen über die menschliche Wahrnehmung. Er war davon überzeugt, dass es innerhalb des menschlichen Auges eine Art von Bild geben musste. Erst im 17. Jahrhundert wurde durch die Verwendung von optischen Linsen in Fernrohren, unter anderem durch Kepler, das Wissen um die Optik so weit fortentwickelt, dass wichtige Eigenschaften des Lichtes entdeckt werden konnten. Die Effekte der menschlichen Wahrnehmung und der physikalischen Eigenschaften des Lichtes blieben jedoch zunächst weiter konfundiert (Boker 1997), da die frühen Entdeckungen der physikalischen Optik mittels direkter Beobachtungen gemacht wurden.

Die Zerlegung des weißen Lichtes in Spektralfarben mit Hilfe eines Prismas durch Newton im Jahr 1672 führte zu der vorsichtigen Schlussfolgerung, dass Licht eine heterogene Mischung aus unterschiedlich ablenkbaren Strahlen sei. Die Vermutung war, dass die Wahrnehmung der Farben durch die unterschiedliche Wahrnehmung der Lichtfrequenzen hervorgerufen würde. Hermann Helmholtz entdeckte 1852 die Prinzipien der additiven und subtraktiven Farbmischung. Mit diesen Prinzipien wurde es möglich, die spektralen Eigenschaften des Lichtes von denen der Farbwahrnehmung zu trennen.

---

14 „Whatever its origins, the theory of intraocular fire reached its full development with Plato (ca. 427–347 B.C.). Plato's theory of vision was misunderstood as early as the third century B.C. by Theophrastus, who maintained that Plato conceived of two emanations, one from the eye and the other from the visible object, which meet and coalesce somewhere in the intervening space to produce visual sensation. But this description ignores an absolutely essential element in Plato's theory, namely daylight, which coalesces with the fire issuing from the eye." (Lindberg 1976: 5)

Wenig später (1854) formulierte Hermann Graßmann seine Gesetze[15] der Farbmischung, mit denen gezeigt wurde, dass die gleichen Farbeindrücke durch unterschiedliche Mischungen (Metamere) der drei Grundfarben hergestellt werden können.[16] James Clerk Maxwells Experimente führten schließlich zu ersten Berechnungen, aus denen abgeleitet werden konnte, wann Farben mit der gleichen Helligkeit erscheinen *(isoluminance)*. Dabei zeigte sich, dass die gleiche Helligkeit mit verschiedenen Kombinationen von Farbquellen erzeugt werden kann.

Die Tatsache, dass viele Farbqualitäten aus Mischungen von nur drei Grundfarben erzeugt werden können, hat dazu geführt, dass bis heute Farbphänomene vornehmlich auf der Basis der trichromatischen Young-Helmholtz-Farbtheorie beschrieben werden. Dies darf jedoch nicht den Blick dafür verstellen, dass die trichromatische Farbtheorie einen hochdimensionalen Input auf einen niedrigdimensionalen Output (die Reaktionen der rot-, grün- und blausensiblen Farbrezeptoren) abbildet.

> As Maxwell, Helmholtz and others have shown, a variety of spectral distributions of light can produce perceptions of color which are indistinguishable from each other. The visual system is thus mapping a high dimensional input, the distribution of energy values of photons arriving at every point of the retina, onto a low dimensional output, where each point in the visual scene is assigned one color. (Boker 1979: 11)

2.5.3 Anatomisch-physiologische Grundlagen der Farbwahrnehmung

Unter anatomisch-physiologischen Gesichtspunkten umfasst die Farbwahrnehmung den Eintritt eines Lichtstrahls durch das Linsensystem des Auges, den Aufbau der Netzhaut (Retina), die Anordnung und Verteilung der Sinneszellen auf der Retina sowie die Reizleitung und Verarbeitung von Informationen im menschlichen Gehirn. Die Funktion der Linse des Auges besteht darin, einfallendes Licht auf die Retina zu fokussieren, die mit verschiedenen Photorezeptoren ausgestattet ist. Unterschiedliche Wellenlängen des Lichtes haben verschiedene fokale Längen, weshalb für Licht aus unterschiedlichen Primärfarben eine Veränderung der Linse erfolgen muss. Rotes Licht (das Licht mit der größten Wellenlänge) hat dabei die größte Länge und erfordert die größte Krümmung der Linsenoberfläche. Blaues Licht hat die kürzeste Wellenlänge und erfordert die geringste Verformung der Linse.

---

15   Die drei zentralen Gesetze, die Graßmann formulierte, sind:
  1) $C = R c(R) + G c(G) + B c(B)$ | Jede Farbe kann durch eine Linearkombination von drei Primärfarben dargestellt werden.
  2) $C3(C3) = C1(C1) + C2(C2) = [R1 + R2](R) + [G1 + G2](G) + (C1 + B2)(B)$ | Jede Farbmischung von zwei Farben (C1 und C2) kann durch Mischungen von drei Farben erzeugt werden.
  3) $kC3(C3) = kC1(C1) + kC2(C2)$ | Diese Eigenschaften bleiben auf allen Helligkeitsstufen erhalten (sie gelten jedoch nicht für sehr geringe Helligkeiten).

16   „If A, B, C, D are any four colour stimuli, then if any two of the following three conceivable color matches [A matches B, C matches D and $(A+C)$ matches $(B+D)$] holds good, then so does the remaining match $(A+D)$ matches $(B+D)$ where $(A+D)$, $(B+D)$, $(A+D)$, $(B+C)$ denote, respectively, additive mixtures of A and C, B and D, A and D and B and C.
  The stronger form of trichromatic generalization of color matching as formulated above is a concise statement of what is implied in Grassmans' three laws of additive color mixture (Grassman, 1853)." (Wyszecki/Stiles 1982: 118)

Die Retina enthält Photorezeptoren, die die Photone des Lichtes absorbieren und in chemische Signale umwandeln. Dabei werden zwei Typen von Rezeptoren unterschieden: Stäbchen *(rods)*, die Hell- und Dunkelunterschiede wahrnehmen, aber keine Farbinformationen, sowie Zapfen *(cones)*, die für unterschiedliche Wellenlängen sensitiv sind. Es gibt drei Arten von Zapfen: Zapfen mit besonderer Sensibilität für Licht im Bereich von 430 nm (blau), 530 nm (grün) sowie 560 nm (rot). Ein Lichtstrahl bestimmter Wellenlänge aktiviert diese in unterschiedlicher Weise.

Von den Zapfen, die auf der Retina ungleich verteilt sind, sind etwa 4 Prozent blausensibel, 32 Prozent grünsensibel sowie 64 Prozent für rotes Licht empfindlich. Im Zentrum gibt es eine hohe Konzentration der Zapfen, aber keine Stäbchen. Das Zentrum besteht vornehmlich aus grünsensiblen Zapfen, die von rotsensiblen Zapfen umgeben sind. Blausensible Zapfen sind vornehmlich in der Peripherie angeordnet und fehlen im Zentrum.

Physiologisch erfolgt „Sehen" hauptsächlich durch die Wahrnehmung von Farbton und Helligkeitsunterschieden beziehungsweise der durch Bereiche gleicher Farbtöne und Helligkeiten gebildeten Grenzen *(edge detection)*. Im Sehnerv *(lateral geniculate body)* werden die Reaktionen der rot-, grün- und blausensiblen Zapfen transformiert.

Heute stimmt man weitgehend in der Annahme überein, dass Stimulierungen der Rezeptoren in weiteren Stufen verarbeitet und in einer zweiten Stufe die Differenzen der Aktivierung der unterschiedlich sensiblen Zapfen ausgewertet werden.[17] Die Modelle der zweiten Stufe der Farbwahrnehmung versuchen dabei die mit der Young-Helmholtz-Theorie beschriebene Ebene der Erregung der Farbrezeptoren *(cone excitation space)* mit den wahrnehmungsorientierten Farbsystemen zu verbinden und deren Dimensionen nachzubilden. Hierbei wird davon ausgegangen, dass die Dimensionen der Helligkeit *(luminance)*, des Farbtons *(hue)* und der Farbsättigung *(chrominance)* durch die Auswertung der Differenzen der roten, grünen und blauen Signale entstehen:

- $R-G$ ergibt einen roten oder grünen Farbeindruck.
- $R+G$ erzeugt eine Helligkeitsinformation und eine Gelbwahrnehmung.
- $Y-B$ resultiert in einer Gelb- oder Blau-Empfindung.

Die Modelle dieser zweiten Stufe versuchen dabei, Prozesse nachzubilden, die aus der Kopplung der bereits in der Retina durch Nervenzellen verknüpften Sinneszellen entstehen oder während der Reizleitung im Sehnerv eintreten. Bei diesen Modellierungsversuchen zeigt sich auch, dass verschiedene Farbtheorien, die lange als Alternativen behandelt wur-

---

17 „G. E. Müller (1930), see also Judd (1949, 1951b), is usually credited with being the first to introduce the zone theory concept and to explore plausible specific zone theories. Essentially, a zone theory assumes that in the first zone there are located three independent types of cones in which color vision is initiated through the process of absorption of light in the photopigments of the cones and conversion into electrical signals. This zone complies with the Young-Helmholtz theory and accounts for the experimental data of color matching. In the second zone, the cone signals are coded in a neural network that generates three new signals; one achromatic signal and two antagonistic chromatic signals. This second zone complies with the basic assumption of the existence of opponent processes in the Hering theory and accounts for experimental data of color appearance. Subsequent zones in the visual system are most likely to exist in which further processing (coding and encoding) of the signals of the second zone takes place, but specific assumptions as to the internal structure and functioning of these zones are yet to be developed. In the final zone, located in the cortex, of the assumed hierarchal structure of the visual system, the signals are interpreted in the context of other visual information (mainly spatial and temporal) received at the same time and in the context of previously accumulated visual experience (memory)." (Wyszecki/Stiles 1982: 583)

den, sich miteinander zu einer Zonentheorie verknüpfen lassen. Herings Opponent-Color-Theorie hatte gegenüber der Young-Helmholtz-Theorie (die von roten, grünen und blauen Farbwahrnehmungen ausgeht) versucht zu erklären, warum es bei der Farbwahrnehmung keine rot-grünen Farbmischungen und auch keine blau-gelben Mischungen gibt, und geht dementsprechend von den Gegensatzpaaren Rot/Grün und Blau/Gelb aus.

Eine besondere Problematik für die Informationskommunikation mit Farben ist das Vorkommen von Anomalien der Farbwahrnehmung in der Bevölkerung, die umgangssprachlich als Farbenblindheit bezeichnet werden. Etwa neun Prozent der Bevölkerung gelten als farbenblind, das heißt, sie sind nicht in der Lage, bestimmte Farben zu unterscheiden. Die häufigste Form ist die der Rot-Grün-Blindheit, die aus einem Defekt der rot- oder grünsensiblen Rezeptoren entsteht.

2.5.4 Technologische Normierung der physiologischen Wahrnehmung: CIE 1931

Auf der untersten physiologischen Stufe wird die menschliche Farbwahrnehmung durch die Reaktionen von Sinneszellen auf Licht unterschiedlicher Wellenlängen *(cone excitation space)* beschrieben. Fortschritte und kumulative Resultate der Farbforschung beruhen heute auf der Standardisierung der relativ gut beschriebenen Vorgänge im Bereich der Aktivierung der Farbrezeptoren. In der Farbforschung wird heute die Aktivierung der für unterschiedliche Wellenlängen sensiblen Sinneszellen mit einem standardisierten Modell beschrieben, das die Reaktionen eines (nicht farbenblinden) *Standardbeobachters* unter verschiedenen exakt definierten *Betrachtungsbedingungen (2 degree observer)* abbildet. Dieser so genannte *Standardbeobachter (standard observer)* ist 1931 von der Commission Internationale de L'Éclairage (CIE) definiert worden (Abb. 2.3). Er definiert heute als standardisiertes Modell der physiologischen Farbwahrnehmung einen allgemeinen Bezugspunkt, mit dem die verschiedensten Farbsysteme aufeinander abgebildet werden können.

Nach den Gesetzen der additiven Farbmischung der trichromatischen Farbtheorie kann jeder Farbton als Mischung der drei Grundfarben dargestellt werden. Einen Farbeindruck, der durch ein Licht bestimmter Wellenlänge hervorgerufen wird, kann man demnach auch als Mischung der drei Grundfarben erzeugen. Gibt es mehrere Mischungen, die den gleichen Farbeindruck hervorrufen können, dann bezeichnet man diese auch als Metamere.

Die Beschreibung der relativen Farbanteile der Grundfarben ist durch Experimente ermittelt worden, in denen Personen den Farbeindruck eines Lichtes bestimmter Wellenlänge durch Mischungen der drei Grundfarben angleichen sollten. Abbildung 2.3 gibt an, durch welche Anteile der drei Grundfarben der Farbeindruck eines monochromatischen Lichtes bestimmter Wellenlängen erzeugt werden kann.

Aus der physiologischen Perspektive beschreibt der so als Trichromat konstruierte Standardbeobachter gleichzeitig die Intensität der Sensationen, die Lichtmischungen bestimmter Wellenlängen bei den in der Netzhaut gelagerten lichtempfindlichen Sinneszellen auslösen. Gleichzeitig beschreibt das Modell die Größenordnung der Grundfarben, die erforderlich sind, um einen bestimmten monochromatischen Sinnesein-

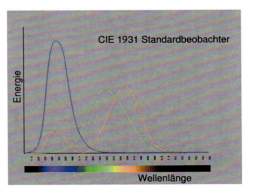

Abbildung 2.3
Der Standardbeobachter nach CIE 1931

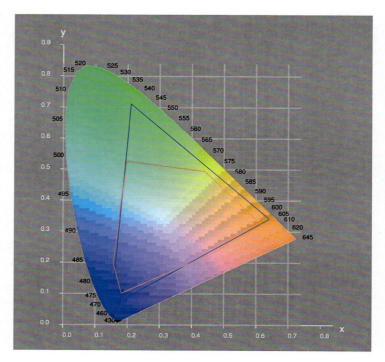

Abbildung 2.4
Das xyY-Diagramm nach CIE 1931.
Das xyY-Diagramm ist eine Projektion des XYZ-Farbraumes auf eine zweidimensionale Ebene. Alle für den Menschen wahrnehmbaren Farbtöne liegen auf dem hufeisenförmigen Bogen des Diagramms und entsprechen bestimmten Wellenlängen. Die untere Linie wird als Purpurgerade bezeichnet. Ein Punkt innerhalb des Diagramms beschreibt einen spektralen Farbton und alle seine Helligkeitsausprägungen (sichtbar sind nur die jeweils hellsten Abstufungen, die in dieser Abbildung die dunkleren Ausprägungen überdecken). Der Weißpunkt liegt im Zentrum und hat die Koordinaten $x = 0.3127$ und $y = 0.3290$ (D65). Der Gamut eines typischen RGB-Monitors ist durch ein blaues Dreieck charakterisiert, die rot eingezeichnete Fläche entspricht dem Gamut des Standard-Offsetdrucks (Normaldruckverfahren).

druck zu erzeugen. Die Intensität der dazu erforderlichen Stimulierungen (die Energie) ist für verschiedene Farbempfindungen unterschiedlich groß und resultiert aus den relativen Empfindlichkeiten der S-, M- und L-Zapfen *(short, medium and long wavelength)*.

2.5.5 Farben, Farbsysteme und Farbwahrnehmung

Zur Beschreibung von Farben existieren heute vielfältige technische Standards. Diese erlauben es, sehr verschiedene Probleme zu lösen. *Technische Farbsysteme* beschreiben Technologien, mit denen farbige Darstellungen erzeugt werden können. Die technischen Farbmodelle werden danach charakterisiert, ob sie *gerätespezifisch* oder *geräteunabhängig* sind. Eine weitere Charakterisierung ist die Unterscheidung von *linearen* und *nichtlinearen* Farbsystemen: Während in linearen Farbräumen Mischfarben durch einfache Additionen oder Interpolationen hergestellt werden können, ist die rechnerische Bestimmung in nichtlinearen Farbräumen aufwändiger.

Wahrnehmungsorientierte Farbsysteme beschreiben Farben mit den vom Menschen unterscheidbaren Farbtönen, ihre Sättigung und Helligkeit. Wahrnehmungsorientierte Farbmodelle sind idealerweise *wahrnehmungsmäßig einheitlich (perceptually uniform)*. Diese metrischen Farbsysteme beschreiben Farbstufen, die als gleich groß wahrgenommen werden. Durch sie ist es möglich, Farbschemata zu erstellen, die quantitative Unterschiede von Daten kommunizieren können.

---

18 Umfangreiche Formeln zur Colorimetrie und die Umrechnung der verschiedenen Farbräume finden sich bei Charles A. Poynton, 1997: Frequently Asked Questions about Color.

Geräteunabhängige Farbsysteme

Um ähnliche Farbeindrücke mit unterschiedlichen Technologien erzeugen zu können, benötigt man ein Farbsystem, das geeignet ist, verschiedene Farbtechnologien zu beschreiben. *Geräteunabhängige Farbsysteme* dienen dazu, vergleichbare Farben und Farbkompositionen mit verschiedenen Geräten und Medien zu erzeugen: auf Farbdruckern oder Bildschirmen verschiedener Hersteller.

Ein allgemeines geräteunabhängiges Farbsystem (vgl. Abb. 2.4), das den gesamten für den Menschen sichtbaren Bereich des Lichtes darstellt, ist das XYZ- oder auch xyY-System.[18] Es wurde 1932 durch die CIE entwickelt. Hierbei stehen X, Y und Z für die Intensität exakt definierter roter, grüner und blauer Lichtquellen. Das XYZ-System ist geeignet, verschiedene Farbtechnologien zu beschreiben, und erlaubt es, gerätespezifische Farbsysteme auf den vom Menschen wahrnehmbaren Bereich des Lichtes abzubilden.

Gerätespezifische Farbsysteme

Gerätespezifische Farbsysteme beschreiben den Gamut, den ein bestimmtes Gerät im CIE-Farbsystem darstellen kann, in einer gerätespezifischen Weise, das heißt, die numerischen Werte, mit denen Farben unterschieden werden, werden auf den darstellbaren Bereich normiert. Heute stehen *gerätespezifische Farbsysteme* auf jedem PC beziehungsweise mit seinen Programmen zur Verfügung. Sie erlauben es, die Farben, die ein Gerät darstellen kann, auszuwählen. Stellt man eine auf einem Bildschirm generierte Farbabbildung auf einem anderen PC dar oder versucht diese Abbildung auszudrucken, so zeigen sich in der Regel Unterschiede in der Farbdarstellung, das heißt, gleiche numerische Farbwerte gerätespezifischer Farbsysteme erzeugen auf verschiedenen Geräten unterschiedliche Farben.

Bei der Steuerung farbiger Lichtquellen (TV- und Computerbildschirme) wird heute das RGB-System eingesetzt und bei der Mischung von Druckfarben in der Drucktechnologie das CMY(K)-System. Das RGB-System beschreibt einen dreidimensionalen Farbraum (Würfel) und ist ein additives trichromatisches Farbsystem (Rot, Grün, Blau), das die auf einem Bildschirm durch Überlagerung von rot, grün und blau leuchtendem Phosphor entstehenden Farben als Mischung der Intensitäten der drei Farbtöne beschreibt. Das RGB-System ist ein gerätespezifisches lineares Farbsystem, das geeignet ist, strahlende

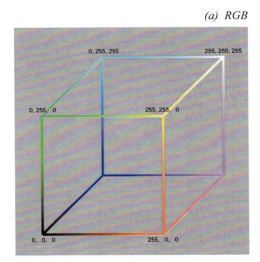
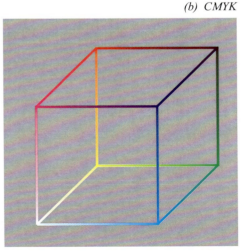

(a) RGB *(b) CMYK*

Abbildung 2.5
RGB und CMYK als zwei gerätespezifische Farbsysteme

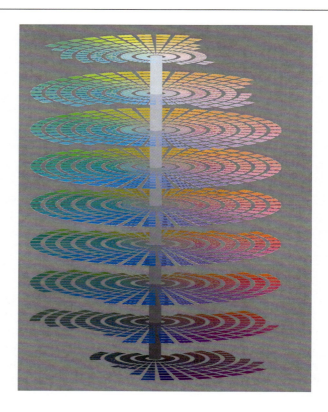

Abbildung 2.6 Munsell-Farbsystem. Munsell unterscheidet in der Vertikalen neun Helligkeitsstufen (values) und zehn Farbtöne (hues), die auf jeder Stufe radial angeordnet sind. Farbtöne gleicher Sättingung (chroma) liegen in jeweils gleicher Entfernung zum Zentrum.

Lichtquellen zu beschreiben. Zur optimalen Anpassung an die Bildschirmeigenschaften werden die numerischen Werte, die die Rot-, Grün- und Blauanteile der Farben beschreiben, einer Gammatransformation unterzogen. Verschiedene Hersteller benutzen heute oft unterschiedliche Werte für das Monitor-Gamma. Häufig ist deshalb bereits zwischen verschiedenen Geräten eine Gammakorrektur erforderlich.[19]

Das CMY(K)-System verwendet dagegen die Komplementärfarben Cyan, Magenta und Gelb und ist ein subtraktives Farbsystem, das vorwiegend in der Druckindustrie und der Fotografie verbreitet ist. Beim Drucken wird darüber hinaus oft schwarze Tinte als eine vierte Komponente verwendet, die mit K bezeichnet wird. CMY(K) ist ein System zur Beschreibung reflektierender Farben und ist dazu geeignet, Mischungen verschiedener Druckfarben zu beschreiben.

---

19 „The differences in how images are displayed is a result of how a computer actually takes an image and displays it on the monitor. In the process of rendering an image and displaying it on the screen, several gamma values are important.

Most image files ... store numbers in the range from 0 to 255 for each of the red, green and blue components of a pixel. These numbers represent the intensity of each color component, with 0 being black and 255 being the brightest color (either 100% red, 100% green or 100% blue). When an image is displayed, the graphics card converts each color component into a voltage which is sent to the monitor to light up the red, green and blue phosphors on the screen. The voltage is usually proportional to the value of each color component.

Gamma becomes important when displaying intensities that are not the maximum or minimum possible values. For example 127 should represent 50% of the maximum intensity for pixels stored as numbers between 0 and 255. On systems that do not do gamma correction, 127 will be converted to 50% of the maximum voltage, but because of the way the phosphors and the elec-

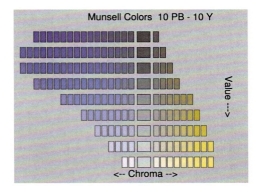 
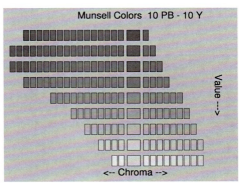 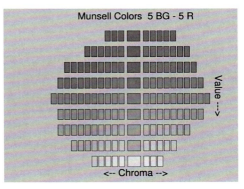

Abbildung 2.7 Luminance (Munsell value) und Chroma im Munsell-Farbraum. Eine Besonderheit des Munsell-Systems ist die, dass alle Chromawerte einer Helligkeitsstufe nahezu das gleiche Grau ergeben. Aus dieser Eigenschaft resultieren weitreichende Möglichkeiten zur Gestaltung von Grafiken. Nach dem NTSC-Video-Standard (vgl. Adobe Systems Incorporated 1990: 304) errechnet sich der Grauwert im RGB-Farbraum als grau = .3 x red + .59 x green + .11 blue.

Wahrnehmungsorientierte Farbsysteme

Um Informationen mit Farben zu repräsentieren, werden Farbsysteme benötigt, die sich an den Farbempfindungen des Menschen und den dabei wahrgenommenen Unterschieden orientieren. Solche Farbsysteme werden als *wahrnehmungsorientierte Farbsysteme* bezeichnet. Sie orientieren sich an den Farben, die die menschliche Wahrnehmung unterscheiden kann, und an den Dimensionen, die ungleichen Farbwahrnehmungen zugrunde liegen.

Das menschliche visuelle System zerlegt die Farbinformationen in einen Helligkeitsanteil *(luminance)*, der die Schwarz-Weiß-Information eines Bildes beschreibt, und zwei weitere Kanäle von Farbinformationen *(chrominance)*: den Farbton *(hue)* und dessen Sättigung *(saturation)*. Ein wahrnehmungsorientierter Farbraum ist *wahrnehmungsmäßig gleichförmig (perceptually uniform),* wenn Unterschiede der durch das System beschriebenen Farben als gleich groß wahrgenommen werden.

Unter den wahrnehmungsorientierten Farbsystemen[20] ist heute in den englischsprachigen Ländern das Munsell-System (vgl. Abb. 2.6 und 2.7) weit verbreitet. Es ist nach

---

tron guns in a monitor work, this may be only 22% of the maximum color intensity on a monitor with a gamma of 2.2. To display a pixel which is 50% of the maximum intensity on this monitor, we would need a voltage of 73% of the maximum voltage, which translates to storing a pixel value of 186." (Persistence of Vision Ray-Tracer, User's Documentation, May 1999: 293)

20 Hierzu zählen heute unter anderem die Systeme Munsell, CIE LUV und CIE L*a*b*. Farbsysteme mit ähnlichen Farbdimensionen, die jedoch nicht als wahrnehmungsmäßig gleichartig gelten, sind die gerätespezifischen Farbsysteme HSB *(hue, saturation, brightness)* und HSV *(hue, saturation, value)*.

A. H. Munsell, einem Maler und Kunstdozenten aus Boston, benannt. In seiner ersten Form wurde es 1905 unter dem Titel „A Color Notation" veröffentlicht. Es war von Munsell entwickelt worden, um Künstlern als systematisches Hilfsmittel bei der Farbgestaltung zu dienen. Im Munsell-System sind die Farben nach drei Wahrnehmungsmerkmalen geordnet: dem Farbton *(hue)*, der Sättigung der Farbtöne *(chroma)*, das heißt ihrer Abweichung von einem neutralen Grau, und ihrer Helligkeit *(value)*.

Die Farbtafeln des Munsell-Systems sind nach dem Farbton *(Munsell hue)*, der Farbhelligkeit *(Munsell value)* und der Farbsättigung *(Munsell chroma)* geordnet. Es gibt fünf prinzipielle Farbtöne *(hues)*: Rot, Gelb, Grün, Blau und Violett *(purple)*, die mit ihren (englischen) Großbuchstaben beschrieben werden. Weitere fünf Farbtöne sind Mischungen, zum Beispiel Blau/Grün, Blau/Violett, Grün/Gelb, Rot/Purple, Gelb/Rot. Diese Farbtonmischungen werden mit numerischen Ausprägungen (2.5, 5, 7.5, 10) beschrieben, die zum Beispiel das Verhältnis der Blau- und Grünanteile charakterisieren. Alle Farbtöne gruppieren sich um eine achromatische Hell-Dunkel-Achse, die in zehn Abstufungen von 0 (schwarz) bis 10 (weiß) die Helligkeit einer Farbmischung beschreibt. Das Ausmaß der Farbigkeit *(chroma)* – von neutral grau bis zu farbig – wird mit numerischen Werten von 1 bis 32 beschrieben.

Im Jahr 1929 erschien eine revidierte Version dieses Systems unter dem Titel „Book of Color". Diese Version wurde durch die Colorimetric Society of the Optical Society of America (OSA) intensiv überarbeitet. Das Ergebnis wird heute als Munsell-Renotation-System bezeichnet.

Die Colorimetrie hat das revidierte Munsell-System intensiv auf seine metrischen Eigenschaften untersucht (ein Überblick über die Befunde der colorimetrischen Untersuchungen findet sich bei Indow 1988)[21], wobei weitgehend bestätigt wurde, dass es sich bei dem Munsell-System um ein metrisches Farbsystem handelt (vgl. auch Abb. 2.8). Das Munsell-Renotation-System gilt heute wahrnehmungsmäßig als weitgehend gleichförmig. Die American National Standards Association (ANSI) empfiehlt Munsell als Farbsystem für reflektierende Farben.

Die Abbildung des Munsell-Systems in den geräteunabhängigen Farbraum des CIE XYZ-Systems gestattet es, Munsells wahrnehmungsorientiertes Farbsystem auch auf die gerätespezifischen Farbsysteme abzubilden. Entsprechende Formeln und Werte finden sich bei Wyszecki/Stiles (1982: 508; Table I, 6.6.1). Es bildet auch die Grundlage für die neueren psychometrischen Farbmodelle CIE L*a*b und CIE LUV, die 1976 veröffentlicht worden sind.

Technische Komplikationen

Will man eine auf einem Bildschirm dargestellte Abbildung ausdrucken, dann ist man mit einer weiterer Schwierigkeit konfrontiert: Verschiedene Medien können aus dem für den Menschen sichtbaren Farbraum nur bestimmte Teilbereiche darstellen. Bildschirme als leuchtende Farbquellen können wesentlich mehr Farben aus dem Bereich der für den Menschen sichtbaren Farben darstellen als eine gedruckte Reproduktion, die Licht reflektiert.

---

21 „... the Munsell color system is a rather exceptional case to which an affirmative answer was given ... If discrepancies between d and d^ of the order as shown in Figure 4 are tolerated, the physical display in Euclidean space of Munsell standard color chips can be regarded as a metric representation of perceptual color differences, provided the following considerations are taken." (Indow 1988: 466)

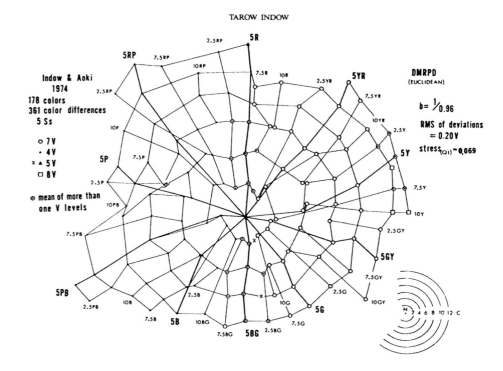

Abbildung 2.8
Eine MDS-Rekonstruktion des Munsell-Color-Systems

Der *Gamut* eines Ausgabemediums beschreibt den Bereich der Farben im CIE-Farbraum, den ein bestimmtes Gerät oder Medium darstellen kann (vgl. Abb. 2.4).

Es wird versucht, das Problem, ähnliche Abbildungen auf verschiedenen Ausgabegeräten zu erzeugen, mit Farbprofilen zu lösen, die die colorimetrischen Eigenschaften verschiedener Ein- und Ausgabegeräte beschreiben. Diese Informationen gestatten es, die gerätespezifischen Farben in den geräteunabhängigen CIE-Farbraum abzubilden und bei der Ausgabe auf einem anderen Ausgabegerät entsprechend zu retransformieren. Farbmanagementsysteme können derartige Transformationen heute automatisch vornehmen, wenn entsprechende Geräteprofile zur Verfügung stehen.

Ähnliche Abbildungen auf verschiedenen Medien zu erzeugen, erfordert zusätzliche Transformationen der Farbinformationen, die mit einem bestimmten Gerät erzeugt worden sind, damit zum Beispiel der Farbeindruck eines Druckes dem des gleichen Bildes auf einem Bildschirm möglichst ähnlich ist. Dazu müssen die Farbabstufungen des Bildschirms möglichst effektiv auf den kleineren Differenzierungsgrad des drucktechnischen Mediums abgebildet werden.

Beim *Gamutmapping*[22], der Abbildung der auf einem Gerät darstellbaren Farben auf den (kleineren) Farbraum eines zweiten Gerätes, kann sich in der Regel die Farbauflösung

---

22 Bei der technischen Implementation des so genannten Gamutmappings können unterschiedliche Strategien verfolgt werden, um zum Beispiel den größeren Bereich darstellbarer Farben eines Bildschirms auf den kleineren Bereich eines Druckers abzubilden. Bei der Strategie des perceptual matching werden alle Farben des Inputgamuts so skaliert, dass alle Farben in die kleinere Fläche des Outputgamuts abgebildet werden, wodurch die Verhältnisse zwischen den Farben erhalten bleiben, ihre Abstände aber verkleinert werden. Eine Strategie des *relative colorimetric matching* lässt dagegen die Farben, die in der Schnittmenge des Input- und Outputgamuts liegen, unverändert, wohingegen Farben, die außerhalb des Out-

in Teilbereichen verändern (vgl. auch Lilley et al. o.J.: 74–76). Heute wird die automatische Konvertierung zwischen verschiedenen Ein- und Ausgabegeräten durch die standardisierten ICC-Profile (vgl. International Color Consortium 1998) ermöglicht.

Trotz des erheblichen technischen Aufwands, der für die informationserhaltende Übertragung von Farben zwischen verschiedenen Ein- und Ausgabegeräten betrieben wird, ist eine solche Farbkonversion nicht allein ein technischer Prozess. Komplizierend wirken sich hier die spezifischen Beleuchtungsbedingungen aus, unter denen unterschiedliche Medien im Allgemeinen betrachtet werden.[23]

2.6 Colorimetrie

Das Tageslicht und künstliche Lichtquellen unterscheiden sich durch die spektrale Zusammensetzung ihres Lichtes. Trifft dieses Licht auf nicht leuchtende Objekte, dann reflektieren diese einen Teil der auftreffenden Strahlung. Ein Blatt Papier reflektiert das einfallende Licht unterschiedlich je nachdem, ob es sich um ein besonders weißes Blatt handelt oder nicht.

Bei einem Farbdruck absorbieren die auf ein Blatt Papier aufgebrachten Tinten oder Druckfarben bestimmte Wellenlängen des reflektierten Lichtes. Die Subtraktion von bestimmten Wellenlängen verändert somit die Zusammensetzung des reflektierten Lichtes und führt zu veränderten Farbwahrnehmungen. Das von einem nicht leuchtenden Objekt reflektierte Licht ist demnach ein multiplikatives Produkt der Beleuchtung, der Reflektionseigenschaften des Papiers und der Eigenschaften der Druckfarben, die bestimmte Wellenlängen des reflektierten Lichtes absorbieren.

Die spektrale Zusammensetzung des Lichtes kann man mit 35 Messwerten beschreiben, die in gleichen Abständen über das für den Menschen sichtbare Spektrum verteilt sind. Diese beschreiben zum Beispiel das von einer bestimmten Lichtquelle ausgesendete Licht in seiner spektralen Zusammensetzung. Weiß man darüber hinaus, wie die menschliche Wahrnehmung auf Licht verschiedener Wellenlängen reagiert (das heißt, kennt man die spektrale Empfindlichkeit der rot-, blau- und grünsensiblen Rezeptoren des menschlichen Auges), dann ist es möglich, die mit einer bestimmten Frequenzverteilung einhergehende Aktivierung mit nur drei Werten (den so genannten Tristimuluswerten) zu charakterisieren.

Die Colorimetrie benutzt hier typisierte Modelle von Beleuchtungen und arbeitet (seit 1932!) mit normierten physiologischen Reaktionen, einem Modell (dem so genannten Standardbeobachter), das beschreibt, wie das einfallende Licht in Abhängigkeit von seiner

---

putgamuts liegen, durch Farben gleicher Helligkeit, aber mit unterschiedlicher Sättigung dargestellt werden. Beim absolute colorimetric matching werden Farben außerhalb der Schnittmenge durch eine Farbe auf der Grenze des Outputgamuts ersetzt. Schließlich werden beim saturation matching Farben außerhalb des Outputgamuts durch Farben gleicher Sättigung ersetzt und die Helligkeitskomponente der Grenze des Outputgamuts benutzt.

23 „The issue of interpretation has received little attention in the recent past, because it has been widely believed that the choice of a suitable coordinate system – preferably one founded on the CIE colorimetry – a system of measurement and quantification promoted by the Commission Internationale de l'Éclairage – would suffice to guarantee device independence. ... Different media require different physical color stimuli, in certain cases, because they will be viewed in different environments – e.g., different surround conditions or illuminants; the observers,

Wellenlänge die lichtempfindlichen Sinneszellen aktiviert. Bereits sehr früh (1931) hat man sich bei der CIE dazu entschieden, die physiologischen Reaktionen der Sinneszellen zu normieren. Dieser technische Standard beschreibt die Reaktionen eines nicht farbenblinden Beobachters unter genau definierten Beleuchtungs- und Betrachtungsbedingungen.

Für die Kommunikation quantitativer Daten sind die heutigen psychometrischen Systeme von besonderem Interesse. Hier werden Farben in einer Form beschrieben, die den vom Menschen wahrgenommenen Farbunterschieden entspricht. Sind Farbsysteme wahrnehmungsmäßig homogen, dann beschreiben Farbdistanzen in diesen Modellen gleichzeitig Unterschiede der menschlichen Farbeindrücke. Psychometrische Systeme benutzen dabei eine achromatische Helligkeitsdimension und zwei chromatische Dimensionen, die eine Rot-Grün- von einer Blau-Gelb-Dimension unterscheiden.

Im Folgenden stelle ich einige der wichtigen Formeln zur Umwandlung zwischen den geräteunabhängigen und psychometrischen Systemen zusammen, da sie für eigene Berechnungen nützlich sein können. Gleichzeitig verdeutlichen sie den mathematischen Aufwand, der es ermöglicht, in den psychometrischen Räumen mit euklidischen Distanzen zu rechnen. Unter einer formalen Perspektive sind die in den psychometrischen Modellen verwendeten Farbmetriken theoretisch interessant, da hier Farbunterschiede mit euklidischen Distanzen beschrieben werden. In der industriellen Praxis werden sie jedoch mit zusätzlichen Gewichtungen verwendet, so dass sie pragmatisch an spezifische Beleuchtungsbedingungen angepasst werden können.

2.6.1 CIE XYZ und xyY

Das XYZ-System ist ein 1931 definiertes geräteunabhängiges Farbsystem, das alle für den Menschen sichtbaren Farben beschreiben kann. Hierbei stehen X, Y und Z für imaginäre blaue, grüne und rote Lichtquellen, die so gewählt wurden, dass die für den Menschen sichtbaren Farben als Mischungen positiver Beträge der drei Grundfarben dargestellt werden können.

Das System ist geeignet, verschiedenste Farbsysteme abzubilden und nimmt in der Colorimetrie die Rolle eines allgemeinen Referenzsystems ein. Heute sind die Transformationen zwischen vielen anderen Farbsystemen und dem XYZ-System bekannt, wodurch sich das XYZ-System als allgemeiner geräteunabhängiger Standard anbietet.[24] Farbmanagementsysteme benutzen das XYZ-System als Basissystem *(profile connection space)* für den Transfer zwischen verschiedenen Ein- und Ausgabegeräten, die durch gerätespezifische Farbprofile beschrieben sind.

Häufig wird der dreidimensionale Farbraum des XYZ-Systems in einer standardisierten Weise verwendet, indem man auf den maximalen Grünanteil (Y) standardisiert. Man erhält

---

therefore will experience different adaptive effects. In order to preserve the same color appearance in these different environments, the colorimetry must be corrected to compensate for the adaption of the human visual system and for physical differences in the viewing environments, such as flare." (International Color Consortium 1998, Annex E, Profile Connection Space Explantion: 114)

24 So verwendet die Programmiersprache Postscript eine Implementation des CIE-Farbsystems, die eine geräteunabhängige Farbbehandlung ermöglicht. Farbspezifikationen in RGB, CMYK und HSV werden dabei intern in die XYZ-Werte umgerechnet. Die Implementation von Postscript durch einen Druckerhersteller wertet diese XYZ-Werte aus und bildet sie in möglichst optimaler Weise auf den gerätespezifischen Farbraum des Druckers ab.

dadurch eine zweidimensionale Abbildung des Farbraumes (vgl. Abb. 2.4). In dieser Form wird das XYZ-System auch als xyY-System bezeichnet. Dabei werden die Tristimuluswerte (X, Y, Z) in korrespondierende *chromaticities* (x, y) umgewandelt.

$$(2.3) \qquad x = \frac{X}{X+Y+Z} \qquad y = \frac{Y}{X+Y+Z}$$

Wegen der zusätzlichen Bedingung $x+y+z=1$, ergibt sich z als

$$(2.4) \qquad z = \frac{Z}{X+Y+Z} \qquad \text{bzw.} \qquad z = \frac{1-(x+y)}{X+Y+Z}$$

Die normierten Yxy-Werte können folgendermaßen in die XYZ-Werte retransformiert werden:

$$(2.5) \qquad X = \frac{x}{y} Y \qquad Y = Y \qquad Z = \frac{(1-x-y)}{y} Y$$

2.6.2 XYZ und RGB

Das RGB-System ist eine gerätespezifische Kalibrierung der von einem bestimmten Aus- oder Eingabegerät darstellbaren Farben, das nur eine Teilmenge der für den Menschen sichtbaren Farben beschreibt. Innerhalb des XYZ- beziehungsweise Yxy-Systems beschreiben gerätespezifische Farbsysteme wie das RGB-System somit lediglich einen Teilbereich, der als Gamut eines Gerätes bezeichnet wird (vgl. Abb. 2.4). Der Gamut eines Bildschirms resultiert aus den Eigenschaften der verwendeten Lichtquelle und den Materialeigenschaften des verwendeten Monitorphosphors.

Die Umrechnung der geräteunabhängigen XYZ-(Tristimulus)-Werte in die des RGB-Systems benötigt zusätzlich den Weißpunkt *(whitepoint)* des Gerätes: Bei den xy-Werten erzeugt das Gerät einen weißen Helligkeitseindruck, auf den die XYZ-Werte standardisiert werden. Je nachdem, welche Lichtzusammensetzung ein Monitor erzeugt, werden dabei unterschiedliche Weißpunkte verwendet.

Heute orientieren sich die Bildschirmhersteller an definierten Standardbeleuchtungen *(standard illuminants)*, die nach ihrer Farbtemperatur beziehungsweise Lichtzusammensetzung normiert sind.[25] Typische xy-Werte der häufig verwendeten Weißpunkte nennt Tabelle 2.3.

Für eine spezifische Lichtquelle und die Leuchteigenschaften des rot-, grün- und blauempfindlichen Monitorphosphors ergeben sich die RGB-Werte aus einer Matrixmultiplikation der XYZ-Werte und der Matrix der Phosphorsensitivitäten für rotes, grünes und blaues Licht.

---

25 „A more realistic reference that approximates daylight has been specified numerically by the CIE as Illuminant D_{65}. You should use this unless you have a good reason to use something else. The print industry commonly uses D_{50}, and photography commonly uses D_{55}. These represent compromises between the conditions of indoor *(tungsten)* and daylight viewing." (Poynton 1995: 8)

Tabelle 2.3
Typische xy-Werte der häufig verwendeten Weißpunkte

Illuminant	x	y
D50	0.3457	0.3585
5000K	0.3450	0.3516
D65	0.3127	0.3290
S_c	0.3101	0.3162
D75	0.2990	0.3149
9300K	0.2848	0.2932

Komplizierend auf die Umrechnung wirkt sich zusätzlich die Tatsache aus, dass die RGB-Werte auf unterschiedlichen Geräten in verschiedener Weise einer zusätzlichen Gammatransformation unterzogen werden, durch die die Intensitäten der auf einem Bildschirm dargestellten Farben gesteuert werden. Um die CIE XYZ-Werte in den als RGB_{709} empfohlenen Farbraum zu transformieren, der einen Weißpunkt der Standardbeleuchtung D_{65} verwendet, werden die XYZ-Werte mit einer 3x3-Matrix multipliziert, deren Werte die Leuchtkraft des verwendeten Monitorphosphors charakterisieren.

$$\begin{bmatrix} R_{709} \\ G_{709} \\ B_{709} \end{bmatrix} = \begin{bmatrix} 3.2406 & -1.5372 & -0.4986 \\ -0.9689 & 1.8758 & 0.0415 \\ 1.0570 & -0.2040 & 0.0557 \end{bmatrix} \begin{bmatrix} X \\ Y \\ Z \end{bmatrix} \quad (2.6)$$

Die Umwandlung von RGB_{709} in XYZ verwendet die Inverse der obigen Transformationsmatrix und erzielt XYZ-Werte im Bereich zwischen 0 und 1. Die zweite Matrixzeile gibt gleichzeitig die relativen Beiträge der RGB-Werte zur Helligkeit Y (Grün) wieder (vgl. Poynton 1996).

$$\begin{bmatrix} X \\ Y \\ Z \end{bmatrix} = \begin{bmatrix} 0.412435 & 0.357580 & 0.180423 \\ 0.212671 & 0.715160 & 0.072169 \\ 0.019334 & 0.119193 & 0.959227 \end{bmatrix} \begin{bmatrix} R_{709} \\ G_{709} \\ B_{709} \end{bmatrix} \quad (2.7)$$

2.6.3 CIE L*a*b*

Für die Kommunikation von Daten mit Farben ist es notwendig zu wissen, wie unterschiedliche Farbabstufungen vom Menschen unterschieden werden. Genau diese Informationen werden mit psychometrischen Farbräumen beschrieben. Ein Farbraum wird als gleichförmig beziehungsweise psychometrisch bezeichnet, wenn gleichartig empfundene Unterschiede durch voneinander gleich weit entfernte Punkte im Farbraum beschrieben werden und die wahrnehmbaren Unterschiede (JNDs) im gesamten Farbraum konstant sind. Tatsächlich werden diese Anforderungen in der Praxis nur näherungsweise erfüllt, so dass diese Farbräume auch als pseudo-uniform bezeichnet werden. Da die CIE-Farbräume auf dem normierten Standardbeobachter beruhen, berücksichtigen sie – wie praktisch alle Farbsysteme – keine individuellen Unterschiede der Farbwahrnehmungen.

Kapitel 2

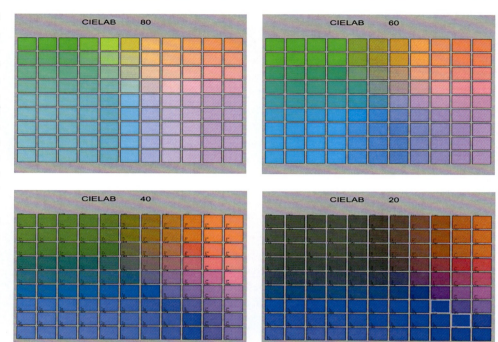

*Abbildung 2.9
Der CIE L*a*b*-
Farbraum.*
Darstellung von vier L*-Ebenen mit ihren a*- und b*-Dimensionen. Die Farben sind im L*a*b*-Farbraum spezifiziert. Gleichzeitig ist versucht worden, den Farbraum so zu vereinfachen, dass auf dem Monitor bzw. bei einem Ausdruck unterscheidbare Farbtöne entstehen. Bereiche gleich erscheinender Farbtöne kann ein Monitor bzw. Drucker nicht darstellen.

2.6.4 CIE L*a*b* und XYZ

CIE L*a*b* ist ein Farbraum mit psychometrischen Eigenschaften. Sein Vorzug ist, dass er rechnerisch mit einer polynomischen Transformation aus dem XYZ-System abgeleitet werden kann. Die psychometrische Helligkeit wird dabei mit L* beschrieben und die chromatischen Dimensionen mit a*, einer Rot-Grün-, und b*, einer Blau-Gelb-Dimension.

$$L^* = f\left(\frac{Y}{Y_n}\right) - 16$$

$$a^* = 500\left[f\left(\frac{X}{X_n}\right) - f\left(\frac{Y}{Y_n}\right)\right]$$

$$b^* = 200\left[f\left(\frac{Y}{Y_n}\right) - f\left(\frac{Z}{Z_n}\right)\right]$$

$$f(\alpha) = \begin{cases} \alpha^{\frac{1}{3}}, & \alpha \geq 0.008856 \\ 7.86\,\alpha + \frac{16}{116}, & \text{otherwise} \end{cases} \quad (2.8)$$

beziehungsweise die Umrechnung der CIE L*a*b*-Parameter nach XYZ (vgl. Adobe Systems Incorporated 1990: 190) als:

$$X = X_w g\left(\frac{L^*+16}{116} + \frac{a^*}{500}\right)$$

$$Y = Y_w g\left(\frac{L^*+16}{116}\right)$$

$$Z = Z_w g\left(\frac{L^*+16}{116} + \frac{b^*}{200}\right) \tag{2.9}$$

Damit verfügt man über eine technische Umformung des CIE XYZ-Systems, die die vom Menschen empfundenen Farbunterschiede nachbildet. Da dieses System weitgehend gleichförmig ist, können auch die wahrgenommenen Unterschiede zweier Farbtöne mit Distanzen beschrieben werden.

2.6.5 CIE L*a*b und Munsell

Wie bereits dargestellt, ist auch das Munsell-System ein wahrnehmungsmäßig weitgehend gleichförmiges Farbsystem. In diesem Zusammenhang sind die Umrechnungen des CIE L*a*b*-Systems in das Munsell-System interessant. Während sich bei Wyszecki/Stiles (1982) die entsprechenden xyY-Werte für die Farben des Munsell-Renotation-Systems finden,[26] lassen sich angenäherte Werte auch mit dem CIE L*a*b*-System berechnen.

Wenn man den *Munsell value* als Anteil der *lightness* L* und den Farbton als Winkel der *a**- und *b**-Werte berechnet, dann erlaubt dies, die Nomenklatur des Munsell-Systems nachzubilden. Der Munsell-Chromawert C wird dabei als Wurzel der Quadrate der *a**- und *b**-Werte berechnet.

$$H = tan^{-1}(b^*/a^*)$$

$$V = L^*/10$$

$$C = (a^{*2} + b^{*2})^{\frac{1}{2}} \tag{2.10}$$

2.6.6 Farbmetriken im CIE L*a*b*-Farbraum

Für die Kommunikation von quantitativen Informationen besteht die zentrale Eigenschaft der psychometrischen Farbräume darin, dass die Unterschiedlichkeit zweier Farben als Distanz beschrieben werden kann, die den Unterschieden der Farben in der menschlichen

---

26 In numerischer Form stehen die Original-Munsell-Daten zur Verfügung unter <www.cis.rit.edu/mcsl/online/munsell.html> .

***Abbildung 2.10
Munsell, CIE xyY
und CIE L*a*b*.***
Bildet man die durch das Munsell-System beschriebenen Farbwerte auf das CIE- bzw. das CIE L*a*b*- System ab, so gibt dies eine Vorstellung, inwieweit diese Systeme wahrnehmungsmäßig gleichförmig sind (vgl. Billmeyer/ Saltzman 1981).

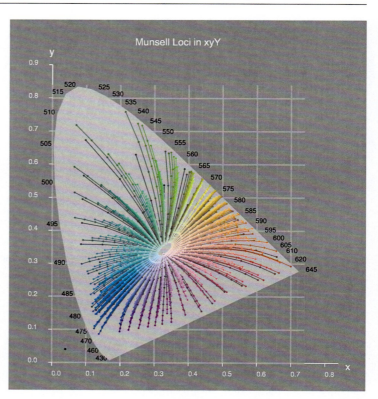

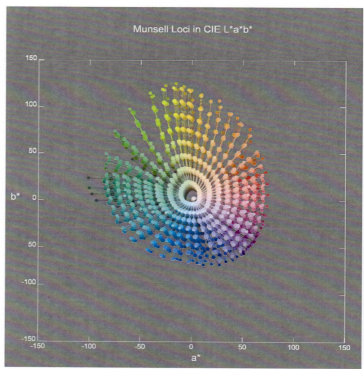

Wahrnehmung annähernd entspricht. Die Farbdistanz im CIE L*a*b*-Farbraum wird dabei als euklidische Distanz der drei konstituierenden Dimensionen berechnet:

$$\Delta E^*_{ab} = \sqrt{(L^*_1 - L^*_2)^2 + (a^*_1 - a^*_2)^2 + (b^*_1 - b^*_2)^2} \qquad (2.11)$$

Für den Vergleich zweier Farben kann aus den Farbdistanzen eine Gleichung der Farbtonunterschiede abgeleitet werden. Bei praktischen Anwendungen ist es oft sinnvoll, die Farbdistanz in die Helligkeits-, Chroma- und Farbtonunterschiede zweier Farben zu zerlegen. Dies ermöglicht die CIE 1976-Hue-difference-Formel.

$$\Delta H^* = \sqrt{(\Delta E_{ab})^2 - (\Delta L^*_{ab})^2 - (\Delta C^*_{ab})^2} \qquad (2.12)$$

Die wahrnehmungsmäßigen Unterschiede zweier Farbtöne können so als euklidische Distanz beschrieben werden. In der industriellen Praxis verwendet man heute allerdings zunehmend das CIE 1994-Colour-difference-Modell (vgl. Hardeberg 1999: 21f.), das weitere Gewichtungsfaktoren ($S_L = 1$; $S_C = 1 + 0.45C^*$; $S_H = 1 + 0.015C^*$) in die Hue-difference-Gleichung einführt. Darüber hinaus werden weitere, so genannte *parametric factors k* verwendet, die es ermöglichen, die Farbdistanzen an abweichende Betrachtungsbedingungen *(viewing conditions)* anzupassen.

$$\Delta E^*_{94} = \sqrt{\left(\frac{\Delta L^*}{k_L S_L}\right)^2 + \left(\frac{\Delta C^*}{k_C S_C}\right)^2 + \left(\frac{\Delta H^*}{k_H S_H}\right)^2} \qquad (2.13)$$

Gegenüber der CIE 1976-Hue-difference-Formel sind in dieser Formel die Distanzen zwischen stärker gesättigten Farben geringer als die Distanzen zwischen neutralen Farbtönen. Dies bedeutet, dass die praktische Arbeit mit Farbmetriken zusätzliche Korrekturen erfordert, die mit entsprechenden Korrekturfaktoren den veränderten Betrachtungsbedingungen Rechnung tragen können. Metrische Farbdistanzen sind offenbar gegenüber Veränderungen der Konstanzen, unter denen sie ermittelt worden sind, vergleichsweise sensibel. Andererseits erlauben die Korrekturfaktoren pragmatische Anpassungen der Distanzen an spezifische Kontextvariationen.

Die Frage nach der praktischen Anwendbarkeit von Farbdistanzen ist die nach der Größenordnung der Schwellenwerte: Wie groß muss ein ΔE^*_{ab} werden, damit zwei Farben als unterschiedlich wahrgenommen werden?

Das L*a*b*-Farbsystem hat damit ähnliche Eigenschaften wie das Munsell-System und bietet darüber hinaus den Vorteil, dass man mit ihm rechnen kann, da die Transformationen mit dem XYZ-System und weiteren Farbsystemen bekannt sind. Sieht man von den technischen Komplikationen der Farbreproduktion einmal ab, dann erlaubt das L*a*b*-System, auch bei der Kommunikation von quantitativen Daten mit Farben wahrnehmungsmäßige Abstufungen zu verwenden, die als gleich große Intervalle erscheinen.

2.7 Quantitative Informationen und Farben

Welche Farbsystematiken in der Lage sind, die in Attributen enthaltenen Informationen zu kommunizieren, ist eine wichtige Frage der Informationsvisualisierung. Wahrnehmungsmäßig gleichförmige Farbsysteme zeichnen sich dadurch aus, dass die mit ihnen beschriebenen Farben auch gleich groß empfundene Abstände beschreiben. Daher ist es möglich, numerische Größen mit Farben zu kommunizieren.

Um die in Daten enthaltenen Informationen präzise mit Farben zu kommunizieren, ist es notwendig, die Beziehung zwischen den Dateninformationen und ihrer visuellen Darstellung zu verstehen. Dabei sind die üblichen statistischen Informationskategorien hilfreich.

Für *nominale Daten* reicht es aus, dass die Objekte farblich unterscheidbar sind. Da nominale Daten nicht geordnet sind, sollte auch die farbliche Darstellung keine Ordnung aufweisen. Bei *ordinalen* Informationen sollten die Objekte unterscheidbar und deren Ordnung aus der farblichen Darstellung ablesbar sein. Bei der Abbildung *metrischer Daten* mit Farben sollten gleiche numerische Abstände in der farblichen Darstellung als voneinander gleich weit entfernt erscheinen. Schließlich sollten Abweichungen von einem Nullpunkt oder einem bestimmten Schwellenwert bei *Verhältnisdaten* aus der farblichen Darstellung entnommen werden können.

Bei der Kommunikation von Informationen durch Farben unterscheiden Bergman, Rogowitz und Treinish (1995) darüber hinaus verschiedene Kommunikationsstrategien: Während *isomorphe* Abbildungen darauf abzielen, die Gesamtheit der quantitativen Informationen und ihrer Struktur abzubilden, beschränken sich *segmentierte* Darstellungen darauf, die Daten auf wahrnehmungsmäßig unterscheidbare diskrete Farbkategorien zu reduzieren. Besondere Eigenschaften der Daten kann man kommunizieren, wenn man Farben zur *Hervorhebung (highlighting)* benutzt.

Wie man unterschiedliche Farben benutzen kann, um zusätzliche Informationen aus Abbildungen lesbar werden zu lassen, ist ein in der Kartografie bereits seit langem intensiv diskutiertes Problem. Die konventionelle Antwort der Kartografen ist die, dass *qualitative* Unterschiede durch unterschiedliche Farbtöne *(hues)* kodiert werden sollen und *quantitative* Abstufungen durch abgestufte Helligkeitswerte.

Die kartografischen Konventionen lassen sich aus physikalischen Karten ablesen, wie sie sich in vielen Atlanten finden. Häufig wird das klassische *Wasser-Land-Schema* benutzt. Blau steht hierbei für wasserbedeckte Gebiete, Grün und Braun werden für die Landmassen verwendet. Der Farbverlauf von einem dunklen zu einem hellen Blau symbolisiert Wasserflächen unterschiedlicher Tiefe. Landflächen werden entsprechend ihrer Höhe über dem Meeresspiegel durch einen Grün-Braun-Verlauf dargestellt, wobei dunklere Farbtöne höhere Erhebungen symbolisieren.

Spektrale Schemata finden Verwendung bei Wetterkarten und werden immer häufiger im Bereich elektronischer Medien, in der Computergrafik, aber auch in geografischen Informationssystemen eingesetzt. Auch statistische Programmsysteme verwenden heute vornehmlich Farbpaletten, die aus hochgesättigten Farbtönen bestehen. Dabei wird oft der gesamte Bereich der Spektralfarben benutzt – von Violett über Blau, Gelb, Grün, Cyan, Rot bis zu Magenta. Werden derartige Schemata für kontinuierliche Farbverläufe eingesetzt, so entstehen visuelle Artefakte.[27]

---

27 „Pseudo-colour enhancement grew with colour display technology ... Small changes in the intensity of the function being represented are immediately noticeable. This is both the advantage and danger of the technique. Changes that are too small to be seen in a gray scale version

Abbildung 2.11 Helligkeitskodierte Farbschemata nach Cynthia Brewer.
Farbschema A benutzt lediglich unterschiedliche Farbtöne und ist nicht helligkeitsgeordnet. Jedes der Farbschemata (A–N) ist von links nach rechts abgetragen. Oberhalb jedes Farbtons findet sich der der Farbe entsprechende Grauwert, wobei dunklere Farben durch größere Rechtecke dargestellt sind. An dem Verlauf der Grautöne (links nach rechts) und ihrer Größe lässt sich die intendierte Helligkeitskodierung der Schemata (B–N) ablesen.

Aus der Sicht der Kartografie ist die Verwendung von Farbkodierungen, die lediglich auf unterschiedlichen Farbtönen beruhen, problematisch. Sie gelten für Kartografen traditionell als ungeeignet. Für Bertin haben Farbtöne keine natürliche Ordnung: „I am indeed against the use of color when it masks incompetence; … when people believe it capable of representing ordered data" (Bertin 1983: 222).

Cynthia Brewer (1998, 1999), eine amerikanische Geografin, die sich in einer langen Liste von Veröffentlichungen mit der Konstruktion von Farbschemata beschäftigt hat, stellt eine ganze Reihe spektraler Farbschemata vor, die geeignet sind, statistische Verteilungen farblich zu kommunizieren.

Die von ihr entwickelten spektralen Schemata (vgl. Abb. 2.11) kombinieren verschiedene spektrale Farbtöne und unterscheiden diese gleichzeitig in ihrer Helligkeit: Die Extreme statistischer Verteilungen werden dabei durch Farbtöne mit hoher Farbsättigung dargestellt, Werte in der Nähe des Mittelpunktes dagegen durch Farbtöne mit größerer Helligkeit oder umgekehrt. Diese Farbschemata können Klassifikationen nominaler, ordinaler oder metrischer Informationen beschreiben.[28] Quantitative Schemata unterscheidet Brewer in sequentielle *(sequential)*, wenn der Anstieg einer Verteilung dargestellt werden soll, oder aber in divergente *(diverging)*, wenn die Abweichungen der Verteilung auf den Mittelwert bezogen werden sollen. Mit experimentellen Untersuchungen hat Brewer zeigen können, dass helligkeitskodierte Farbschemata besser lesbar sind als vergleichbare ungeordnete spektrale Schemata.

Diese Prinzipien erlauben es, Farbschemata zu konstruieren, die selbst zur Kommunikation bi- und trivariater Zusammenhänge geeignet sind. Brewer[29] demonstriert, wie bivariate Zusammenhänge als Kombinationen qualitativer und binärer oder quantitativer Informationen mit einer derartigen Logik effektiv farbkodiert werden können (vgl. auch Abb. 2.12).

---

will be visible if they span a color boundary. The disadvantage is that such boundaries give rise to false contours." (Watt 1989: 328)

28 „Hue for qualitative data and lightness for quantitative data should not be taken as strict and exclusive guidelines. Quantitative color schemes may include plenty of hue variation but they should first and foremost be obviously ordered by lightness." (Brewer 1999)

29 <http://www.personal.psu.edu/faculty/c/a/cab38>

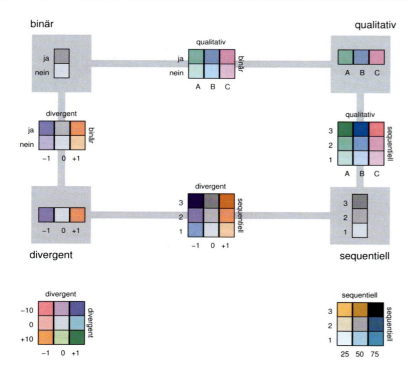

Abbildung 2.12
Kommunikation von binären, qualitativen und quantitativen Verteilungen mit helligkeitskodierten Farben nach Brewer

Bergman, Rogowitz und Treinish (1995), die Autoren des PRAVDA-Farbmoduls des IBM Data Explorers (Abb. 2.13),[30] verwenden in Abhängigkeit von der räumlichen Variation unterschiedliche Strategien für die Konstruktion von Farbschemata. Je nachdem, ob eine Darstellung räumlich starke Variationen aufweist oder aber nicht, variieren sie die Helligkeit der Farben oder die Sättigung der Farbtöne.[31] Die Helligkeitskomponente gestattet es, räumlich mit hoher Frequenz variierende Verteilungen zu identifizieren, während die Sättigung der Farbtöne geeignet ist, Gebiete mit geringerer Variation darzustellen.

Ein spezielles Problem der Kodierung quantitativer Informationen mit Farben besteht, wie bereits ausgeführt, darin, dass etwa neun Prozent der Bevölkerung als farbenblind gelten. Die häufigste Form der Farbanomalien ist die so genannte Rot-Grün-Blindheit. Farbanomalien führen dazu, dass bestimmte Abstufungen in spektralen Schemata von diesen Personen als gleichartig wahrgenommen werden. Auch für farbenblinde Zielpersonen kann man Farbschemata entwickeln, mit denen quantitative Informationen kommuniziert werden können. Cynthia Brewer beschreibt einige Erfahrungen:

> The following pairs of hues are not confused by people with the most common types of color vision impairments: red-blue, red-purple, orange-blue, orange-purple, brown-blue, brown-purple, yellow-blue, yellow-purple, yellow-gray and blue-gray. These ten color pairs are from a total of 36 pairs of basic color names, so many pairs are confusing.   (Brewer 1999: 58)

Unter anatomischen und physiologischen Aspekten lassen sich zusätzliche Empfehlungen für die ergonomische Verwendung von Farben geben. Diese Empfehlungen (vgl. Murch

---

30   <www.opendx.org>
31   „The luminance component conveys monotonicity for high spatial frequency data, while the saturation component can be used to convey monotonicity in low spatial frequency data. Since the steps are explicitly defined, however, luminance steps can also be effectively used for low

1984) zum Gebrauch von Farben orientieren sich vornehmlich an den mit verschiedenen Farbkombinationen verbundenen physiologischen Belastungen und den daraus resultierenden Ermüdungserscheinungen:

(1) Die simultane Verwendung von hochgesättigten, extremen (Spektral-)Farben führt zu häufigen Fokussierungswechseln der Linse des Auges und zur schnellen Ermüdung. (2) Reines Blau sollte nicht für Text, dünne Linien und kleine Formen verwendet werden, da blaue Zeichen schwierig zu lesen sind. Unter ergonomischen Gesichtspunkten sind blaue Farbtöne eher geeignet, um als Hintergrundfarben verwendet zu werden. (3) Da Blau nicht zur Helligkeit von Farben beiträgt, sollten Farbtöne, die sich nur in den Blauanteilen unterscheiden, vermieden werden.

Gegenüber den geografischen und technischen Darstellungen werden Netzwerkvisualisierungen dadurch unterschieden, dass sie kleinere Einheiten markieren und keine flächig aneinander grenzenden Gebiete darstellen. Auch bei Gebrauch wahrnehmungsorientierter Farbsysteme sind für Netzwerkvisualisierungen die Referenzkontraste der Farbtöne, der Sättigung und der Helligkeit der Umgebung und des Hintergrundes für die Unterscheidbarkeit von Farbabstufungen der Markierungen bedeutsam. Bei der Gestaltung von Netzwerkvisualisierungen kann man versuchen, diese zusätzlichen Komplizierungen durch die Wahl geeigneter Farbton-, Helligkeits- und Chromakontraste zum Hintergrund einzugrenzen.

Schwarze und weiße Hintergründe bei Darstellungen von Netzwerken sind durch die größten Helligkeits- und Sättigungskontraste gekennzeichnet und verändern die Wirkung der verwendeten Farbschemata. Graue Hintergründe zeichnen sich dagegen durch geringe Helligkeits- und hohe Chromakontraste aus.

Physiologische Erkenntnisse legen die Verwendung des Farbtons Blau als Hintergrundfarbe nahe, da blaue Hintergründe nicht aufwändig fokussiert werden müssen. Blaue Vordergrunddetails sind dagegen schwierig zu fokussieren. Mittlere Blautöne weisen hohe

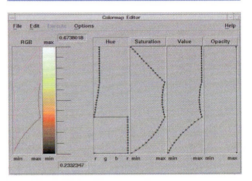
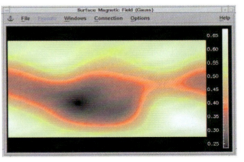

Abbildung 2.13
Das PRAVDA-Farbmodul des Data Explorers (IBM). Das Farbmodul des Data Explorers ist ein hoch entwickeltes Beispiel für den explorativen, interaktiven Gebrauch von Farben. Durch die Wahl eines Farbgradienten (oben) und dessen Abbildung auf den Wertebereich des farbkodierten Merkmals (Mitte) verändert sich die farbliche Darstellung einer räumlichen Datentopologie (unten).

spatial-frequency data. In creating a segmented colormap, it is important that the segments are each discriminably different from one another, which limits the number of steps which can be represented." (Bergman/Rogowitz/Treinish 1995: 4)

Farbkontraste und geringe Helligkeits- und Chromakontraste auf, von denen vergleichsweise geringe Interferenzen erwartet werden können.

2.7.1 Kontextkontraste

Wahrnehmungsorientierte Farbsysteme beschreiben Farbmetriken von Farbunterschieden (JNDs). Diese aus Vergleichen von Farbreizen unter kontrollierten Bedingungen resultierenden Systeme erlauben es, Farbabstufungen auszuwählen, die gleich große Unterschiede darstellen. Andererseits unterliegen Farbeindrücke vielfältigen zusätzlichen Einflüssen. Bei der Entwicklung und Vermessung der wahrnehmungsorientierten Farbsysteme sind diese Kontraste zur Umgebung konstant gehalten und Kontextbedingungen damit nicht berücksichtigt worden.

Damit resultiert eine Begrenzung dieser Modelle daraus, dass sie weitgehend den visuellen Kontext ignorieren und nicht vorhersagen können, wie sich der Farbeindruck in Abhängigkeit von Farben in der näheren Umgebung verändert. Dieser Kontext kann erhebliche Veränderungen der wahrgenommenen Farben erzeugen,[32] die nicht durch die colorimetrischen Eigenschaften isolierter Farbpunkte erklärt werden können.

Die Wirkung moderierender Kontextbedingungen und die durch sie ausgelösten Veränderungen *(chromatic adaptation)* sind jedoch in der Colorimetrie ein intensiv untersuchtes Gebiet. Generell zeigen diese Untersuchungen, dass die Helligkeit und die Farbtöne weniger stark von den Umgebungsbedingungen moderiert werden als die Wahrnehmung der Farbsättigung.[33]

Die Wirkungen komplexer Farbmuster sind mit den heute zur Verfügung stehenden Farbsystemen demnach nur zum Teil beschreibbar. Hierzu werden zusätzliche Informationen benötigt. Hinweise auf die Bedeutung von Kontextbedingungen in den höheren Ebenen der menschlichen Farbwahrnehmung, in denen die elementaren Farbwahrnehmungen zusammen mit Erfahrungen und ästhetischen Urteilen verarbeitet werden, geben die Untersuchungen von Feldman, Jacobson und Bender (1996). Diese Autoren untersuchen die Wirkung von Farben unter Verwendung semantischer Differentiale. Um die Variation der so gemessenen *Farberfahrungen (color experience)* zu erklären, berücksichtigen sie zusätzlich zu den Dimensionen der wahrnehmungsmäßig orientierten Farbsysteme die Farbkontraste zum Hintergrund, die Helligkeitskontraste und die Kontraste der Farbsättigung sowie die Verhältnisse der Größen der Markierungen und ihrer Farbtöne.

---

32 „A limitation of these models is that they largely ignore visual context, i.e. they do not predict how the appearance of a color changes depending upon its proximally surrounding colors. This ‚visual context' can produce large shifts in a perception of a color that cannot be accounted for by colorimetric specifications of isolated points of color, since the appearance is the result of an interaction of colors." (Jacobson/Bender 1996: 530)

33 Bartleson's results lead him to draw the following general conclusions:
„(a) Perceived hue of a given test stimulus, expressed as proportions of neighboring „unique" (or „unitary") hues (red, yellow, green, blue) varies with the chromaticity (correlated color temperature) of the adapting stimulus (surround) but does not vary significantly with the luminance factor of the test stimulus of the field of view.

(b) Colorfulness of a given test stimulus, that is the attribute of a visual sensation according to which the test stimulus appears more or less chromatic, varies with the chromaticity (correlated color temperature) of the adapting stimulus (surround), the luminance factor of the test stimulus, as well as the illuminance of the field of view. The attributes chroma and saturation, which are related to colorfulness, do not vary significantly with illu-

Abbildung 2.14
Induktion von Farbempfindungen.
Die Induktion von Farbtönen durch den Hintergrund: Obwohl die blauen Rechtecke in beiden Bildhälften den gleichen Farbton haben, erscheint das rechte dunkler als das linke Rechteck.

Auch wenn Feldman, Jacobson und Bender mit ihrer Studie damit über den Anspruch der Colorimetrie, Farbmetriken zu definieren, weit hinausgehen und mit ihrer Untersuchung versuchen, Regelmäßigkeiten der *color experience,* der durch Farben und Empfindungen ausgelösten oder begleiteten emotionalen Reaktionen, zu verstehen, weisen die in ihrer Untersuchung vorgefundenen signifikanten Effekte für die Farb-, Helligkeits- und Chromakontraste[34] die Grenzen wahrnehmungsorientierter Farbsysteme auf. Gleichzeitig verdeutlicht die Untersuchung, dass die Wirkung komplexer Arrangements von Farben nur mit zusätzlichen Informationen verstanden werden kann, Informationen, die in den derzeitigen Farbklassifikationen nicht berücksichtigt werden.

---

minance. Chroma is judged in relation to the brightness of the surround, whereas saturation is judged in relation to the brightness of the test stimulus itself. Chroma and saturation are described as two types of ‚relative' colorfulness, whereas colorfulness is considered by some investigators an ‚absolute' attribute of color perception (Hunt 1977).

(c) Lightness of a given test stimulus, that is, the attribute of a visual sensation according to which the test stimulus appears brighter or darker in proportion to the brightness of a ‚white' surround, varies with the luminance factor of the test stimulus, but is essentially invariant to changes in chromaticity (correlated color temperature) of the adapting stimulus (surround) and the illumination of view.

(d) Color appearance data obtained for daylight adaption (C56) are highly correlated with the Munsell renotation specifications." (Wyszecki/Stiles 1992: 445)

34 „The experimental data can be modeled by Equation 1

$$f(v, w, x, y, z) = ac(0.5-x)^2 + bc$$

where v is the average value (value 1 + value 2/2), w is the normalized block size in terms of a reference frequency (log 2 (frequency/reference)), x is the normalized hue contrast ($|\text{hue 1} - \text{hue 2}|$)/100), y is the value contrast ($|\text{value 1} - \text{value 2}|$), z is the average chroma ((chroma 1 + chroma 2)/2), $a = (y-z)$, $b = (v/5 + z/2)$, and $c = 1.3^w$." (Jacobson/Bender 1996: 536)

2.7.2 Grenzen der Kommunikation mit Farben

In den industrialisierten Teilen der Welt sind die meisten Menschen täglich mit farblichen Darstellungen konfrontiert. Farbfotografien, Magazine, Farbdrucker, Bildschirme von Fernsehgeräten und Computern beruhen dabei auf unterschiedlichen Technologien. Für die Kommunikation von Daten mit Farben muss man sich verdeutlichen, dass die mit colorimetrischen Verfahren identifizierten Metriken keine absoluten Eigenschaften der Wahrnehmung sind, sondern Empfindungen und Regelmäßigkeiten, die unter speziellen standardisierten Beleuchtungs- und Umgebungsbedingungen existieren und von diesen moderiert werden. Aus der physikalischen Sicht sind Farbeindrücke keine Eigenschaften bestimmter Größen physikalischer Reize, sondern Empfindungen, die aus bestimmten Verhältnissen physikalischer Reize entstehen.

Während technische Modelle eher die Aktivierungskomponente der menschlichen Farbwahrnehmung beschreiben, sind Hemmungsprozesse, die die menschliche (Farb-)Wahrnehmung darüber hinaus charakterisieren, lediglich in den Randbedingungen der colorimetrischen Modelle berücksichtigt.

Wahrnehmungsprozesse können jedoch nur durch die simultane Verknüpfung von Aktivierungs- und Hemmungsprozessen erklärt werden. Nur diese Perspektive erlaubt es zu verstehen, dass Farbwahrnehmungen nur unter speziellen Bedingungen verglichen werden können und ein absoluter physikalischer Stimulus unter unterschiedlichen Bedingungen zu verschiedenen Wahrnehmungen führt. Stevens, als ein Pionier der psychometrischen Forschung, hat dies bereits sehr trefflich erläutert:

> The print in the book looks black, but not because there is no light coming from the black area to your eye. Actually the black gives off so much light that, if we could remove all of the white paper surrounding the black, the black standing by itself would seem to glow as brightly as a neon sign at night. That is because blackness results from inhibition – from the ability of the surrounding white to inhibit the region where the reflectance is less. When one area of the page reflects only about a tenth as much as light as the surrounding part, that area tends to look black.
>
> Perhaps a more striking example occurs with a television set (black and white). Before turning it on, note the color of the screen. It is a light gray. Now turn the set on and wait for the cowboy in the white hat to meet the bad man in the black hat. How can there be a black hat on a screen that was light gray to begin with? The electronic process in the television tube can only produce light – it cannot take away light – and the light that it produces is added to the gray of the tube face. There is no black paint to spread. But by adding light to various parts of the screen, and by adding less light where the black is to appear, the television set causes your eye to see the hat as black. Inhibition makes the light gray turn black.   (Stevens 1975: 79)

Die metrischen Eigenschaften der Farbwahrnehmung sind somit vergleichsweise sensible Charakteristika der menschlichen Wahrnehmung, die einen besonders behutsamen Umgang erfordern, wenn man Farben zur Kommunikation von Daten benutzen will. Die Verwendung wahrnehmungsmäßig gleichförmiger Farbsysteme ist ein Hilfsmittel, um mit Farben quantitative Informationen zu kommunizieren.

Da in den Systemen modifizierende Kontextbedingungen nicht berücksichtigt worden sind, ist zu erwarten, dass die unter idealen Bedingungen erzielbaren Unterschiedsleistungen bei komplexen Darstellungen geringer ausfallen, da intermittierende Effekte nur schwer völlig ausgeschlossen werden können.

Auch wenn Farbmetriken sensibel auf Änderungen der Beleuchtungsbedingungen reagieren, zeigen bereits die Modifikationen der Formeln, mit denen Farbmetriken heute in der Forschung und Industrie verwendet werden, dass das technische Verständnis einen

Formalisierungsgrad erreicht hat, der es gestattet, Farbwahrnehmungen und Empfindungen hinreichend zu beschreiben. Selbst die durch moderierende Bedingungen entstehenden Veränderungen der Farbeindrücke lassen sich in den heute verwendeten Farbunterschiedsgleichungen pragmatisch handhaben. Dies erlaubt es, die Auflösung der psychometrisch gleichförmigen Farbsysteme unter besonderen Bedingungen variabel zu adaptieren.

Die in experimentellen Untersuchungen unter idealen Bedingungen unterscheidbaren Farbnuancen wird man in komplexen Darstellungen jedoch nicht mit gleicher Präzision darstellen können. In diesen Vorlagen wirken oft zusätzliche modifizierende Bedingungen. Den hieraus resultierenden Einflüssen kann man jedoch dadurch Rechnung tragen, dass man die Abstufungen psychometrischer Farbsysteme in größeren Schrittweiten benutzt. Komplexe Arrangements von Farben und deren gezielte Gestaltung sind trotz aller Fortschritte weiterhin auf ein gewisses künstlerisches Einfühlungsvermögen angewiesen.

Die farbliche Gestaltung von Visualisierungen muss damit im Prinzip darauf abzielen, ähnliche Bedingungen zu schaffen, wie sie bei der Untersuchung und Kalibrierung dieser Systeme gegolten haben. Sie sollte farbliche Arrangements vermeiden, die bekannte, stark moderierende Faktoren einführen. Hier sind insbesondere die Kontextkontraste zu benennen, die die Wirkung einzelner Farbtöne verändern. Dadurch werden bei der Kommunikation stark induzierende Effekte auf die darzustellende Information vermieden.

2.7.3 Die Zukunft hat begonnen

Parallel zur Ausbreitung neuer Farbtechnologien werden heute in der colorimetrischen Forschung viele komplizierende Aspekte der *color experience* intensiv untersucht. Die Adaptation der Farbwahrnehmung an besondere Umgebungsbedingungen und die sich hieraus ergebenden Veränderungen der Farbeindrücke sind parametrisch so genau beschrieben, dass man damit begonnen hat, sehr viel komplexere Systeme zu entwerfen, die moderierende Faktoren der Farbwahrnehmung berücksichtigen. Erweiterte Modelle integrieren bereits heute zusätzliche moderierende Bedingungen, die die Farbempfindungen *(color experience)* modifizieren. Sie können veränderte Beleuchtungen und Betrachtungsbedingungen berücksichtigen und die aus diesen resultierenden Veränderungen der Farbeindrücke vorhersagen und werden so eine gezielte Farbgestaltung erleichtern.

Die heutigen Bemühungen der CIE (vgl. CIE 1998) laufen darauf hinaus, ein verallgemeinertes Modell der *color appearance* (CIECAM97s) zu spezifizieren, in dem die traditionelle Colorimetrie (CIE XYZ und CIE L*a*b*) und die Wahrnehmungen trichromatischer Farbreize erweitert werden. Zusätzlich werden die Wirkung der Hintergrundkontraste, die Farbumgebung, die Anpassung der Wahrnehmung an den Farbreiz und dessen Helligkeitsgrad berücksichtigt sowie kognitive Prozesse, die unterschiedliche Beleuchtungsbedingungen korrigieren. Dazu werden jedoch wesentlich mehr Informationen benötigt, zum Beispiel die spezifischen Beleuchtungs- und Betrachtungsbedingungen, unter denen ein Farbunterschied bestimmter Größenordnung wahrnehmbar sein soll.

Colorimetrische Modelle der nächsten Generation werden demnach eher elaborierte Computermodelle der menschlichen Farbwahrnehmung sein. Sie werden geeignet sein, Veränderungen der menschlichen Farbempfindungen unter vielen der heute als konstant angenommenen Bedingungen vorherzusagen.

2.7.4 Resümee

Wahrnehmungsmäßig gleichförmige Farbsysteme sind ein unverzichtbarer Startpunkt, wenn quantitative Informationen mit Farben dargestellt werden sollen. Durch die Helligkeitsunterschiede in gleichartigen Farbtönen können quantitative Informationen abgebildet werden. Die Kombination unterschiedlicher Farbtöne mit Helligkeitsabstufungen erlaubt es, segmentierte Farbschemata zu entwerfen, die zusätzlich die relative Lage von Objekten zu den Mittelwerten beziehungsweise den Extremen ihrer statistischen Verteilungen mit Farbabstufungen wiedergeben.

Andererseits ist es notwendig, sich der Grenzen bewusst zu werden, denen wahrnehmungsmäßig gleichförmige Farbsysteme unterliegen. Die diesen Systemen zugrunde liegenden Unterschiedlichkeitsurteile sind unter definierten Beleuchtungsbedingungen und durch den Vergleich von Vorlagen gleicher Größe entstanden. Gerade die letztere Bedingung ist bei der Darstellung quantitativer Informationen oft nicht gegeben: Hier sind ungleiche flächige Ausdehnungen verschiedener Farbtöne die Regel, die die Unterscheidbarkeit von Farben beeinflussen.

Die automatische Anpassung des Farbeindrucks unter unterschiedlichen Beleuchtungen *(chromatic adaptation)*[35] sowie die Veränderung der wahrgenommenen Farben durch den Farbkontrast umgebender Farben und die Größenverhältnisse verschiedenartig eingefärbter Flächen *(chromatic induction)* sind nur einige Besonderheiten der menschlichen Farbwahrnehmung, die mit wahrnehmungsorientierten Farbsystemen noch nicht beschrieben werden können. Bei der Gestaltung von Netzwerkvisualisierungen kann man allerdings versuchen, diese Probleme durch die Wahl geeigneter Farbton-, Helligkeits- und Chromakontraste einzugrenzen.

Die Verwendung unterschiedlicher Geräte und Medien, insbesondere die Produktion von Farbdrucken von auf einem Bildschirm entwickelten Darstellungen, bleibt auch beim Gebrauch wahrnehmungsmäßig gleichförmiger Farbsysteme ein schwierig zu lösendes Problem. Der Wechsel von einem leuchtenden zu einem beleuchteten Medium geht mit einer erheblichen Einbuße der darstellbaren und unterscheidbaren Farben einher.

Auch wenn heute auf dem PC Farbmanagementsysteme zur Verfügung stehen und die Farbeigenschaften einer Bildschirmdarstellung durch Verwendung von Geräteprofilen automatisch korrigiert werden, kann ein *Gamutmapping* lediglich für bestimmte Zwecke eine vergleichsweise optimale Umwandlung der darstellbaren Farben vornehmen und damit versuchen, den auf einem Ausgabegerät zur Verfügung stehenden Farbraum auszuschöpfen.

2.8 Effizienz: Ergonomie und Informationsökonomie

Unter der Perspektive einer *Informationsökonomie* (vgl. Card/Pirolli/Mackinlay 1999) betrachtet man den Aufwand (die Kosten), der erbracht werden muss, um eine bestimmte Menge von Information zu verarbeiten. Ein nahe liegender Kostenindikator ist die Zeit, die hierbei erforderlich ist. Eine solche Perspektive erlaubt es, unterschiedliche Darstellungen der gleichen Information zu bewerten und auch die Sequenzen interaktiver Designs auf

---

35 „The term *chromatic adaptation* is applied in relation to modifications of visual response, particularly the response to chromatic test stimuli, brought about by chromatic conditioning (adaptation) stimuli that are surrounding or preexposed." (Wyszecki/Stiles 1982: 429)

ihre Effizienz zu untersuchen. Können in einem fixen Zeitintervall mehr Informationen verarbeitet werden, dann sinken die Unitkosten pro Information und damit die Informationskosten. Wie ein bestimmtes Layout hilft, eine Informationssuche schneller und effizienter zu gestalten, beschreibt seine *cost of knowledge characteristic function*. Diese Funktion definiert ein gegebenes Design mit der in Abhängigkeit von der Zeit bearbeiteten Informationsmenge.

Die Besonderheit der Wahrnehmung von Größen, Farben und grafischen Formen besteht darin, dass diese Markierungen *präattentiv* wahrgenommen werden. Die menschliche Wahrnehmung dekodiert einige elementare grafische Attribute sehr schnell und quasi automatisch. Dazu bedarf es keiner bewussten Aufmerksamkeitssteuerung, Wahrnehmungen elementarer Art erfolgen vorbewusst (vgl. Kap. 2.2).

Wenn man zur Kodierung von Informationen zusätzlich die den elementaren Wahrnehmungsvorgängen zugrunde liegenden psychophysiologischen Funktionen benutzt, ist es möglich, mit diesen Markierungen quantitative Informationen zu kommunizieren. Ergonomische, kodierte Informationen können oft unmittelbar gelesen werden und erscheinen klar und deutlich als (fast) real.

Bildet man dagegen Daten grafisch, zwar regelhaft, aber in nicht natürlich geordneter Weise ab, dann sind diese Abbildungen nur mühsam, Schritt für Schritt, lesbar. Die Zuordnung zwischen den Zeichen und ihrer Bedeutung muss erst mühsam entschlüsselt werden. Tufte (1983: 153) beschreibt solche Darstellungen als grafisches Puzzle.[36] Der Prozess der Identifikation und Übersetzung gestaltet sich dagegen dann besonders einfach, wenn die natürlichen Ordnungen der grafischen Zeichen verwendet werden, da die Wahrnehmungen der Markierungen der intendierten Bedeutung entsprechen.

In dem Ausmaß, in dem psychophysiologische Funktionen so benutzt werden, dass Informationen effektiver kodiert werden, führt dies zu einer Effizienzsteigerung der grafischen Kommunikation. Den potentiellen Beitrag der Psychophysik und der Colorimetrie zur Informationskommunikation kann man unter dem Gesichtspunkt einer Informationsökonomie demnach als Senkung der Informationskosten beschreiben. Als solcher ist er empirisch einfach überprüfbar.

Die Besonderheit der grafischen Kommunikation besteht darin, dass bestimmte elementare grafische Zeichen in der menschlichen Wahrnehmung sehr schnell, automatisch und parallel bearbeitet werden. Die Berücksichtigung ergonomischer und psychometrischer Prinzipien bei der Gestaltung von Informationsgrafiken verspricht damit erhebliche Effizienzsteigerungen. In dem Ausmaß, wie es tatsächlich gelingt, diese Prinzipien bei der grafischen Konstruktion umzusetzen, sinken die Unitkosten der Informationskommunikation beziehungsweise steigt die Anzahl der Informationen, die in einem gegebenen Zeitintervall bearbeitet werden können.

---

36 „The complexity of multifunctioning elements can sometimes turn data graphics into visual puzzles, crypto-graphical mysteries for the viewer to decode. A sure sign of a puzzle is that the graphic must be interpreted through a verbal rather than a visual process ... Over and over, the viewers must run little phrases through their mind, trying to maintain the right pattern of words to make sense out of the visual montage. As Paul Valéry wrote, ‚Seeing is forgetting the name of the thing one sees.'" (Tufte 1983: 153)

Kapitel 3
Netzwerkanalyse und Visualisierung

Die Analyse sozialer Netzwerke beschäftigt sich mit Beziehungen zwischen Akteuren. Akteure können unter anderem Individuen, Firmen, Organisationen oder sogar Nationen sein. Beziehungen zwischen den Akteuren können in Kontakten, Mitgliedschaften oder Austauschbeziehungen bestehen, um nur einige wenige Beispiele zu benennen. Die Beobachtung von Paaren von Akteuren, die miteinander in Beziehung stehen, erlaubt es, ihre Einbettung in die sie umgebende Struktur zu beschreiben, zusammenhängende Teilbereiche zu entdecken und zu untersuchen, wie diese Ökologie sozialer Beziehungen die einzelnen Einheiten beeinflusst. Die strukturelle Perspektive verspricht, die Bedeutung spezifischer Interaktionen besser zu verstehen und Fragen über kollektive Phänomene zu beantworten. Es geht also im Vorfeld darum, Informationen auszuwählen, die zum Verständnis der Vorgänge in Netzen beitragen. Gegenstand der Netzwerkvisualisierung ist zusätzlich die grafische Umsetzung dieser Informationen. Die Darstellungen sollen mit möglichst geringem Aufwand und größtmöglicher Präzision lesbar sein und wesentliche Aspekte der zugrunde liegenden Struktur vermitteln. Dies erfordert zum einen eine behutsame Auswahl der Informationen, die benötigt werden, um die Stellung der Akteure in einem Netz zu verstehen, und zum anderen eine Entscheidung, mit welchen grafischen Elementen man diese Information effektiv kommunizieren kann.

3.1 Netze und Graphen

Verfahren der Netzwerkanalyse – im engeren Sinne – liefern Beschreibungen sozialer Stukturen, ihrer Elemente und ihrer primären Umwelten *(first order zones)*. Sie untersuchen, wie und ob sich diese Einheiten zu Substrukturen, Cliquen oder Clustern zusammenfügen, oder auch, ob Elemente hierarchische Ordnungen bilden. Soziale Positionen klassifizieren Akteure, die in ähnlicher Weise in ein Netzwerk der sie umgebenden Beziehungen eingebunden sind. Das Gesamtsystem der Beziehungen kann schließlich mit vielfältigen Statistiken beschrieben werden. Globale Statistiken ermöglichen es, verschiedene Netzwerke zu vergleichen. Gemeinsam ist allen diesen Verfahren, dass sie ausschließlich Informationen des zugrunde liegenden Graphen benutzen, um Akteure, die strukturellen Phänomene des Netzes oder das Gesamtsystem zu beschreiben.

Unter einer formalen Perspektive bezeichnet man die Akteure eines Netzwerkes als *Knoten (vertices)* und die Beziehungen als *Kanten (edges, links)*, die Paare von Knoten verbinden. Graphen können eine geringe *Dichte* aufweisen, wenn nur wenige Kanten existieren, oder aber *dicht* sein, wenn Beziehungen zwischen fast allen Paaren bestehen. Oft stehen weitere *Attribute der Knoten* zur Verfügung, die es erlauben, Vorgänge innerhalb von Strukturen zu untersuchen. Gelegentlich sind hierzu auch *Attribute der Kanten* des Graphen verfügbar.

Die mit Graphen beschriebenen Verflechtungen können nach verschiedenen Konventionen dargestellt werden: in symbolischer Form als Mengen der Knoten und Kanten, in numerischer Form als Matrizen, wobei die Zeilen und Spalten die Elemente des Graphen und die Einträge in den Zellen der Matrix die bestehenden Relationen repräsentieren. Bei der grafischen Darstellung werden die Einheiten traditionell als Punkte und die Relationen als verbindende Linien gezeichnet.

Enthält ein Graph n Elemente, so können zwischen diesen $n(n-1)/2$ (ungerichtete) Paare unterschieden werden, zwischen denen prinzipiell Beziehungen bestehen können. Dies ist die maximale Anzahl von Kanten, die ein Graph enthalten kann.

3.1.1 Subgraphen

Oft ist man bei der Untersuchung eines Graphen daran interessiert, bestimmte Teile zu identifizieren, die besondere Eigenschaften aufweisen. Derartige *Teil-* oder *Subgraphen* bestehen damit aus Teilmengen der Knoten und Kanten des ursprünglichen Graphen. Entsprechend können Subgraphen mit zwei unterschiedlichen Strategien definiert werden. Wasserman/Faust (1994: 97) sprechen von *knoteninduzierten* Graphen, wenn für eine Teilmenge der Knoten aus der Menge der Kanten die diese Knoten verbindenden Kanten ausgewählt werden. Dagegen basieren *kanteninduzierte* Graphen auf Untermengen der Kanten und bestehen aus den selektierten Kanten und den Knoten, die sie verbinden.

Je nachdem, welche Kriterien benutzt werden, um Elemente oder Kanten auszuwählen, entstehen *Subgraphen* mit besonderen Eigenschaften. Oft ist man an Subgraphen interessiert, die im Sinne einer bestimmten Eigenschaft *maximal* sind. Ein maximaler Teilgraph enthält dann alle Elemente, die die Eigenschaft erfüllen.

3.1.2 Verbundenheit

Die Beziehungen in einem Graphen kann man danach unterscheiden, ob es sich um *direkte* oder um *indirekte* Beziehungen handelt. Paare von Einheiten, die mit einer Relation verbunden sind, gelten als *direkt* verbunden. Nicht direkt verbundene Paare können jedoch *indirekt* verbunden sein, wenn sich zwei Elemente über direkte Beziehungen mit Dritten erreichen können.

Aneinanderreihungen von Knoten und Kanten bezeichnet man als *Kantenfolge* oder *Pfad*. Pfade, die nur aus unterschiedlichen Kanten bestehen, bezeichnet man als *Kantenzug*. Kantenzüge, die nur unterschiedliche Punkte enthalten, sind *Wege (trails)*. Kantenzüge, auf denen man zum Ausgangspunkt zurückgelangt, sind *Kreise* oder *Zyklen (cycles)*.

Je nachdem, aus wie vielen Schritten die indirekte Verbindung zwischen zwei Elementen besteht, spricht man von der *n-Schritt-Verbundenheit* der Elemente beziehungsweise einer *graphentheoretischen Distanz* einer bestimmten Länge. Da zwei Elemente über verschiedene indirekte Pfade verbunden sein können, ist man oft an der *kürzesten* Verbindung zwischen zwei Einheiten interessiert. Die kürzeste Verbindung zweier Punkte wird als *geodätische Distanz (geodesic)* bezeichnet. Subgraphen kennzeichnet man dagegen oft durch die längste geodätische Distanz zwischen allen Elementen. In diesem Fall spricht man von dem *Durchmesser (diameter)* des Graphen.

3.1.3 Dichte

Die *Dichte* ist eine allgemeine Eigenschaft, mit der Graphen und Subgraphen beschrieben werden können. Je nachdem, ob in Graphen alle möglichen Beziehungen ausgeprägt sind oder aber nur eine geringe Anzahl der möglichen Beziehungen existiert, spricht man von *dichten* Graphen oder von Graphen geringer Dichte. Ein Graph mit einer Dichte von null enthält keine Kanten und ist *unverbunden.*

Die Dichte D eines Graphen mit n Elementen und l Kanten errechnet sich aus dem Verhältnis der existierenden Kanten zu den in dem Graphen maximal möglichen Beziehungen:

$$D = \frac{2l}{n(n-1)}$$

3.1.4 Komponenten, Brücken, Schnittpunkte und Blöcke

Graphen können vollständig verbunden sein oder aber aus verschiedenen, nicht zusammenhängenden Teilen bestehen. In diesem Fall besteht ein Graph aus verschiedenen *Komponenten*. Eine Komponente ist ein maximaler Subgraph verbundener Elemente.

Operationen, die einen Graphen in weitere Komponenten zerfallen lassen, erlauben es, Punkte und Kanten mit besonderen Eigenschaften zu identifizieren. Punkte, durch die neue Komponenten entstehen, wenn sie aus dem Graphen entfernt werden, werden als *Schnittpunkte (cut points)* bezeichnet. In analoger Weise spricht man von einer *Brücke (bridge)*, wenn ein zusammenhängender Graph durch das Entfernen einer Kante in Komponenten zerfällt. Von einem *Block* spricht man, wenn ein maximaler Subgraph keine Schnittpunkte enthält.

Ein Graph, der nur aus Schnittpunkten besteht, ist ein *Baum (tree)*. Ein Baum mit n Elementen besitzt genau $(n-1)$ Kanten. Diese verbinden alle n Punkte. Gleichzeitig sind alle Kanten des Baumes Brücken, da das Entfernen jeder Kante den Baum in zwei Komponenten zerfallen lässt. Ein Baum besitzt keine Kreise; fügt man jedoch zu den Kanten des Baumes eine weitere Kante hinzu, so entsteht ein Kreis.

3.1.5 Knoteneigenschaften: Grad und Zentralität

Die Elemente eines Graphen können danach unterschieden werden, mit wie vielen Beziehungen sie in ein Netz eingebunden sind. Der *Grad (degree)* beschreibt dies mit der Anzahl der *direkten* Beziehungen, mit denen ein Knoten verbunden ist. Ein hoher Grad beschreibt demnach einen Knoten, der mit sehr vielen Knoten eines Netzes direkt verbunden ist. Knoten, die nur wenige Beziehungen aufweisen, haben entsprechend einen geringen Grad.

*Abbildung 3.1
Ein Graph
mit Brücken und
Schnittpunkten.
Entfernt man einen
der Schnittpunkte
C, D oder E, dann
zerfällt der Graph
in zwei Komponenten. Komponenten
entstehen auch
durch Entfernen der
Kanten CD oder DE.
Diese Kanten sind
somit Brücken.*

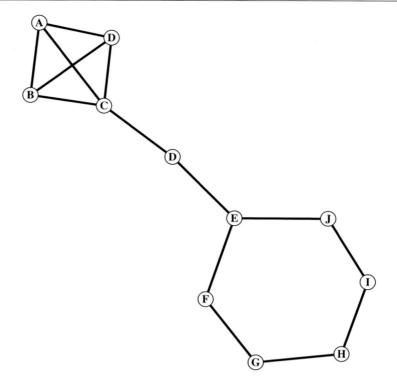

Da ein Knoten mit hohem Grad Verbindungen mit vielen anderen Knoten besitzt, gilt er gleichzeitig als *zentral*. In diesem Fall spricht man von der *Degree-Zentralität,* die nur die direkten Beziehungen berücksichtigt.

Ein zweites Zentralitätsmaß, das zusätzlich zu den direkten Verbindungen eines Knotens auch die Länge der kürzesten indirekten Verbindungen berücksichtigt, ist die so genannte *Closeness-Zentralität*. In diesem Fall gilt ein Knoten als zentral, wenn er alle anderen Knoten eines Graphen auf sehr kurzen Wegen erreichen kann. Dazu berechnet man die Gesamtdistanz der kürzesten Pfade, auf denen dieser Knoten andere Knoten erreicht.

Ein drittes Zentralitätsmaß wird als *Betweenness-Zentralität* bezeichnet. Hierbei untersucht man, ob und wie häufig ein Knoten auf den kürzesten Pfaden zwischen anderen Paaren enthalten ist. Je häufiger ein Knoten diese geodätischen Verbindungen anderer Paare „kontrolliert", desto zentraler ist er im Sinne der Betweenness-Zentralität.

3.1.6 Lokale Verdichtungen

Lokale Verdichtungen in Netzen sind Mengen von Punkten, die in besonderer Weise untereinander verbunden sind. Dies ist zum Beispiel dann der Fall, wenn sich alle Einheiten einer Menge direkt erreichen können. Hier spricht man von einem vollständigen Teilgraphen, der gleichzeitig eine *Clique* (Luce/Perry 1949) ist.

In der Praxis hat sich eine solche starke Definition von Verdichtungen, wie sie für die traditionelle Clique gefordert wird, nicht bewährt. Bereits der Fortfall einer einzigen Beziehung führt dazu, dass ein verdichteter Teilgraph nicht mehr als Clique identifiziert wird, obwohl er intern noch stark verbunden ist. In der Literatur der Netzwerkanalyse hat man deshalb in der Folge eine ganze Schar von Verdichtungsdefinitionen entwickelt, die die Anforderungen an die interne Verbundenheit oder die Erreichbarkeit abschwächen. Je

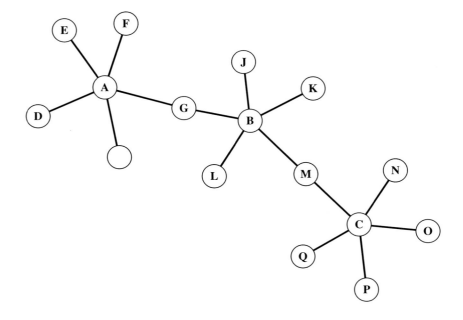

*Abbildung 3.2
Degree-, Closeness-
und Betweenness-
Zentralität.
Die Knoten A, B und
C haben viele direkte
Beziehungen und
sind damit im Sinne
der Degree-Zentra-
lität (lokal) zentral.
Hinsichtlich der
Closeness-Zentralität
ist dagegen B (global)
zentraler als A und C.
Schließlich „kontrol-
lieren" G und M und
insbesondere B viele
der kürzesten Verbin-
dungen zwischen allen
Paaren und weisen
eine hohe Between-
ness-Zentralität auf
(vgl. Scott 2000: 84f.).*

nachdem welche Verbundenheitskriterien dabei gewählt werden, ist die Identifikation von Teilsystemen möglich, die schwächer verbunden sind oder geringere Dichten aufweisen.

Gerade bei der Identifikation lokaler Verdichtungen ist man daran interessiert, möglichst große zusammenhängende Bereiche zu identifizieren, die ein bestimmtes Verbundenheitskriterium erfüllen. Deshalb sucht man bei der Untersuchung von Verdichtungen oft nach *maximalen Subgraphen,* die eine bestimmte Verbundenheitsdefinition erfüllen. Maximale Verdichtungen sind damit durch eine bestimmte Größe (die Anzahl der Einheiten im Subgraphen) charakterisiert. Je nach Zusammenhangskriterium weisen diese eine bestimmte minimale Distanz oder Dichte auf. Das Konzept des maximalen Graphen vermeidet dabei eine Inflation von überlappenden Cliquen, die bei der Suche nach Cliquen geringerer Größe für bestimmte Verbundenheitsdefinitionen gefunden werden.

In der Praxis benutzt man heute drei Gruppen von Kriterien, mit denen Anforderungen an die interne Verbundenheit von Verdichtungen spezifiziert werden. Eine erste Gruppe von Definitionen benutzt dazu eine bestimmte interne Erreichbarkeit *(reachability)* oder aber sucht maximale Subgraphen, die durch einen bestimmten Durchmesser *(diameter)* gekennzeichnet sind. Zu diesen zählen die *n-cliquen, n-clans* und *n-clubs.* Eine zweite Gruppe von Verdichtungsdefinitionen spezifiziert die interne Verbundenheit unter Verwendung des Grades der Knoten der Subgraphen *(k-plexe, k-cores).* Eine dritte Gruppe beruht dagegen auf Vergleichen der inneren und äußeren Verbundenheit eines Teilgraphen.

Eine *n-clique* (Luce 1950) bezeichnet Gruppierungen, in denen jedes Mitglied alle anderen Mitglieder in *n* Schritten erreichen kann. Während die Knoten A, B, C, D in Abbildung 3.1 eine Clique bilden, ist der durch E, F, G, H, I, J gebildete Kreis eine 3-clique, da sich alle Mitglieder in maximal 3 Schritten erreichen können. Ein *n-clan* (Alba 1973) ist eine *n-clique* mit einem maximalen Durchmesser < n, ein *n-club* (Mokken 1979) ein maximaler Subgraph mit einem Durchmesser < n.

*Abbildung 3.3
Ein Netzwerk
mit verschiedenen
Verdichtungen.
Das Netzwerk enthält zwei Cliquen,
die mehr als drei
Elemente haben: die
Knoten 19 bis 23 und
29 bis 32. Die größten
n-cliquen (hier:
2-cliquen) enthalten
die Knoten 24 bis 28,
die Knoten 1 bis 7
und 8 bis 12 mit 24.*

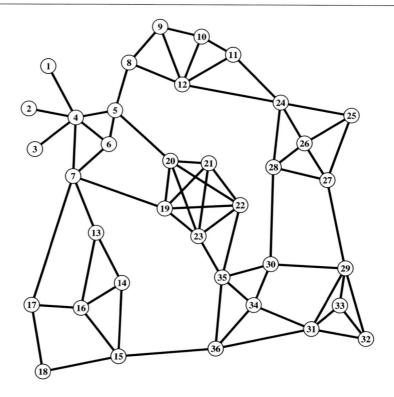

Eine zweite Gruppe von Verdichtungen basiert auf dem Grad der Knoten des Subgraphen. In einem *k-core* (vgl. Seidman 1983) sind alle Mitglieder zumindest mit *k* anderen Akteuren verbunden. Dagegen beschreibt ein *k-plex* eine Menge von *n* Personen, die zumindest mit *(n–k)* Akteuren verbunden sind.

Eine dritte Gruppe von lokalen Verdichtungen basiert auf Vergleichen der internen und externen Verbundenheit des Subgraphen. Ein *lambda set* beschreibt eine maximale Teilmenge von Knoten und den diese Knoten verbindenden Kanten und vergleicht die Zahl dieser Kanten mit der Anzahl der Beziehungen zu den nicht zu dieser Menge gehörenden Punkten. Der Subgraph ist dann ein *lambda set,* wenn die interne Verbundenheit größer als die externe ist.

Lokale Verdichtungen lassen sich auch mit Verfahren der Clusteranalyse identifizieren. Allerdings sind die dabei identifizierten *Cluster* in der Regel nicht mit den graphentheoretisch definierten Verdichtungen identisch. So verwendet man bei agglomerativen Clusteranalysen Distanzen (zum Beispiel die geodätischen Distanzen) zwischen Paaren von Einheiten, um diese schrittweise zu Clustern zusammenzufassen. Dabei werden zunächst die Elemente zu Clustern vereinigt, die die geringste Distanz aufweisen. In weiteren Schritten werden den verbleibenden Elementen oder Clustern weitere Elemente angelagert, wobei sehr unterschiedliche Regeln angewendet werden können. So reicht es bei dem *Single-linkage*-Verfahren aus, dass ein Knoten eine kurze Distanz zu einem Element eines bereits existierenden Clusters hat, um mit diesem vereinigt zu werden. Dagegen ist es bei einer *Complete-linkage*-Clusteranalyse erforderlich, dass eine Einheit kurze Distanzen zu allen Elementen des Clusters aufweist. Je nachdem, welche Regeln gewählt werden, entstehen Teilgruppen, die sehr unterschiedliche Eigenschaften haben. In bestimmten Fällen (z.B. *complete linkage*) weisen sie allerdings auch eine hohe interne Verbundenheit auf.

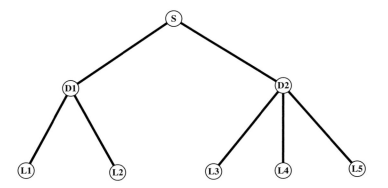

Abbildung 3.4
Positionen und Rollen.
Ein Schulrat (S) beaufsichtigt die Direktoren (D) zweier Schulen. Den Direktoren sind weitere Lehrer (L) unterstellt.

3.1.7 Positionen und Rollen

Erweitert man die Sicht von der internen Verbundenheit bestimmter Teilgruppen auf deren Einbettung in das Gesamt der Beziehungen in einem Netzwerk, dann lassen sich unter dieser Perspektive *Positionen* identifizieren, die in gleicher Weise in das Netz eingebunden sind. Positionen sind Teilmengen der Elemente eines Graphen, die nicht notwendigerweise intern verbunden sind, wie dies bei den verdichteten Subgraphen der Fall ist. Personen, die gleichartige Beziehungen zu identischen Dritten haben, gelten als *strukturell äquivalent*.

Dagegen versucht die erweiterte Perspektive der *regulären Äquivalenz*, Personen dann zusammenzufassen, wenn sie mit „gleichen" Dritten verbunden sind. Die Dritten sind in diesem Fall unterschiedliche Akteure, die in einem Netz vergleichbare (ähnliche) Stellungen einnehmen. In diesem Fall spricht man von *Rollen* der so beschriebenen Personen. Bei der Identifikation von Rollen versucht man Gruppierungen zu ermitteln, die in einem Netz vergleichbare Stellungen einnehmen.

Den prinzipiellen Unterschied zwischen Positionen und Rollen kann man an einem Beispiel von Winship und Mandel (1983) verdeutlichen. Ihr Konzept lokaler Rollen ist ein spezieller Fall der regulären Äquivalenz. Der Graph beschreibt zwei Schulen, deren Lehrer (L) und Direktoren (D) einem Schulrat (S) unterstellt sind.

Analysiert man diese einfache organisatorische Struktur unter dem Gesichtspunkt der direkten Verbundenheit zu Dritten, dann ermittelt man fünf *Positionen* {S}, {D1}, {D2}, {L1, L2} und {L3, L4, L5}. Diese Positionen unterscheiden zum Beispiel die Lehrer nach ihren Schulen. Da die Lehrer unter Direktor D1 keine direkten Beziehungen zu Direktor D2 haben und auch die Lehrer unter Direktor D2 nicht zu Direktor D1, werden ihre Positionen unterschieden.

Eine Betrachtung unter Berücksichtigung der Beziehungen zu ähnlichen Dritten führt dazu, dass sowohl die Positionen aller Lehrer wie auch die der Direktoren jeweils zu einer *Rolle* zusammengefasst werden: {S}, {D1, D2} und {L1, L2, L3, L4, L5}. Die Rolle der Lehrer besteht darin, direkt einem Direktor unterstellt zu sein und dem Schulrat in zwei Schritten. Alle Direktoren sind dem Schulrat direkt untergeben, und jeder Direktor ist unmittelbarer Vorgesetzter von Lehrern. Die Unterscheidung der Rollen beruht demnach auf ähnlichen Lagerungen in den direkten und den Zweischritt-Beziehungen des Graphen.

3.1.8 Weitere Typen von Graphen

Zusätzlich zu den Graphen, deren Kanten aus ungerichteten Paaren bestehen, werden weitere Typen unterschieden, wenn zusätzliche Informationen für die Kanten des Graphen vorliegen. Werden keine Richtungen der Relationen unterschieden, dann spricht man von *ungerichteten* Graphen. Im einfachsten Fall sind ungerichtete Graphen *binär*, wenn lediglich unterschieden wird, ob eine Beziehung existiert oder aber nicht.

Gerichtete Graphen unterscheiden sich von *ungerichteten* Graphen dadurch, dass Kanten zwischen zwei Elementen A und B nach ihrer Richtung unterschieden werden: Eine Relation von A nach B ist dann nicht mit der von B nach A identisch. Bei binären gerichteten Graphen kann man zusätzlich *symmetrische* Relationen von nicht symmetrischen *(asymmetrischen)* Relationen unterscheiden; im symmetrischen Fall besteht sowohl die Beziehung von A nach B wie auch die von B nach A, bei asymmetrischen Beziehungen ist nur eine der beiden Relationen vorhanden.

Werden bei den Relationen eines ungerichteten Graphen Beziehungen unterschiedlicher Stärke unterschieden, so gelten diese als *bewertete* Graphen. Bei bewerteten gerichteten Graphen ist jede der Kanten mit einer eigenen Ausprägung versehen. Gegenüber den gerichteten binären Graphen ist die Unterscheidung in symmetrische und asymmetrische bewertete Beziehungen zwar prinzipiell möglich. Sie erfordert aber sinnvolle Regeln dafür, wann zwei gegenläufige Flüsse als symmetrisch anzusehen sind und wann nicht, wenn man Symmetrien nicht auf exakt identische Bewertungen gegenläufiger Flüsse reduzieren will.

Gegenüber den binären Graphen, bei denen die Relationen als Linien gleicher Breite dargestellt werden, kann man bewertete Flüsse mit Linien unterschiedlicher Stärke abbilden. Gerichtete Relationen werden darüber hinaus mit zusätzlichen Pfeilen dargestellt.

In zweidimensionale Layouts können in der Regel nur symmetrische Graphen eingebettet werden. Eine Reihe von Operationen kann dazu benutzt werden, um aus bewerteten Graphen binäre Graphen zu erzeugen, zum Beispiel indem man bewertete Kanten mit einem Schwellenwert *dichotomisiert*. In diesem Fall benötigt man einen Schwellenwert, der für die Existenz einer Relation überschritten werden muss. Asymmetrische Graphen können darüber hinaus *symmetrisiert*[37] werden. Dies hat allerdings in der Regel Konsequenzen für die inhaltliche Interpretation der mit einem Graphen beschriebenen Struktur.

3.2 Eigenschaften und Attribute von Netzen

Eine für die Netzwerkvisualisierung grundlegende Unterscheidung ist die Trennung *syntaktischer Informationen* (vgl. Brandes et al. 1999), Beschreibungen der Netzwerkphänomene, die aus der Struktur des Graphen abgeleitet werden, von *semantischen Informationen*, zusätzlichen Attributen der Einheiten des Netzes oder der bei einer Analyse identifizierten Gebilde, die aus externen Informationsquellen stammen. Untersuchungen von Netzwerken versuchen oft zu verstehen, wie die mit Mitteln der Netzwerkanalyse identifizierten syntaktischen Eigenschaften eines Netzwerkes mit den semantischen Eigenschaften in Zusammenhang stehen.

---

[37] Beschreibt A die Verbundenheitsmatrix eines Graphen, dann erzeugt die Operation $B = (A + A + A)/2$ einen abgeleiteten symmetrischen Graphen.

Übersicht 3.1
Unterscheidung syntaktischer und semantischer Dimensionen nach Brandes et al. (1999)

Syntactical	Semantic
Derived attributes of actors	Attributes of actors
Centrality	*Size of an organization*
Prestige	*Age of an organization*
Structural partitions	Attribute partions
Cohesive subgroups	*Organizational subunits*
Structural equivalent actors	*Legal form of actor*
Role equivalent actors	*Attitudes toward issues*
Derived network attributes	Network attributes
Size	*Period of data-gathering*
Density	*Reliability*
Centralization	*Differentiation*
Inclusiveness	
Cohesiveness	
Selected structural roles	Selected attributes
Bridges	*Distinct political role*
Broker	

Brandes et al. (1999) erläutern exemplarisch die Unterscheidung syntaktischer und semantischer Dimensionen bei ihrer Bestandsaufnahme der Rolle von Visualisierungen zur Untersuchung politischer Prozesse (Übersicht 3.1).

3.3 Typologien und Partitionen als Erklärungen

Wie Akteure in sozialen Systemen miteinander interagieren, ist in den Sozialwissenschaften vielfältig untersucht worden. Aus vielen Untersuchungen sind Merkmale bekannt, die Interaktionen strukturieren. Für viele demografische Variablen finden sich Tendenzen zur Homophilie: Beziehungen zwischen Personen mit gleichen Merkmalen werden überzufällig häufiger vorgefunden als Interaktionen zwischen Personen mit unterschiedlichen Merkmalen. Gleichgeschlechtliche Akteure interagieren häufiger miteinander. Die gleiche soziale Schichtzugehörigkeit geht oft mit typischen homophilen Mustern der Interaktion einher (eine Zusammenfassung findet sich zum Beispiel bei Wolf 1996).

Taxonomien sozialer Gruppen sind bereits sinnvoll, wenn die so beschriebenen Personen sich als gleichartig wahrnehmen (eine gemeinsame Identität besitzen), beziehungsweise auch dann, wenn die so unterschiedenen Akteure von Dritten als gleichartig wahrgenommen werden.

Einige Sozialwissenschaftler stellen allerdings sehr viel weiter gehende Ansprüche an soziale Typologien. So besteht für Peter Blau (1977a) das eigentliche Ziel einer makrosoziologischen Erklärung von Strukturen im Auffinden von Zusammenhängen zwischen individuellen Merkmalen und sozialen Beziehungen. Soziale Positionen, die durch Attribute identifiziert werden, sollten sich gegenüber anderen kategorial unterschiedenen Positionen deutlich in ihren sozialen Beziehungen unterscheiden.

> People can be classified on the basis of innumerable attributes any of which may be a parameter. But if a classification made by an investor does not influence social relations at all, or exerts only idiosyncratic influence on the personal relations of some individuals, it is not meaningful to consider it indicative of social positions. Hence the double criterion of a parameter circumscribing social positions is that it is an attribute by which a population is classified and that the social relations among persons similarly classified differ on the average from the relations between persons in widely different categories.   (Blau 1977a: 30)

Eine weniger radikale Position geht auf konzeptuelle Überlegungen von Harrison White zurück. Er unterscheidet die kategoriale Identifikation von Gruppen, die er als *catness* bezeichnet, von sozialen, intern verbundenen Einheiten, die er mit dem Terminus *netness* belegt. Gruppierungen, die gleichzeitig intern vernetzt wie auch kategorial identifizierbar sind, die gleichzeitig durch eine hohe *catness* und *netness* ausgezeichnet sind, kennzeichnen sich dadurch, dass sie nicht nur eine zugeschriebene oder eigene Identität besitzen, sondern auch über eine interne Organisation verfügen, die es erlaubt, gemeinsame Interessen kollektiv organisiert zu artikulieren.

Damit kann Blaus Position als Pol einer Dimension der Organisiertheit sozialer Lagerungen aufgefasst werden, der Gruppen beschreibt, die aufgrund ihrer internen Organisation oder Lagerung besondere Möglichkeiten zu organisiertem kollektivem Handeln besitzen. Dies ist zum Beispiel dort interessant, wo sich Sozialwissenschaftler wie Charles Tilly (1978)[38] mit politischen Mobilisierungsprozessen beschäftigen.

Das Kontinuum, das durch eine solche Unterscheidung aufgespannt wird, beschreibt gleichzeitig den potentiellen Beitrag, den die Netzwerkanalyse bei der Erklärung sozialer Vorgänge leisten kann: zu untersuchen, welche (theoretischen) Klassifikationen von Akteuren in sozialen Systemen mit besonderen Lagerungen in der Struktur einhergehen. Dabei bietet die Art der internen Verbundenheit weitere Möglichkeiten, die einer solchen Betrachtung zugrunde liegende Dimension der Organisiertheit sozialen Handelns auszudifferenzieren.

Technisch lassen sich solche auf Gruppentaxonomien beruhenden Erklärungsversuche als Partitionierung der Population, als Unterteilung in nicht überlappende Teilmengen auffassen. Besteht eine Typologie zum Beispiel aus einer Vierfeldertafel wie in Übersicht 3.2, dann werden die so unterschiedenen Akteure in vier nicht überlappende Teilmengen eingeteilt. In elementarer Schreibweise lassen sich diese auch als Partitionen, Listen (Mengen) der so unterschiedenen Akteure, darstellen.

---

38 „Harrison White has made a powerful distillate of the most insipid wines in the sociological cellar – group taxonomies. There we find only two elements. There are categories of people who share the same characteristic: they are all female, all Sunni Muslims, all residents of Timbuktu, or something else. A full-fledged category contains people all of whom recognize their common characteristic, and whom everyone else recognizes as having that characteristic. There are also networks of people who are linked to each other, directly or indirectly, by a specific kind of interpersonal bond: a chain of people each of whom owes someone else in the set attendance at his or her wedding, let us say, or the set of individuals defined by starting arbitrarily with some person, identifying everyone that person talks with at least once every day, then identifying everyone they talk with at least once every day, and so on until no new persons join the list. If the common characteristic of the interpersonal bond is ordinary, the categories and networks defined by them tend to be large. Clearly we can shrink the categories and networks by insisting

Übersicht 3.2
Eine Typologie als Partition. Eine Typologie, die aus zwei Merkmalen gebildet wird, definiert Teilmengen einer Population und damit eine Partition.

Daten			Typologie			
Akteuer	Merkmal 1	Merkmal 2			Merkmal 2	
					niedrig	hoch
1	1	1		niedrig	I	II
2	1	2	Merkmal 1			
3	2	1		hoch	III	IV
4	2	1				
5	2	1				
6	1	2		Partition	Akteure	
7	1	2		I	1, 8	
8	1	1		II	2, 6, 7	
9	2	2		III	3, 4, 5	
				IV	9	

3.4 Einfache Bildsprachen: Mengendiagramme und Quantifizierung

Graphische Darstellungen sind umso effektiver, je einfacher sie sind. In komplexen Darstellungen müssen die Bedeutungen von Zeichen erlernt werden, bevor die mit den Zeichen dargestellten Sachverhalte abgelesen werden können. Intuitive grafische Zeichensysteme sind oft so unauffällig, dass sie als natürlich erscheinen und scheinbar keiner weiteren Erklärung bedürfen. Dies mag erklären, dass sie häufig benutzt werden, ohne dass die Überlegungen, die ihre Urheber bewogen haben diese Formen zu entwickeln, bekannt sind.

Einer derartig einfachen Diagrammsprache bedienen sich die Venn-Diagramme. John Venn, der Namensgeber, war ein schottischer Mathematiker (1834–1923). Ein Venn-Diagramm ist ein Feld, in das Kreisflächen eingezeichnet sind, die Mengen von Elementen mit gleichartigen Eigenschaften beschreiben. Es kann benutzt werden, um Beziehungen zwischen diesen Mengen zu untersuchen, und erlaubt auf sehr einfache Art, Elemente oder Kombinationen von Elementen durch logische Aussagen zu beschreiben. Venn-Diagramme werden in der Mathematik häufig verwendet, um quantifizierende Aussagen über Mengen zu treffen. Sie gestatten es auch, grundlegende Konstruktionen der Aussagenlogik darzustellen.

---

on criteria (or combinations of criteria) which occur rarely: ... The more interesting combination is the one White calls a catnet: a set of individuals comprising both a category and a network. The catnet catches gracefully the sense of „groupness" which more complicated concepts miss. For that reason, I will subsitute the word group for the exotic catnet. A set of individuals is a group to the extent that it comprises both a category and a network. The idea of organization follows directly. The more extensive its common identity and internal networks, the more organized a group." (Charles Tilly 1978: 62f.)

Leonhard Euler (1707–1783), ein in Basel geborener Mathematiker, hat bereits im 18. Jahrhundert ähnliche Diagramme benutzt. 1769 hat er in mehreren Kapiteln seiner in Leipzig veröffentlichten Bände „Briefe an eine deutsche Prinzessin über verschiedene Gegenstände aus der Physik und Philosophie" Kreise, deren Überschneidungen und Inklusionen verwendet, um zwanzig logische Aussagekonstruktionen zwischen drei Mengen von Elementen darzustellen.

Soweit es sich zurückverfolgen lässt, sind derartige Diagramme allerdings noch früher benutzt und offenbar mehrfach erfunden worden. Bekannt ist, dass Gottfried Wilhelm Leibnitz, ein Königsberger Mathematiker des 17. Jahrhunderts, Kreise in ähnlicher Form verwendet hat.

Die Diagramme bilden die Basis einer einfachen Zeichensprache, mit der quantifizierende Aussagen über Mengen von Einheiten dargestellt werden können, die durch gleichartige Attribute beschrieben sind.

Ausgehend von Eulers Ausführungen über den Nutzen dieser Darstellungen und einer kurzen Illustration, wie man aus den Anordnungen dreier Kreise logische Aussagen zwischen A, B und C konstruieren kann, werden einige weitere Anordnungen mehrerer Mengen vorgestellt (vgl. Abb. 3.6), die illustrieren sollen, wie die von Jean Piaget beschriebenen infralogischen Operationen an solchen Mengen zur Ausbildung des Zahlenbegriffes führen. Diese infralogischen Prinzipien ermöglichen Kindern, Messoperationen anhand einfacher Mengenoperationen auszubilden. Jean Piaget hat diese bei der Untersuchung der Entwicklung des räumlichen Denkens von Kindern identifiziert (vgl. Abschnitt 1.1.3).

Im Folgenden sollen Auszüge aus Eulers „Hundert und zweiter Brief" die Vorteile einer solchen Zeichensprache bei der Erläuterung der formalen Aussagenlogik schildern:

> Euer Hochwürden haben gesehen, wie notwendig die Sprache dem Menschen sei, nicht allein, um sich einander ihre Empfindungen und Gedanken mitzuteilen, sondern auch um ihren eigenen Geist vollkommener zu machen und ihre eigenen Kenntnisse zu erweitern. Wäre Adam im Paradiese auch ganz allein gelassen worden, so hätte er doch eine Sprache haben müssen, oder er wäre in der tiefsten Unwissenheit geblieben. Er würde die Sprache notwendig gebraucht haben, nicht sowohl um die individuellen Gegenstände, die seine Sinne gerührt hätten, durch gewisse Zeichen zu bemerken, als vornämlich, um die eigenen Begriffe, die er durch Abstraktion von ihnen würde abgezogen haben, so zu bezeichnen, daß diese Zeichen seiner Seele statt der Begriffe selbst dienten.

Abbildung 3.5 Logische Aussagen mit Euler-Diagrammen (Euler 1769). Die Diagramme bilden die Basis einer einfachen Zeichensprache, mit der quantifizierende Aussagen über Mengen von Einheiten dargestellt werden können, die durch gleichartige Attribute beschrieben sind.

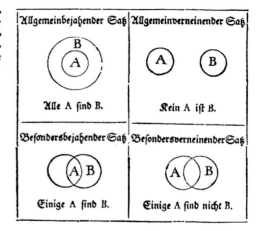

... Diese Zirkel (oder was wir sonst für Figuren dazu nehmen wollen; denn das ist gleichgültig) sind sehr geschickt, unsere Betrachtungen über diese Materie zu erleichtern und uns alle die Geheimnisse zu entdecken, womit man sich in der Logik rühmt. Man beweiset sie dort mit vieler Mühe, da sie hingegen durch den Gebrauch dieser Zeichen von selbst in die Augen fallen. Jeder allgemeine Begrif kann durch eine solche Figur vorgestellt werden; das Subjekt eines Satzes bezeichnet man durch einen Raum der A enthält, das Prädikat desselben durch einen Raum der B in sich schließt. Die Natur des Satzes selbst bringt es mit sich, ob der Raum A ganz in den Raum B fallen oder nur zum Theil darin fallen soll; ob wenigstens ein Theil außer dem Raum von B liegen oder auch das ganze A sich außer B befinden. ...

Man kann sich diese vier Arten von Sätzen durch Figuren vorstellen, um ihre Beschaffenheit selbst den Augen sichtbar zu machen. Dieses Hülfsmittel ist von ungemeinem Nutzen, wenn wir uns recht deutlich erklären wollen, worin eigentlich die Richtigkeit eines Schlusses besteht. Da ein allgemeiner Begriff eine unendliche Menge von einzelnen Dingen enthält, so betrachtet man ihn als einen Raum, worin alle diese einzelnen Dinge eingeschlossen sind. Als für den allgemeinen Begriff: Menschen: mache man einen Zirkel

und stellt sich vor, daß er alle Menschen begreife. Eben so macht man für den allgemeinen Begriff: sterblich: einen Zirkel

und stellt sich wieder vor, daß alles Sterbliche darin enthalten sey. Wenn ich hernach behaupte, daß alle Menschen sterblich sind, so heißt dieses anderes nicht, als die erste Figur ist in den andern enthalten.

I. Die Vorstellung eines allgemein bejahenden Satzes wird also diese seyn: wobei der Zirkel A, der das Subjekt des Satzes vorstellt, gänzlich innerhalb den Zirkel B fällt, der das Prädikat bedeutet ...   (Euler 1769: Hundert und zweiter Brief)

Mit Euler- und Venn-Diagrammen lassen sich auch netzwerkanalytische Fragen untersuchen. Mit einfachen geometrischen Symbolen sind Aussagen aus ihren Anordnungen abzulesen. Ob eine (theoretisch) spezifizierte Menge intern verbunden ist, welche Beziehungen zu anderen Mengen bestehen und ob Mengen Teilmengen anderer Mengen bilden, sind Fragen, die bei der Analyse von Netzwerken interessieren.

Bei Netzen stellt man dies mit der Nähe der Einheiten (den Distanzen zwischen den Einheiten) dar, wobei die Relationen zwischen den Elementen als verbindende Linien abgetragen werden. Benutzt man mehrere Kreise, um gleichartige Einheiten zu beschreiben, dann informieren die Verbindungen innerhalb beziehungsweise zwischen den Kreisen

III. Wenn aber der Begrif C ganz außer dem Begriffe B wäre, so würde er auch ganz außer dem Begriffe A seyn, wie man in dieser Figur sieht:

woraus folgende Schlußart entsteht:

Alle A sind B:
Nun ist kein C, B oder kein B ist C:
Folglich ist kein C, A.

IV. Wenn ein Theil des Begrifs C außer B ist, so wird dieser nämliche Theil auch gewiß außer dem Begriffe A seyn, weil dieser ganz in dem Begriffe B ist.

und hieraus entspringt die Schlußart:

Alle A sind B:
Nun sind einige C nicht B:
Folglich sind einige C nicht A.

darüber, inwiefern die so spezifizierten Mengen intern verbunden sind und in welchem Ausmaß Beziehungen zwischen den Mengen bestehen. Viele Arbeiten der Strukturanalyse beschäftigen sich mit der Frage, wann unter Kenntnis der Beziehungsmuster zwischen den Einheiten eines Graphen Akteure als gleichartig (äquivalent) angesehen werden können.

Wenn Eulers Konstruktion in Abbildung 3.6(a), in der die Mengen A von B und B von C umschlossen sind, wie in Abbildung 3.6(b) um weitere Mengen D, E, F und G erweitert wird, dann entsteht ein Diagramm konzentrischer Kreise, wobei A, B und C von weiteren Kreisen E, F, G umschlossen sind. Betrachtet man die Kreise als Mengen, dann ist A Teilmenge von B, B Teilmenge von C usw. Anhand der aus der Abbildung entstehenden Kette von Teilmengenbeziehungen können einfache Aussagen über die Beziehungen zum Beispiel zwischen den Mengen A und E getroffen werden: Beginnt man beispielsweise abzuzählen, wie viele Grenzen zwischen A und G überschritten werden müssen, dann gewinnt man ein Maß für die Entfernung zwischen A und G: Diese kann mit der Entfernung (der Anzahl der Grenzen) zwischen A und C und der zwischen C und G verglichen werden.

Piaget beschreibt derartige Operationen an Mengen als *infralogisch.* Diese von ihm sehr früh bei Kindern vorgefundene Operation gestattet es, bei der Entstehung des räumlichen Denkens gegenstandsorientierte Denkprinzipien anzuwenden, die die abstrakteren, metrischen Operationen auf der Basis topologischer Information nachbilden. Auf Piagets Charakterisierung der Entwicklung des räumlichen Denkens beim Kinde wurde bereits in Kapitel 1.1.3 näher eingegangen. Hier helfen seine Befunde zu verstehen, wie man aus Mengendiagrammen quantitative Informationen ablesen kann.

Bei der Darstellung von Netzwerken sind Abbildungen mit konzentrischen Kreisen, in die von Hand einzelne Knoten eingetragen werden, eine Form der Netzwerkgrafik, die bereits sehr früh und sehr häufig verwendet worden ist (vgl. Freeman 2000), ohne dass die Form der Darstellung selber Gegenstand nachhaltiger Debatten geworden ist.

Die gleiche Form der Darstellung kann man benutzen, um die mit Zentralitätsmaßen aus Netzwerkdaten gewonnenen Informationen abzutragen. Hierbei beschreitet man quasi den umgekehrten Weg, wobei eine numerische Variable benutzt wird, um Mengen ähnlich zentraler Akteure zu bilden. Mit der Wahl von Wertebereichen entstehen Klassen von Beobachtungen, die den einzelnen Kreisen als Mengen zugeordnet werden können. Dies ist zum Beispiel die Logik der von Northway (1940) entwickelten Zentralitätsdiagramme.

Abbildung 3.6
Euler-Diagramme und Piagets infralogische Quantifizierung

V. Wenn der Begrif C den ganzen Begrif B in sich schließt, so wird ein Theil des Begrifs C gewiß in A fallen.

woraus diese Schlußart entsteht:

Alle A sind B:
Alle B sind C:
Folglich sind einige C, A.

Keine andere Schlußarten, als diese, sind möglich, so lange der erste Satz allgemein bejahend ist.

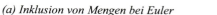

(a) Inklusion von Mengen bei Euler

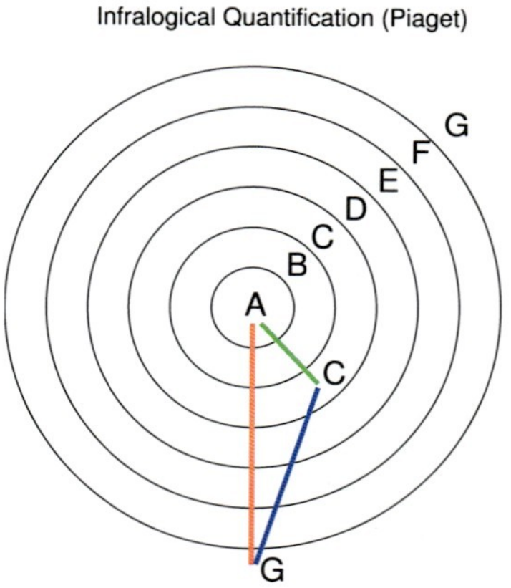

(b) Piagets infralogische Quantifizierung

Interessanterweise lässt sich dieses Prinzip bei der grafischen Darstellung noch weiter fortentwickeln. Verwendet man wie Brandes (1999) und Brandes, Kenis und Wagner (1999) bei der Darstellung nicht nur einige, sondern viele konzentrische Kreise, dann hilft dies auch, die Art der Topologie der Positionen visuell darzustellen. Die Markierungen des Raumes treten dabei visuell in den Hintergrund und erlauben es, die Art der entstandenen Topologie zu verstehen.

Farb- oder *Helligkeitsgradienten* stellen eine weitere Steigerung des gleichen Prinzips dar. Ein Weg, radiale Gradienten zu erzeugen, besteht darin, Kreise um ein Zentrum so eng abzutragen, dass diese den gesamten Hintergund überdecken. Gleichzeitig wird der Farbton oder der Grauwert in Abhängigkeit vom Radius verändert. Wählt man statt linearer komplizierterer Funktionen, dann lassen sich hierbei unterschiedliche Farbverläufe erzeugen.

3.5 Strukturhypothesen als geometrische Beschränkungen

Nicht immer ist es sinnvoll, beobachtete Relationen ohne weitere Einschränkungen automatisch zu ordnen. Bei der Untersuchung organisatorischer und funktionaler Abgrenzungen geht es oft nicht darum, mit Relationen neue Konfigurationen zu identifizieren, sondern darum zu beantworten, weshalb und warum zum Beispiel Teile von Organisationen oder funktionelle Einheiten effektiv oder möglicherweise wenig effektiv sind. Derartige Problemstellungen knüpfen an bestehende Strukturvorstellungen an und benutzen die relationale Information, um zu zeigen, worin die Besonderheit bestimmter Beziehungen besteht.

Theoretische Strukturen sind ein wichtiger Ausgangspunkt zur Untersuchung von Netzwerken. Euler- und Venn-Diagramme stellen eine seit langem bewährte Diagrammsprache zur Verfügung, die es erlaubt, Beziehungen zwischen Mengen und auch die logischen Implikationen zwischen den so definierten Mengen darzustellen.[39] Lassen sich aus Strukturhypothesen Partitionen der Elemente eines Netzes ableiten, dann kann man diese visuell in entsprechende geometrische Elemente übersetzen und auch die Beziehungen zwischen ihren Mengen in Form von Inklusionen, Nachbarschaften oder Hierarchien abbilden.

Trägt man in solche Anordnungen die Relationen eines Netzes als Linien ein, zum Beispiel dadurch, dass man die einzelnen Elemente der unterschiedenen Mengen in gleichen Abständen auf den entsprechenden Mengensymbolen abträgt, dann werden Beziehungen innerhalb und auch zwischen den Teilstrukturen sichtbar. Für die verbesserte Lesbarkeit ist es nützlich, die Anordnungen zusätzlich zu optimieren. Gegenüber Kreuztabellen, die die Relationen numerisch aggregieren, stellt das grafische Verfahren die Beziehungen in und zwischen den so definierten Klassen in elementarer Form dar, das heißt, es erlaubt abzulesen, welche Einheiten sich nicht erwartungskonform einordnen, und ermöglicht, besondere von typischen Beobachtungen zu trennen. Diese Trennung gestattet detaillierte Anworten auf die Frage, welche Beobachtungen theoretische Vorkenntnisse und Erwartungen nicht erfüllen.

---

39 „These circles, or rather these spaces, for it is of no importance what figure they are of, are extremely commodious for facilitating our reflections on this subject, and for unfolding all the boasted mysteries of logic, which that art finds it so difficult to explain; whereas by means of these signs, the whole is rendered sensible to the eye." (Letters of Euler to a German Princess, tr. H. Hunter 1795: 454)

Für den Fall, dass bereits klare Vorstellungen über die Struktur existieren, ist es möglich, abweichende Beobachtungen zu identifizieren und mit diesen an theoretische Diskussionen anzuknüpfen. Theoretisch verstandene Organisationsprinzipien lassen sich so weiterentwickeln oder verfeinern, aber auch besondere Probleme real implementierter Strukturen sind besser zu verstehen. Eine solche konfirmatorische Strategie lässt sich im Prinzip auf weitere Bereiche ausdehnen: Viele sozialwissenschaftliche Arbeiten benutzen Merkmale und Typologien von Akteuren, für die Implikationen für die Beziehungen zwischen den Akteuren erwartet werden.

Kapitel 4
Netze ordnen

Die Platzierung der Elemente eines Netzwerkes ist das zentrale Problem, das bei der Visualisierung von Strukturen zu lösen ist. Zur Visualisierung werden Verfahren benötigt, die in der Lage sind, große Mengen relationaler Informationen automatisch zu ordnen. Sie sollen jedoch darüber hinaus die entstehenden Platzierungen so transformieren, dass die Eigenschaften der zugrunde liegenden Struktur weitgehend erhalten bleiben, damit der zur Darstellung zur Verfügung stehende Raum optimal ausgenutzt werden kann. Dies schafft günstige Bedingungen für die Kommunikation zusätzlicher Informationen.

Verfahren, die Netzwerkdaten ordnen, berechnen aus den Relationen Positionen der Einheiten, das Layout eines Graphen. In einem einfachen Fall wird dadurch die Lage der Einheiten in der Fläche eines zweidimensionalen Bildes bestimmt. Traditionell werden dabei die Einheiten als Punkte und die Relationen als Linien dargestellt. Die Information, die dem Betrachter einer solchen Darstellung zur Verfügung gestellt wird, beschränkt sich auf die relative Lage der Einheiten zueinander (ihre Bilddistanzen) sowie auf die Anordnung der verbindenden Linien.

Welche Informationen den Distanzen einer Abbildung entnommen werden können, ist die Frage nach der zugrunde liegenden Metrik, der Ordnung des einer Darstellung zugrunde liegenden Raumes. In einem euklidischen Raum hat eine Bilddistanz bestimmter Länge stets die gleiche Bedeutung, bei Topologien ist das jedoch nicht der Fall. Ob Ordnungsverfahren aus den empirischen Relationen metrische Räume rekonstruieren können, ist eine Frage des Informationsgehaltes der beobachteten Relationen.

Verfahren, die Netze ordnen, liefern eine Topologie der Gesamtstruktur, aus der zusätzlich die lokale Einbettung der Elemente abgelesen werden kann. Die Abbildungen verbinden die systemische Makroperspektive mit der Perspektive der Einbettung der einzelnen Elemente. Das besondere Potential visueller Verfahren scheint darin zu bestehen, lokale Phänomene zu identifizieren. Mit der Stellung in der Gesamtstruktur können diese verglichen und beurteilt werden.

---

40 Bildet man zum Beispiel einen metrischen Raum auf eine Kugel ab, so haben gleich lange Entfernungen im Bild unterschiedliche Bedeutung.

Lokale Phänomene geraten bei der Anwendung traditioneller statistischer Verfahren oft zu schnell außer Sichtweite, falls nicht gezielt nach ihnen gesucht wird. Globale Korrelationen weisen lediglich schwache Zusammenhänge aus, wenn lokale Zusammenhänge populationsweit aggregiert werden.

Ordnungsverfahren, die es erlauben, in den Relationen eines Netzes Strukturen zu entdecken, stammen aus mathematischen Entwicklungen zum Zeichnen von Graphen, der Informatik und der multivariaten Statistik.

Verfahren, die die Möglichkeit bieten, theoretisches Vorwissen in Form von geometrischen Konstraints in den Ordnungsprozess einzubeziehen, erlauben es zu bewerten, inwiefern die aus einer zugrunde liegenden Hypothese abgeleiteten Erwartungen mit der Anordnung der beobachteten Beziehungen konform (vereinbar) sind oder aber nicht. Ist die Anzahl der räumlichen Positionen der Elemente eines Netzes beschränkt, so kann ein Algorithmus, der die Permutationen zulässiger Positionen evaluiert, versuchen, verschiedene Anordnungen der Elemente systematisch zu vertauschen und hinsichtlich eines Zielkriteriums (zum Beispiel der Gesamtlänge aller Kanten) zu bewerten. Derartige Algorithmen können auf traditionelle Soziogramme und ihre Erweiterungen (A-priori-Partitionen) und auch bei Gitterstrukturen angewendet werden.

Andere Ordnungsverfahren berechnen Positionierungen ausschließlich mit den relationalen Informationen, die für ein Netz zur Verfügung stehen. *Spring Embedder* sind eine Gruppe von Algorithmen, die die Stärke der Relationen zwischen den Einheiten eines Graphen als anziehende Kräfte behandeln und diese mit Feldern kombinieren, die die Einheiten voneinander abstoßen. Die Kalibrierung der Abstoßung ermöglicht es, Platzierungen mit optimaler Auflösung flexibel herzustellen. Dies erlaubt es, zusätzliche Informationen mit Markierungen und Symbolen unterschiedlicher Größe zu kommunizieren. Spring Embedder zeichnen sich auch dadurch aus, dass lediglich die Information der direkten (symmetrischen) Beziehungen benutzt wird. Unähnlichkeiten werden bei diesen Verfahren durch eine für alle Elemente geltende Abstoßung ersetzt. Die Nähe in den Platzierungen wird so vornehmlich von den anziehenden Kräften bestimmt, die Entfernungen durch die abstoßenden Kräfte, insbesondere – aber nicht nur – die abstoßenden Kräfte benachbart platzierter Einheiten.

Lassen sich aus den Relationen Distanzen zwischen den Einheiten eines Netzes ableiten, dann können traditionelle *multivariate statistische Verfahren* zur Positionierung genutzt werden. Diese Algorithmen versuchen, Einbettungen in euklidische Räume zu erzeugen. Diese Verfahren können auch so modifiziert werden, dass – innerhalb gewisser Grenzen – Anordnungen flexibel verändert (gedehnt) werden können, was auch in diesem Fall erlaubt, weitere Informationen in die Lösungen zu übertragen.

4.1 Einbettungen in einfache Lösungsräume

Trotz leistungsfähiger Verfahren zur Analyse sozialer Netzwerke benötigt man oft möglichst einfache Darstellungen, um Ergebnisse von Netzwerkanalysen zu kommunizieren. Seit den ersten Anfängen finden sich in der Literatur der Netzwerkanalyse Versuche, Strukturen zu visualisieren.

Viele der frühen Darstellungen waren eher intuitive Versuche, die untersuchten Strukturen abzubilden. Systematische Regeln, wie man Abbildungen von Netzen konstruieren kann, waren zu diesem Zeitpunkt nicht bekannt. Oft wurden einfache geometrische Formen wie Kreise und Linien verwendet, auf die die Einheiten des Graphen abgetragen wurden, um Einblicke in die den Netzwerkdaten zugrunde liegende Struktur zu gewinnen. Im Folgenden werde ich an diese Traditionen anknüpfen, dabei aber versuchen, die den Daten zugrunde liegende Struktur automatisch und unter Verwendung systematischer Prozeduren zu erzeugen.

Gegenstand dieses Kapitels ist die Frage, wie man Netzwerkstrukturen in einer einfachen und systematischen Weise darstellen kann. Gleichzeitig sollen die Fehler, die aus der Vereinfachung der Darstellungen resultieren, kontrolliert werden.

Kann man den Kern der Struktur eines Netzes mit automatischen Verfahren identifizieren, ist es möglich, bedeutsame Einheiten bei der Platzierung der Elemente in einem Lösungsraum bevorzugt zu behandeln. Dies verspricht nicht nur lesbare Darstellungen, sondern hilft auch, den Berechnungsaufwand für die Darstellung der Struktur zu vermindern.

Nach einigen allgemeinen Überlegungen über Probleme, die bei der einfachen Darstellung von Daten entstehen, werde ich in einem weiteren Schritt versuchen zu bestimmen, welche Strukturinformationen geeignet sind, diese Probleme bei der Konstruktion von Netzwerkdarstellungen zu lösen. Die Überlegungen erlauben es, einen Algorithmus zu entwickeln, der flexibel auf unterschiedliche Designs und unterschiedliche Datensätze angewendet werden kann.

Schließlich werde ich die Ordnungsleistungen eines solchen Algorithmus an verschiedenen Beispielen demonstrieren und zeigen, wie mit Hilfe dieses Ordnungsverfahrens Netzwerkinformationen in unterschiedliche Lösungsräume übertragen werden können. Die dabei entstehenden Abbildungen zeichnen sich dadurch aus, dass der Kern der Struktur bevorzugt dargestellt wird. Selbst unter stark eingeschränkten Lösungskonstraints entstehen so einfache Darstellungen von Strukturen, die über zentrale Aspekte der Netzwerke informieren.

4.1.1 Vereinfachungen

Eine typische Strategie der Analyse von Datensätzen besteht oft darin, die Dateninformationen auf vereinfachte Konzepte zu übertragen: Verfahren der Regressionsrechnung stellen Punktwolken durch Linien dar, und hierarchische Clusteranalysen versuchen, komplexe Ähnlichkeitsstrukturen mit Baumstrukturen zu beschreiben.

In diesem Kapitel werde ich in ähnlicher Weise versuchen, die Darstellung von Netzwerken auf einfache geometrische Muster zu beschränken. Dies stellt vergleichsweise geringe Anforderungen an die Lesbarkeit der Abbildungen. Die vereinfachten Darstellungen erfüllen ihren Zweck, wenn man mit ihnen den Kern der Struktur der zugrunde liegenden Daten identifizieren kann. Dies soll keine mathematisch gut begründeten Verfahren ersetzen, sondern ist ein Versuch, diese Verfahren durch weniger komplexe Darstellungen zu ergänzen.

Das *klassische Soziogramm* platziert die Einheiten eines Graphen auf einem Kreis und zeichnet die Relationen zwischen den Einheiten als Linien oder Pfeile ein. Eine solche Darstellung überträgt damit die *Daten* eines Graphen in ein *Layout,* das zum Beispiel eine Menge von zulässigen Positionen in einem zweidimensionalen Raum beschreibt. Je nachdem, welche Knoten eines Netzes in diesem Lösungsraum welcher Position zugeordnet werden, entstehen unterschiedliche Abbildungen. Diese können hinsichtlich ihrer Lesbarkeit verglichen und optimiert werden.

Es gibt verschiedene Ansichten darüber, welche Eigenschaften die Lesbarkeit der Abbildungen verbessern. Sowohl Moreno als auch Bertin sind der Ansicht, dass Darstellungen von Netzen, in denen sich Beziehungen zwischen den Einheiten in nur geringem Ausmaß überschneiden, besonders leicht lesbar sind. Die *Überschneidungsfreiheit der Kanten* ist jedoch nur eines einer längeren Liste von *Ordnungskriterien,* die mit automatischen Verfahren bei der Abbildung optimiert werden können.

Ein anderes Ordnungskriterium besteht darin, eine Anordnung der Einheiten des Graphen zu finden, die eine möglichst kleine *Gesamtlänge aller Kanten* aufweist. Dieses Kriterium wird man umso besser erfüllen, wenn es gelingt, Knoten mit vielen Beziehungen so zu platzieren, dass die Länge der von ihnen in der Abbildung ausgehenden Kanten möglichst klein wird. Dazu kann man unterschiedliche Zuordnungen der Knoten zu den Positionen des Lösungsraumes untersuchen und bestimmen, bei welcher Zuordnung die Anzahl der Überschneidungen der Kanten beziehungsweise die Länge aller Linienmarkierungen im Bild gering beziehungsweise klein wird.

Um die Darstellung eines Netzes zu optimieren, wird die Zuordnung der Knoten des Graphen zu den Positionen des Lösungsraumes solange vertauscht, bis eine Anordnung gefunden worden ist, die sich durch eine geringe Anzahl von Überschneidungen der Kanten auszeichnet.

Damit ist das Erstellen einfacher Darstellungen zum einen durch die *Eigenschaften der Graphen* bestimmt, zum zweiten durch *das Layout der Bildstruktur,* das die Anordnung der Knoten festlegt. Eine Lösung besteht in der Zuordnung der Knoten des Graphen zu den Positionen im Bildraum. Diese soll drittens ein bestimmtes *Optimierungskriterium* erfüllen.

Für die Lesbarkeit einer grafischen Darstellung kann es durchaus ausreichen, wenn die bedeutsamsten Elemente richtig platziert sind, das heißt, die zentralen Positionen eines Lösungsraumes einnehmen. Eine pragmatische Lösung besteht darin, unter den gegebenen Einschränkungen eines Lösungsraumes eine bestmögliche Einbettung zu erzeugen. Das kann auch bedeuten, Fehler bei weniger bedeutsamen Elementen in Kauf zu nehmen: Falls es nicht anders möglich ist, können die weniger bedeutsamen Elemente eines Netzes also Positionen einnehmen, die nicht optimal sind.

Ohne zusätzliche Überlegungen ist die Optimierung der Ordnungen in einem gegebenen Layout insofern problematisch, als zur Bestimmung einer optimalen Lösung alle Lösungspermutationen (sämtliche Anordnungen der Knoten) durchsucht werden müssen. Eine optimale Lösung für ein bestimmtes *Layout* bei einem gegebenen *Optimierungskriterium* zu finden, gilt als *n-p complete* und erfordert im Prinzip, dass alle möglichen Anordnungen der Einheiten, das heißt alle Permutationen untersucht werden müssen. Da die Anzahl der Permutationen mit der Größe eines Graphen im Quadrat wächst, sind der praktischen Berechnung hierdurch sehr schnell Grenzen gesetzt.

Ein Algorithmus, der versucht, die zentralen Elemente – den Kern einer Struktur – vor den weniger bedeutsamen Einheiten in ein Layout einzubetten, kann auch unter solch starken Einschränkungen eine vergleichsweise optimale Einbettung eines Netzes erzeugen.

4.1.2 Modell und Daten

Platziert man die Einheiten eines Netzwerkes in gleichen Abständen auf einem Kreis, dann ist für jede der Einheiten die Gesamtentfernung zu allen anderen Einheiten gleich groß. Dies scheint eine besonders geeignete Darstellungsform für Verbindungen innerhalb eines Netzwerkes zu sein.

Durch die Beschränkung des Lösungsraumes auf eine bestimmte Menge von Positionen in einer geometrischen Form spezifiziert man gleichzeitig die Distanzen zwischen allen

Positionen im Layout. Diese lassen sich mit der *Distanzmatrix* zwischen allen durch das Design in *der Bildstruktur* zugelassenen *l* Positionen beschreiben.

Prinzipiell kann man verschiedene Informationen eines Graphen benutzen, um diesen in ein einfaches Design einzubetten. Im einfachsten Fall verwendet man lediglich seine Kanten.

Fasst man die Verbundenheitsmatrix, in der alle direkt verbundenen Paare einen Eintrag von 1 und alle unverbundenen Paare mit einem Eintrag von 0 gekennzeichnet sind, als eine Matrix von 1-Schritt-Distanzen auf, dann beschreibt diese die Distanzen der direkten Beziehungen zwischen den m Elementen der Zeilen und n Elementen der Spalten der Matrix. Das Einbettungsproblem besteht in diesem Fall darin, den Graphen so zu übertragen, dass die Distanzen in der Abbildung denen des Graphen möglichst gut entsprechen beziehungsweise die Gesamtlänge aller Kanten minimal ist.

Darüber hinaus kann man prinzipiell auch andere Distanzen verwenden, die aus der Verbundenheitsmatrix abgeleitet werden können. Diese beinhalten in der Regel wesentlich mehr Informationen als die Matrix der direkten Beziehungen. Die Matrix der *Erreichbarkeiten* beschreibt Paare von Einheiten mit der Länge des *kürzesten Pfades,* der diese verbindet, und ist damit ein *graphentheoretisches Distanzmaß*. Weitere Distanzkonzepte lassen sich mit Operationen zwischen den Zeilen oder den Spalten der Verbundenheitsmatrix *als Ähnlichkeiten, Unähnlichkeiten* oder *euklidische Distanzen* erzeugen.

4.1.3 Optimierungen und Fehler

Die Aufgabe des Algorithmus besteht darin, eine gegebene empirische Distanzmatrix D in einen bestimmten Modellraum einzupassen, der mit einer Matrix der euklidischen Bilddistanzen D^* beschrieben werden kann.

In einem einfachen Fall stehen in einem *Lösungsraum* so viele *Positionen* zur Verfügung, wie ein Netz Knoten enthält. In einem solchen Fall ist es unwahrscheinlich, dass alle Knoten so platziert werden können, dass jeder Knoten die Position einnimmt, die zu allen anderen Knoten (mit denen er verbunden ist) eine minimale Länge seiner Kanten aufweist. Fehler entstehen dann, wenn ein Knoten in einem gegebenen Design nicht die Position einnehmen kann, in der die Länge seiner Kantenmarkierungen minimal ist.

Wie bereits angedeutet, lässt sich die Berechnung einer optimalen Einbettung einer empirischen Struktur in ein gegebenes Design dadurch vereinfachen, dass strukturell bedeutsame Einheiten bevorzugt behandelt werden. Hierzu eignen sich inbesondere die Zentralitätsmaße, die die Elemente des Graphen hinsichtlich ihrer strukturellen Bedeutsamkeit charakterisieren. Zentrale Elemente haben entweder viele direkte oder aber sehr kurze indirekte Verbindungen zu allen anderen Knoten eines Netzes. Ihre Anordnung in einem gegebenen Design ist somit in besonderer Weise problematisch.

Benutzt man die *Degree-Zentralität* der Knoten, um die Reihenfolge der Einbettungen festzulegen, dann werden Knoten, die mit vielen anderen Knoten in direkten Beziehungen stehen, vor solchen mit wenigen Beziehungen platziert. Freemans Konzept der *Closeness-Zentralität* wertet dagegen die Zentralität auf der Basis aller kürzesten Verbindungen in einem Netzwerk aus. Es ist eine umfassendere Beschreibung und damit noch geeigneter, um die Reihenfolge der Einbettungen zu bestimmen. Hierbei werden zusätzlich zu den direkten Beziehungen auch die indirekten Verbindungen zwischen allen Punkten eines Graphen benutzt (Freeman 1979).

4.1.4 Ein Algorithmus

Die grundlegende Idee besteht also darin, die auftretenden Fehlplatzierungen durch die Zentralität der Elemente zu kontrollieren. Dadurch ist es möglich, Prioritäten für die Platzierung in einem Layout zu spezifizieren: Platziert man die strukturell bedeutsamen Elemente zuerst, dann können die weniger bedeutsamen Elemente nur noch die verbleibenden Positionen im Lösungsraum einnehmen. Eine solche Strategie hilft gleichzeitig, den Rechenaufwand drastisch zu vermindern.

Algorithmus
1. sortiere alle Knoten des Graphen nach ihrer strukturellen Bedeutung
2. für jeden Knoten entsprechend der Sortierung aus (1)
    a) untersuche alle zulässigen (nicht markierten) Positionen im Lösungsraum dahingehend, welche Position zu allen verbundenen Positionen eine minimale Gesamtdistanz aufweist
    b) weise den aktuellen Knoten diejenige freie Position zu, für die die Distanz zu allen verbundenen Positionen im Lösungsraum minimal ist
    c) markiere die Position als zugewiesen
3. wiederhole die Schritte 2a–c bis alle Elemente zugewiesen sind
4. wiederhole die Schritte 2a–c

Solange es keine zwei Elemente in den Daten gibt, die die gleiche Bedeutsamkeit aufweisen, funktioniert diese Strategie problemlos. Bei gleichen Rängen von mehreren Elementen kann man die Berechnungen so modifizieren, dass für Elemente mit gleichen Rängen alle zulässigen Permutationen untersucht werden. Dies bedeutet auch, dass die Suche nach einer angemessenen Einbettung umso ungünstiger wird, je weniger Struktur ein Datensatz aufweist. Sind alle Elemente ähnlich, dann wird ein Algorithmus sämtliche Permutationen des Lösungsraumes evaluieren müssen.

Schließlich ist noch darauf hinzuweisen, dass der Algorithmus nur die Rangordnungen der Distanzen im Lösungsraum untersucht, womit er vergleichsweise robust ist und auf unterschiedliche Designs angewendet werden kann, solange die Lösungseinschränkungen genug Variationen in den Distanzen zwischen allen Zielpositionen aufweisen.

4.1.5 Beispiele

Zunächst werde ich einige kleinere, überschaubare Beispiele mit dem vorgeschlagenen Verfahren behandeln und versuchen, die in diesen Netzwerken enthaltene Struktur zu identifizieren. Anschließend wird der Algorithmus auf einen in der Literatur sehr vielfältig untersuchten Datensatz angewendet. Dies erlaubt den Vergleich der Lösungsvorschläge mit den bekannten Resultaten. Schließlich verwende ich den Algorithmus, um einen größeren und komplexeren Datensatz zu untersuchen. Hier wird gezeigt, wie man zusätzliches Wissen über die Netzwerke als Lösungseinschränkungen benutzen kann. Dabei verwendet man wie bei Venn-Diagrammen geometrische Figuren, um Strukturhypothesen als Einschränkungen in den Lösungsraum zu übertragen. Dies erlaubt es, Netzwerkdaten unter Einbeziehung zusätzlicher Informationen gezielt zu ordnen.

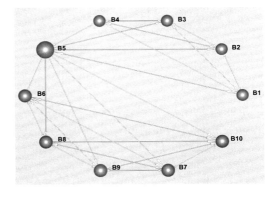
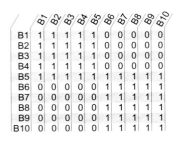

Abbildung 4.1
Zwei Cliquen und ein Star

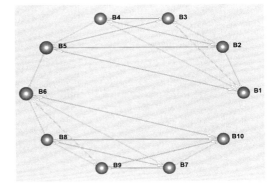

Abbildung 4.2
Zwei Cliquen und eine Brücke

Spielzeug-Beispiele

Die Ordnungsleistungen meines Ansatzes illustriere ich zunächst an einigen Beispielen, die besonders einfache Strukturen beschreiben. Fehlplatzierungen würden in diesen sehr einfachen Strukturen auf prinzipielle Schwächen des Ordnungsverfahrens verweisen. Die Abbildungen 4.1 und 4.2 zeigen die Lösungen zweier derartiger Beispiele.

Das erste Beispiel enthält zwei Cliquen und einen Knoten (B5), der mit allen anderen Knoten des Netzwerkes verbunden ist. Das zweite Beispiel enthält zwei Cliquen und unterscheidet sich von dem ersten Beispiel dadurch, dass jede der Cliquen einen Knoten enthält, der mit der anderen Clique verbunden ist. Die Knoten B5 und B6 bilden eine Brücke zwischen den ansonsten unverbundenen Teilsystemen {B1, B2, B3, B4, B5} und {B6, B7, B8, B9, B10}. In beiden Fällen werden die Cliquen zusammenhängend in den Lösungsraum eingebettet, wohingegen die Knoten, die die Teilsysteme verbinden, zwischen diesen angeordnet werden.

Ein bekanntes Beispiel

Ein komplexeres und in der Literatur gut untersuchtes Beispiel ist die Studie von Doreian (1989). Diese Untersuchung beschreibt die Beziehungen zwischen Politikern, die in einem Regierungsbezirk *(county)* des amerikanischen Südwestens gemeinsam verschiedene Entscheidungsprozesse zu treffen haben. Der Datensatz ist in der Literatur (Doreian 1988,

1989; Doreian/Albert 1989) mit verschiedenen Analyseverfahren untersucht worden. Eine Reanalyse mit dem vorgeschlagenen Algorithmus erlaubt es, die Ergebnisse zu vergleichen, und kann helfen, die Arbeitsweise dieses Algorithmus zu untersuchen und zu validieren.

Doreians Netzwerk besteht aus den vierzehn prominentesten politischen Akteuren des Counties, die an der Entscheidung über den Bau eines neuen Gefängnisses beteiligt sind. Sieben von diesen bilden den County Council, der die legislative und steuerfestsetzende Instanz ist. Die Mitgliedschaft im Council ist auf vier Jahre begrenzt. Eines seiner Mitglieder ist der Ratspräsident *(council president),* die anderen sechs Mitglieder *(council member)* sind fortlaufend von 1 bis 6 nummeriert. Zwei von diesen sind der nicht wiedergewählte frühere Ratspräsident *(former council president)* und sein früherer Stellvertreter *(former co-president).* Unter den verbleibenden Akteuren finden sich der *county executive* als Angestellter des Regierungsbezirks, der *county auditor* als Vorsteher der Verwaltung, der gewählte Sheriff, der Vorsteher der Exekutive ist, und der *county prosecutor* als Vorstand der gesetzlichen Körperschaften *(legal officer).*

Doreian und Albert sind bei ihrer Analyse dieser Daten davon ausgegangen, dass die politischen Akteure des Netzes in zwei Lager eingeteilt werden können. Dabei gruppiert sich das eine Lager um den *county officer* und das zweite um den *county auditor.* In einer zweiten Hypothese gehen die Autoren davon aus, dass das Abstimmungsverhalten maßgeblich durch das so gruppierte Netzwerk starker Beziehungen bestimmt ist.

In ihrer Untersuchung fanden die Autoren Bestätigungen für beide Hypothesen, was sie zu der Schlussfolgerung veranlasste, dass die Struktur des Netzwerkes die Entscheidungsverzögerungen und die Untätigkeit der County Councils erklären.

> ... on the right the diagram is a clustered set of five points containing the County Auditor (B), while the left contains a clustered set of seven points containing the County Executor (A). ... In the County Auditor's alliance, Council 5 (I) and Council 6 (J) occupy the same location. The Council President H is located close to B and the City Mayor (M) can be grouped with the other four points. In the left hand cluster, the Sheriff (C) and Council 4 (G) are close, as are Council 1 (D) and Council 3 (F). The County Auditor (A) can be grouped with C, G, D and F. Finally Council 2 (E) and the County Prosecutor (N) join the cluster but at a greater distance. At the center of the Euclidian space is the Former Council President (L) with the Former Council Member (K) at the periphery of the diagram. (Doreian/Albert 1989: 285f.)

In Abbildung 4.3a stelle ich meine Lösung für Doreians Netzwerk dar. Der Lösungsraum besteht in diesem Fall aus 14 Positionen, die mit gleichen Abständen auf einem Kreis verteilt sind, was der Anzahl der Akteure des Netzwerkes entspricht. Um die Prioritätssequenz für den Algorithmus zu definieren, habe ich dabei die *Degree-Zentralität* benutzt. Durch die Reihenfolge der Platzierung entstehen Fehlplatzierungen damit vornehmlich für periphere Akteure.

Zu finden sind die gleichen Cliquen wie bei Doreian: die Clique A {A, C, D, E, F, G, N} und die Clique B {B, H, I, J, M}. Der *former co-president* {L}, die zentralste Person im Netzwerk, findet sich in meiner Lösung zwischen den Teilsystemen A und B angeordnet, an den das ehemalige Ratsmitglied {K} *(former council)* angekoppelt ist.

Unterschiedlich ist dagegen die Reihenfolge der Anordnung der Knoten in jeder der Cliquen. Dies ist jedoch nicht völlig unerwartet, da Doreian als empirische Information die Matrix der kürzesten Distanzen des Graphen verwendet und die Positionen mit einer Multidimensionalen Skalierung (MDS) erzeugt, wohingegen meine Lösung lediglich die direkten Verbindungen auswertet. In meiner Lösung sind die Akteure mit grenzüberschreitenden Beziehungen {M, H} und {A, D, F} näher zum Zentrum des Gesamtsystems orientiert, während die peripheren Akteure {G, N, E, K} mit Ausnahme von E in der Peripherie des Gesamtsystems angesiedelt sind.

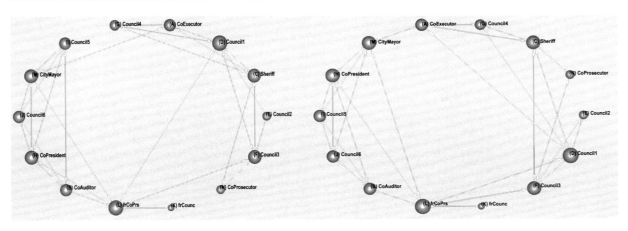

(a) Degree Centrality *(b) Closeness Centrality*

Ein weiterer Test des vorgeschlagenen Algorithmus besteht daher darin, die gleiche graphentheoretische Distanzinformation wie Doreian zu benutzen. Da diese Information zusätzlich die kürzesten Wege zu allen anderen Akteuren berücksichtigt, werden dadurch insbesondere die Ränge der Akteure mit Beziehungen zwischen den Lagern angehoben, die dementsprechend näher in das Zentrum des Gesamtsystems rücken sollten.[41]

Die Ergebnisse der zweiten, informationsreicheren Lösung finden sich in Abbildung 4.3(b). Betrachtet man die Anordnung aus der Perspektive von L, dann wird die Anordnung {B, J, M, I} in die Anordnung {B, H, J, I, M} transformiert, wohingegen {N, F, E, C, D, A, G} in {D, E, F, N, G, C, A} umgeordnet wird. Mit Ausnahme von F, der zwischen D und A angeordnet ist, spiegeln die Ergebnisse damit weitgehend die Anordnung in Doreians MDS-Lösung wider, was sogar für die interne Organisation der Cluster gilt.

Das Hauptanliegen dieses Kapitels bestand darin zu zeigen, dass der vorgeschlagene Algorithmus die gleichen Informationen entdecken kann wie traditionelle statistische Analyseverfahren. Es wurde damit gezeigt, dass das Verfahren in der Lage ist, in Netzwerkdaten zusammenhängende Cluster aufzufinden. Ebenso wurde demonstriert, dass das Verfahren informationshaltigere Daten, wie die Matrix der kürzesten Verbindungen, benutzen kann und in diesem Fall ähnliche Ergebnisse erzielt wie komplexere Verfahren, obwohl es unter ungünstigeren Bedingungen arbeitet.

Abbildung 4.3
Zwei Anordnungen für Doreians Politiker-Netzwerk

---

41 Die beiden Rangordnungen der Zentralitätsmaße finden sich in der unten stehenden Tabelle: Für die direkten Beziehungen wird die Reihenfolge im Algorithmus entsprechend der Degree-Zentralität ausgeführt, während die kürzesten Verbindungen *(geodesics)* unter Closeness aufgeführt sind. Wie man durch den Vergleich der Rangordnungen feststellen kann, haben Akteure mit grenzüberschreitenden Beziehungen höhere Ränge (sind mehr zentral, wenn die *geodesics* benutzt werden).

	A-CoExecu	B-CoAudito	C-Sheriff	D-Council1	E-Council2	F-Council3	G-Council4	H-CoPresd	I-Council5	J-Council6	K-Fr Counc	L-FrCoPres	M-CityMayo	N-CoProsec
A-CoExecu			1	1		1							1	
B-CoAudito			1	1								1		1
C-Sheriff	1	1		1		1								
D-Council1	1	1	1		1	1								
E-Council2				1		1								
F-Council3	1		1	1	1									1
G-Council4								1	1					
H-CoPresid							1		1	1		1		
I-Council5							1	1		1				
J-Council6								1	1					
K-Fr Counc												1		
L-FrCoPres		1						1			1			
M-CityMayo	1													
N-CoProsec		1				1								

	Degree	Degree	Geodesics	Geodesics
Rank 1	D council1	(1) 6	L FrCoPrs	(1) 22
Rank 2	L FrCoPrs	(1) 6	D council1	(2) 24
Rank 3	H coPresd	(2) 5	F council3	(3) 25
Rank 4	C sheriff	(2) 5	M cityMay	(3) 25
Rank 5	M cityMay	(2) 5	A coExecu	(4) 26
Rank 6	F council3	(2) 5	H coPresd	(5) 27
Rank 7	A coExecu	(3) 4	C sheriff	(6) 28
Rank 8	B coAudit	(3) 4	B coAudit	(7) 29
Rank 9	J council6	(3) 4	G council4	(8) 30
Rank 10	I council5	(3) 4	I council5	(9) 33
Rank 11	G council4	(4) 3	J council6	(9) 33
Rank 12	N coProsc	(5) 2	K frCounc	(10) 34
Rank 13	E council2	(5) 2	E council2	(10) 34
Rank 14	K frCounc	(6) 1	N coProsc	(10) 34

Die Besonderheit des Algorithmus besteht jedoch darin, dass die Ordnungen in einem stark eingeschränkten Lösungsraum erzielt werden. Dies bietet nicht nur die Möglichkeit, die Komplexität der Lösung einzuschränken, sondern darüber hinaus den Lösungsraum gezielt zu gestalten. In diesem Kapitel habe ich hiervon keinen Gebrauch gemacht, sondern mich lediglich an dem traditionellen Design der Soziometrie orientiert.

Diese Gestaltungsmöglichkeiten des Layouts sind jedoch dann besonders hilfreich, wenn man komplexere Datensätze analysieren will. Die folgenden Beispiele zeigen, wie man das einfache Verfahren bei der Darstellung komplexer Daten benutzen kann und wie bei der Gestaltung der Designs zusätzliche Informationen berücksichtigt werden können.

Komplexe Beispiele

Die im Folgenden benutzten Daten beschreiben drei Systeme von Organisationen, für die eine vollständige Verflechtungsmatrix ihrer Aufsichts- und Beiratsgremien auf der Basis öffentlich zugänglicher Dokumente erstellt worden ist. Die Ziele und Aufgaben dieser Organisationen sind nach ihren Satzungen die Implementation von Großforschungsprojekten (A), die Durchführung von Grundlagenforschung (B) und angewandter Forschung (C). Die inhaltliche Fragestellung ist, ob die gegebene organisatorische Struktur Hinweise auf den Transfer von Grundlagenwissen zu den stärker anwendungsorientierten Bereichen gibt und ob die Verflechtungen mit den industriellen Organisationen effektiver gestaltet werden können.

In der Diskussion über die Verzahnung dieser Systeme gibt es sehr verschiedenartige Ansichten darüber, wie das System als Ganzes administriert werden sollte und wie dessen Effizienz gesteigert werden könnte. Die aktuellen Muster der wechselseitig institutionalisierten Verflechtungen sind in dieser Diskussion weitgehend unbekannt, da sie nur durch die systematische Auswertung weit verstreuter Dokumente beschrieben werden können.

Im Rahmen der obigen Fragestellung ist es auf jeden Fall nützlich, die organisatorischen Verflechtungen der drei Teilsysteme auf der Basis ihrer institutionalisierten Beziehungen zu beschreiben.

Hinsichtlich der Verflechtungsmuster wird man erwarten, dass die Netzwerkdaten zunächst einmal die inneren organisatorischen Strukturen der verschiedenen Teilsysteme beschreiben. Die Beziehungen zwischen den Organisationssystemen werden dagegen teilweise aus Beziehungen zwischen den Spitzengremien der einzelnen Organisationssysteme bestehen und darüber hinaus disziplinäre Koorientierungen zwischen Forschungsinstituten der Teilsysteme widerspiegeln.

Als Ausgangspunkt der Analyse dienen die funktionale und organisatorische Organisationsstruktur. Unterschieden werden dabei die Mitglieder der Teilsysteme A, B und C sowie eine vierte Gruppe von Gremien (D), die Empfehlungen zur Organisation des Wissenschaftssystems geben oder Ressourcen zuteilen. Im Folgenden benutze ich diese Klassifikation und weise den Teilmengen der A-priori-Partition im Lösungsraum eine bestimmte Lage zu.

Jedes der Teilsysteme wird dabei durch einen Kreis repräsentiert. Die Kreise sind wiederum in möglichst regelmäßiger Weise angeordnet. Das Design des Lösungsraumes ist somit in mehrfacher Weise beschränkt: Ein Mitglied des Subsystems A kann nur eine Position auf dem Kreis für A einnehmen, was in gleicher Weise für die a priori spezifizierten Mengen B, C und D gilt.

Der Algorithmus verwendet die Gesamtmatrix des Systems. Dabei wird für jedes der Teilsysteme A, B, C, D die Zentralität der Akteure im Gesamtsystem bestimmt, und wie im einfachen Fall werden die zentralen Akteure früher als die peripheren Akteure platziert. Die

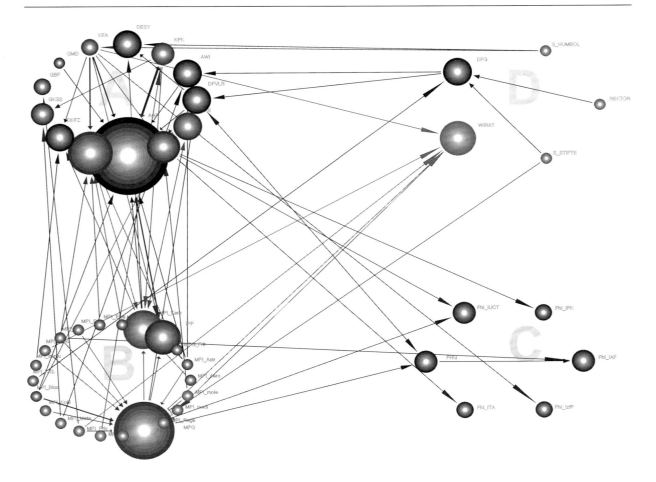

*Abbildung 4.4
Ein System von drei Forschungsorganisationen und die Verbindungen zu verschiedenen Kommitees und Gremien (D), die Empfehlungen für die Wissenschaftspolitik aussprechen*

Zentralität eines jeden Akteurs ist dabei gleichzeitig durch seine Einbindung in das lokale Subsystem wie auch durch die Einbindung in das Gesamtsystem gekennzeichnet.

Wie im vorherigen Kapitel besteht die optimierte Lösung aus den Positionen, die die Länge der verbindenden Kanten im Gesamtsystem minimieren. Das Ergebnis in Abbildung 4.4 zeigt dabei ein erstaunliches Ausmaß geordneter Informationen: Stark interdomänenorientierte Akteure nehmen Positionen in Richtung verbundener Partner in den anderen Teilsystemen ein und sind auf der dem Zentrum zugewandten Seite der Kreise angeordnet. Akteure ohne Intersystemorientierung finden sich dagegen auf den dem Zentrum abgewandten Positionen: in der Peripherie des Gesamtsystems. Organisationen mit Beziehungen zu mehreren Partnern in anderen Teilsystemen nehmen eine intermediäre Position ein.[42]

Während das Gesamtergebnis weitaus informativer ist, als es zu erwarten war, und geeignet ist, eine ganze Reihe von Fragen über die Struktur des Systems zu beantworten, finden sich in der Abbildung aber durchaus Bereiche, in denen die Platzierung der Akteure nicht optimal ist. Je nachdem, wie stark die Außenorientierung in den Teilsystemen ist, gibt es Fälle, in denen eine Organisation in der Peripherie angeordnet wird, obwohl sie mehrere Beziehungen in andere Teilsysteme hat. Diese Fehlplatzierungen resultieren daraus, dass

---

42 Die Größen der Symbole in dieser Grafik sind nicht nach Stevens' Law skaliert, sondern linear. Es handelt sich um eine der ersten Grafiken, die in dem Visualisierungsprojekt entstanden sind.

das Layout nicht genügend Positionen in Richtung zu den anderen Teilsystemen zur Verfügung stellt.

Nichtsdestoweniger sind selbst diese Positionierungen noch informationshaltig. Da die Zuweisung der Positionen die Zentralität der Einheiten berücksichtigt, werden den Einheiten mit höherer Zentralität unter den verbleibenden nicht optimalen Positionen die relativ besten Positionen zugeteilt.

Eine Strategie, mit der die Anpassung einer Lösung verbessert werden kann (und Fehlplatzierungen, wie sie in der Abbildung 4.4 auftreten, vermieden werden können), besteht darin, die Anzahl der Positionen des Layouts (die Freiheitsgrade des Designs) zu vergrößern. Dies kann dadurch erfolgen, dass man die Anzahl der möglichen Positionen in jeder der Anordnungen erhöht. Beschreibt eine Teilmenge zehn Einheiten, so besteht die Optimierung darin, aus fünfzehn möglichen Positionen solche auszuwählen, die die Länge aller Verbindungen der Menge A minimieren. Das Ergebnis der Verwendung eines derartig weniger restriktiven Designs zeigt Abbildung 4.5. Hierbei wurde versucht, die organisatorischen Teilsysteme des vorherigen Beispiels und deren Schnittstelle zu den fünfundzwanzig bedeutsamsten industriellen Partnern des Gesamtsystems simultan darzustellen.

Die Verflechtungen mit den industriellen Partnern geben dabei Hinweise auf deren Beiträge zur Koordination des Gesamtsystems. In diesem Beispiel wurde die Anzahl der möglichen Positionen im Bildraum für jede der Anordnungen um fünfzig Prozent erhöht, wohingegen in den vorhergehenden Beispielen genauso viele Positionen zur Verfügung standen, wie eine Teilmenge Elemente aufwies.

Die industriellen Akteure sind auf einem die drei Teilsysteme umgebenden Kreis platziert, der das Forschungssystem umschließt. Sie bilden den Kontext des Systems. Dieser ist darüber hinaus nur partiell beschrieben, da keine Informationen über die Beziehungen *zwischen* den industriellen Akteuren vorliegen. Von ihnen sind lediglich die Aufsichtsrats- und Beiratsmitgliedschaften in den drei Forschungssubsystemen bekannt (die Darstellung kombiniert die quadratische Matrix der Forschungssubsysteme mit einer Rechteckmatrix der industriellen Verflechtungen des Forschungssystems).

Wie man aus Abbildung 4.5 ablesen kann, finden sich alle industriellen Partner im Süden des umgebenden Kreises angeordnet, wohingegen die Positionen im Norden unbesetzt sind: Alle industriellen Partner, die mit den Organisationen des inneren oberen Kreises B verbunden sind, haben gleichzeitig Beziehungen mit den Teilsystemen A oder C.

Die Platzierung der Organisationen auf den inneren Kreisen ist äußerst informativ. Während die Mitglieder des oberen inneren Kreises B lediglich südliche Positionen einnehmen, finden sich die meisten Organisationen von A auf den nördlichen Positionen ihres Kreises: A und B scheinen demnach den inneren Kern des Gesamtsystems zu bilden. Dagegen finden sich fast alle Organisationen von C, dem inneren linken Kreis, im Westen, das heißt, sie sind fast ausschließlich mit industriellen Partnern verbunden.

Interessante Beobachtungen lassen sich auch für die beiden unteren Kreise A und C des inneren Systems machen. Hier finden sich drei Organisationen im Nordosten der Region C, die mit dem inneren Kern verbunden sind, während die Zentralorganisation von C eine Position im Nordwesten einnimmt: eine Position, die auf ein ausgeglichenes Verhältnis der Verbindungen zu den industriellen Partnern und den Organisationen, die im Kern des Gesamtsystems angeordnet sind, hinweist.

Für A, den unteren rechten Kreis, ist lediglich ein einziger Knoten zu finden, der in der Südost-Region platziert ist. Dies weist darauf hin, dass die industrielle Anbindung dieser Organisation stärker ist als deren Verbindungen mit dem Kern. Im Westen von A findet sich darüber hinaus ein großer Knoten (der viele Verbindungen aufweist), ohne dass dieser direkte Beziehungen zu den benachbarten Positionen in C hat. In diesem Fall rührt der

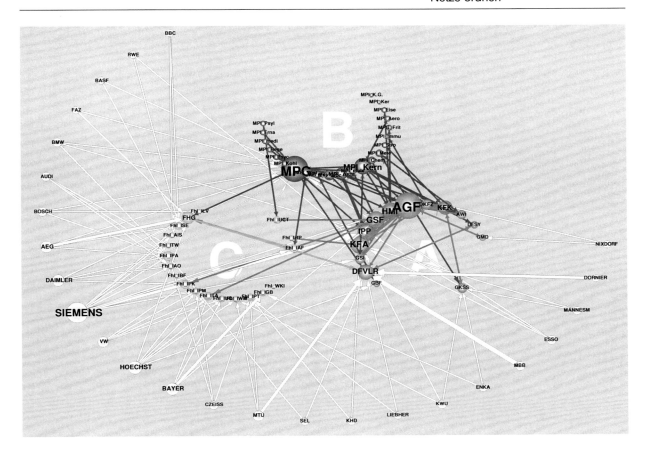

*Abbildung 4.5
Das Forschungssystem und industrielle Partner I.
Ein System von drei Forschungsorganisationen (A, B, C) und die Teilnahme der fünfundzwanzig bedeutsamsten industriellen Firmen in ihren Beratungs- und Beiratsgremien*

kurze Abstand zu dem anderen System nicht aus den direkten Beziehungen, sondern aus der *strukturellen Äquivalenz* mit Organisationen im Südosten von C und im Westen von A: Hier entsteht die Nähe der Platzierungen aufgrund der Überlappungen ihrer Beziehungen mit identischen dritten (industriellen Partnern, die in den Beiräten mehrerer Forschungsorganisationen vertreten sind), obwohl diese Organisationen untereinander nicht direkt verbunden sind.

Betrachtet man die verschiedenen industriellen Akteure, deren Bedeutsamkeit aus der Größe ihrer Symbole abgelesen werden kann (die für die Anzahl ihrer Verbindungen in das innere System stehen), dann lässt sich feststellen, dass die bedeutsamen unter ihnen über einen direkten Zugang zum inneren Kern des Gesamtsystems verfügen. Auch der Anordnung auf dem äußeren Kreis kann man weitere Informationen entnehmen: Da die Distanz von allen Punkten des umgebenden Kreises zum Zentrum des Gesamtsystems gleich groß ist, ist auch auf dem umgebenden Kreis die angemessene Position eines industriellen Akteurs die, in der die kürzesten Verbindungen mit den direkt verbundenen Organisationen entstehen. Ohne die vorgegebenen Anordnungskonstraints würden einige dieser Akteure Positionen in der Nähe des inneren Kerns einnehmen, da dort die Länge der Markierungen ihrer Beziehungen minimal wäre. Positionen in der Nähe des Kerns beschreiben gleichzeitig die ideale Lage für Intermediäre im Gesamtsystem.

Versucht man nun, das Gesamtsystem auf der Basis der Aufsichtsrats- und Beiratsverflechtungen zu charakterisieren, dann findet man einen inneren Kern, der fast ausschließlich durch die Mitglieder von B und A gebildet wird (dem oberen und unteren rechten Kreis), an den einige wenige Akteure aus C (der untere linke Kreis) angegliedert sind. Dies könnte zu der Vermutung Anlass geben, dass zwischen dem Kern und dem unteren linken

System zu wenig Transfer stattfindet. Gleichzeitig kann man allerdings auch beobachten, dass die wichtigsten industriellen Akteure auch mit dem innersten Kern des Systems verbunden sind, der damit nicht unverbunden ist.

4.1.6 Schlussfolgerungen

Eine zentrale Idee dieses Kapitels ist die Feststellung, dass man die Kommunikation über Netzwerke verbessern kann, indem man die Komplexität der Darstellung von Netzen vermindert. Dazu habe ich einen Algorithmus präsentiert und gezeigt, dass dieser Cliquen und zusammenhängende Cluster entdecken kann und gleichzeitig auch komplexere Datensätze und Designs verarbeiten kann.

Durch die Verwendung eines Prioritätskriteriums können Fehler in der Platzierung auf periphere Einheiten beschränkt werden. Dies ermöglicht es, mit hochgradig eingeschränkten Lösungsräumen zu arbeiten. Dabei ist sichergestellt, dass man auch in diesen stark eingeschränkten Darstellungen zentrale Aspekte der zugrunde liegenden Struktur entnehmen kann.

Die formale Prozedur kann auf jede Distanzinformation angewendet werden, die aus Netzwerkdaten abgeleitet werden kann. Dies erlaubt die Erweiterung des Fokus von den direkten Beziehungen auf die indirekten Beziehungen und die Verwendung stärker theoriegeleiteter Zentralitätsmaße.

Wendet man die Strategie auf komplexere Datensätze an, kann man den Fokus auf Verflechtungen von Teilsystemen erweitern, indem man das einfache Verfahren als Baustein für theoretisch spezifizierte oder durch weitere Merkmale identifizierte Partitionen verwendet. Für Beziehungen zwischen verschiedenen Organisationssystemen hat das letzte Beispiel gezeigt, wie die Zuordnung der Teilsysteme zu bestimmten durch geometrische Formen spezifizierte Konstraints in der gleichen Weise geordnet werden kann wie im einfachen Fall.

Der Algorithmus kann auch auf diese komplexeren Designs angewendet werden und bettet die empirischen Netzwerkdaten in das Layout optimal ein. Da optimale Positionierungen nicht nur auf den Distanzen zwischen den Positionen, sondern auch auf der Variabilität zwischen den Positionen des Layouts beruhen, wäre hier eine größere Erfahrung mit verschiedenen Designs durchaus hilfreich.

Visualisierungen müssen nicht über einen perfekten Fit mit den zugrunde liegenden Daten verfügen, um nützlich zu sein. Vereinfachte Darstellungen sind bereits dann hilfreich, wenn man aus ihnen die wesentlichen Merkmale von Strukturen entnehmen kann. Hier wären weitere Kriterien von Nutzen, die die Wahl zwischen einfachen Darstellungen und solchen mit einem besonders gutem Fit erleichtern.

Zwar kann man die Anpassung einer einfachen Darstellung mit der Korrelation der empirischen Netzwerkdaten und den Bilddistanzen in der Einbettung beschreiben. Allerdings ist dies nicht unbedingt ausreichend, um zwischen verschieden komplexen Designs auszuwählen. Andererseits sind die Einbettungen in vereinfachte Designs die unter den gegebenen Bedingungen besten Anpassungen an das erzwungene Layout. Zwei Wege, eine verbesserte Lesbarkeit zu erreichen, bestehen in der Erhöhung der Freiheitsgrade und der Verwendung alternativer Designs.

4.2 Die Darstellung von Graphen mit Kräftemodellen

Systematische Verfahren des Zeichnens von Graphen *(graph drawing)* sind ein relativ junges Forschungsgebiet, dessen Beiträge aus weit verstreuten Forschungsfeldern stammen. Erste Versuche, Graphen mit systematischen Verfahren zu zeichnen, stammen aus den frühen 1960er Jahren.

In diesem Kapitel werden die Eigenschaften einer Familie von Verfahren zum Ordnen von Graphen untersucht, die in der Literatur als *Spring Embedder* bezeichnet werden. Diese Verfahren können Darstellungen von Graphen erzeugen, die einfach lesbar sind und gleichwohl bedeutsame Eigenschaften der zugrunde liegenden Graphen erhalten. Die grundlegende Idee dieser Verfahren besteht darin, die Relationen zwischen den Einheiten eines Graphen als ein System von Kräften aufzufassen. Modifikationen und Erweiterungen der Grundidee gestatten es, verschiedenste *Einschränkungen* in das Basismodell zu integrieren und bei der Ordnung der Relationen zu berücksichtigen. Dies verspricht nicht nur, die *Lesbarkeit* der Darstellungen zu verbessern, sondern erlaubt es auch, bei der Ordnung spezielle Struktureigenschaften gezielt zu berücksichtigen, wodurch Layouts als *Mischungen* bestimmter Eigenschaften erzeugt werden können. Die Flexibilität der Verfahren bringt es mit sich, dass man nicht mehr von *der Lösung* spricht, sondern von einem unter spezifischen Bedingungen (Konstraints) optimalen *Layout*.

Bei der Darstellung komplexer Graphen muss man daher wesentlich intensiver darüber diskutieren, welche zusätzlichen Einschränkungen geeignet sind, Einblicke in die zugrunde liegenden Eigenschaften komplexer Beziehungsmuster zu geben, und welche zusätzlichen Ästhetiken es erlauben, diese effektiv zu kommunizieren.

Informationen, mit denen die Beziehungen zwischen den Akteuren eines Netzes beschrieben sind, können in verschiedener Weise informationshaltig sein. Relationen sind *binär asymmetrisch* oder *binär symmetrisch*. In anderen Fällen stehen *quantitative* Informationen zur Verfügung, die die Beziehungen eines Graphen beschreiben. In diesem Fall spricht man von *bewerteten Graphen*. Manchmal existieren jedoch lediglich partielle Beobachtungen, auf deren Grundlage man die Gesamtstruktur eines Systems rekonstruieren möchte. Dies ist der Fall, wenn lediglich die Beziehungen *zwischen* Mengen unterschiedlicher Akteure bekannt sind, aber keine Informationen über die Beziehungen *innerhalb* dieser Mengen vorliegen. Derartige Verflechtungen werden in der Literatur als *Two-mode*-Datensätze oder als *bipartite* Graphen bezeichnet.

Dieses Kapitel dokumentiert einige Erfahrungen, wie Spring Embedder auf besondere Datentypen angewendet werden können, die bei der Analyse sozialer Netzwerke häufig anzutreffen sind: Two-mode-Datensätze, bei denen lediglich die Beziehungen zwischen zwei Mengen von Einheiten bekannt sind. Gegenstand der Untersuchung ist darüber hinaus, wie Spring Embedder auf bewertete Graphen angewendet werden können, bei denen die Beziehungen zwischen den Einheiten in der Stärke variieren.

4.2.1 Was ist ein Spring Embedder?

Einfache Spring Embedder modellieren die Kanten eines Graphen mit anziehenden Kräften, die verbundene Paare von Einheiten zueinander bewegen. Diese Kräfte verhalten sich wie Federn. Je weiter zwei durch eine Kante verbundene Knoten im Bildraum voneinander positioniert sind, desto stärker ist die resultierende anziehende Kraft. Die Größe der aus dem Federmodell resultierenden Kräfte ist lediglich eine Funktion der (momentanen) Distanz der Punkte im Bildraum.

Kapitel 4

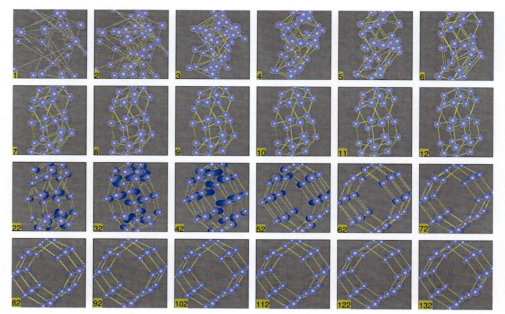

*Abbildung 4.6
Animation eines
Spring Embedders.
Animation der Einbettung eines Graphen,
der einen Torus
beschreibt, mit einem
Spring Embedder, der
nach den Vorschlägen von Fruchterman/Reingold
konstruiert wurde*

Die Knoten des Graphen werden als Pole modelliert, die von abstoßenden Kraftfeldern umgeben sind. Diese stoßen alle Elemente voneinander ab. Für alle Pole nimmt die Feldstärke der Abstoßung in gleicher Weise mit dem Quadrat der Entfernung ab. Sie kann simultan für alle Knoten verändert werden. Dies maskiert alle anziehenden Kräfte in gleicher Weise und verhindert, dass verbundene Punkte die gleiche Position einnehmen.

In der unmittelbaren Umgebung der Einheiten wird die Abstoßung schnell sehr groß. Dadurch können sich auch verbundene Einheiten nur bis auf einen bestimmten Abstand annähern. Der Abstand resultiert aus der Stärke des Kraftfeldes. Unverbundene Paare nehmen entfernte Positionen ein, da sie nur über die direkten Verbindungen mit anderen Knoten zueinander bewegt werden.

Die *Kombination* der anziehenden mit den abstoßenden Kräften zu einem Spring Embedder und die mit diesen Verfahren während der Iterationen entstehende Ordnung ist ein faszinierendes Erlebnis: Die Einheiten beginnen sich quasi automatisch in eine globale Struktur zu organisieren, die gleichzeitig viele Eigenschaften der zugrunde liegenden Struktur darstellt.

Ein *Gleichgewicht* an einem einzelnen Knoten entsteht dann, wenn sich alle Kräfte, die auf den Knoten wirken, in Balance befinden: Die *resultierende Gesamtkraft,* die auf diesen Knoten wirkt, nimmt in diesem Fall den Wert von null an. Ein *niedrig energetischer Zustand des Gesamtsystems* wird dann erreicht, wenn alle Kräfte an allen Einheiten des Systems ausgeglichen sind. In Abhängigkeit von der Art der Kräfte und den Funktionen, die für die anziehenden und abstoßenden Kräfte gewählt werden, unterscheiden sich die entstehenden Layouts.

4.2.2 Eine allgemeine Übersicht

Das Verhalten eines Spring Embedders wird im Wesentlichen durch die Wahl der Funktionen bestimmt, die für die anziehenden und abstoßenden Kräfte gewählt werden. Spring Embedder können danach unterschieden werden,

1. welche empirischen Dateninformationen benutzt werden:
   a) binäre oder bewertete symmetrische Relationen,
   b) die Zentralitäten der Elemente,
   c) geodätische Distanzen zwischen allen Knotenpaaren,
   d) asymmetrische Relationen;

2. welche zusätzlichen Kriterien (Ästhetiken) benutzt werden, um die Lesbarkeit der Darstellungen zu verbessern:
   a) gleiche Kantenlänge (binärer Graph),
   b) minimale Kantenüberschneidungen,
   c) Knoten sollten sich nicht zu nahe sein,
   d) die Winkel zwischen den Kanten sollten nicht zu klein sein,
   e) Knoten sollten Kanten nicht überdecken,
   f) die Größe des Layouts sollte optimal sein;

3. mit welchen Funktionen Kräfte konzeptualisiert werden:
   a) anziehende Kräfte als Modelle der Kanten,
   b) abstoßende Kraftfelder um bestimmte Pole als Modelle der Knoten;

4. welche Iterationsschemata eingesetzt werden:
   a) durch die Reihenfolge, in der Knoten ausgewählt werden (zufällig oder in einer bedeutsamen Reihenfolge),
   b) durch die sequentielle Platzierung einzelner Knoten, während alle anderen Einheiten fixiert bleiben,
   c) durch die blockweise Berechnung der Platzierungen, wobei zunächst alle Knoten des Systems fixiert und die Veränderungen für alle Elemente berechnet und simultan in einem anschließenden Schritt ausgeführt werden;

5. ob es bestimmte Regeln gibt, mit denen die Konvergenz auf einen niedrig energetischen Zustand des Gesamtsystems erzeugt wird oder nicht:
   a) ob bei den Iterationen ein *deterministisches Iterationsschema* verwendet wird *(steepest descent)*,
   b) *oder ob stochastische Suchstrategien (simulated annealing) verwendet werden*, die höhere Rechenanforderungen stellen;

6. welche Kriterien benutzt werden, um Iterationen zu evaluieren beziehungsweise zu beenden:
   a) keine,
   b) ein Schwellenwert für die potentielle Energie im Gesamtsystem (alle verbundenen Kräfte sind ausgeglichen);

7. ob Kriterien für die Anpassung der Bildstruktur an die zugrunde liegenden Daten verwendet werden:
   a) binär: alle Kanten haben die gleiche Länge,
   b) schwerpunktorientierte Verfahren: Anpassung an die gewichtete Datenmatrix,
   c) bewertete Graphen: hohe Korrelation zwischen den Distanzen und den Rohdaten,
      i metrisch: Pearsons R,
      ii ordinal: Kendals Tau,
      iii Stress: Anpassung der Distanzen an beobachtete Ähnlich- oder Unähnlichkeiten.

4.2.3 Binäre symmetrische Graphen

Frühe Spring Embedder sind Verfahren, die lediglich *symmetrisch binäre* Graphen ordnen können. Binäre Graphen beschreiben lediglich die Existenz oder aber das Fehlen von Relationen zwischen Paaren von Knoten, darüber hinaus werden in symmetrischen Graphen Richtungen nicht unterschieden.

Anziehende Kräfte wirken zwischen allen verbundenen Paaren (Paaren von Einheiten, die durch eine Kante verbunden sind). Diese einfachen Modelle unterscheiden sich danach, ob abstoßende Kräfte zwischen allen Einheiten oder lediglich zwischen den nicht verbundenen Einheiten wirken oder, ob die Abstoßung auf eine begrenzte lokale Umgebung wirkt.

Diese frühen Spring Embedder benutzen Federmodelle für die anziehenden Kräfte, Federn die sich vollständig zusammenziehen. Der Ruhepunkt *(resting length)* dieser Federn liegt damit bei einer Länge von null. Diese anziehenden Kräfte werden durch abstoßende Felder balanciert, die um jeden Knoten herum wirksam sind. Dies führt dazu, dass zwischen allen Knoten ein bestimmter Abstand erzwungen wird.

Battista et al. (1999: 306) beschreiben diese einfachen kräfteorientierten Platzierungsverfahren *(force directed placement)* zum geradlinigen Zeichnen von Graphen *(straight-line drawing)* mit einer generalisierten Formel, die alle anziehenden und abstoßenden Kräfte berücksichtigt, die auf einen einzelnen Knoten v einwirken.

$$(4.1) \qquad F(v) = \sum_{(u,v)\varepsilon E} f_{uv} + \sum_{(uv)\varepsilon V \times V} g_{uv}$$

Hierbei ist

f_{uv} die Kraft einer Feder zwischen zwei verbundenen Knoten u und v;

g_{uv} eine abstoßende Kraft, die proportional zu der euklidischen Distanz zwischen u und v und dem Ruhepunkt der Feder wirkt. Die Kraft nimmt im Quadrat mit der Entfernung zwischen u und v ab.

Der erste Teil der obigen Formel charakterisiert die anziehenden Kräfte zwischen allen verbundenen Knoten des Graphen, der zweite Teil die abstoßenden Kräfte, die zwischen allen Knoten wirken.

4.2.4 Eigenschaften der Spring Embedder

Spring Embedder können mit anziehenden und abstoßenden Kräften *Zufallskonfigurationen* von Einheiten ordnen und erzeugen dabei Anordnungen der Knoten, die von der Startkonfiguration vollständig unabhängig sind. Abbildung 4.6 illustriert dies für einen Graphen, der einen Torus beschreibt.

Andererseits kann man einen Graphen bereits *ohne abstoßende Kräfte* ordnen. Ein Verfahren, das Graphen ohne abstoßende Kräfte ordnen kann, ist das Schwerpunktverfahren *(bary-centric drawing)*. In diesem Fall benötigt man allerdings eine besondere *Startkonfiguration,* da die resultierende Lösung von der Startkonfiguration beeinflusst bleibt.

Schwerpunktorientierte Zeichenverfahren

Tutte (1960, 1962) hat mathematisch bewiesen, dass jeder dreifach verbundene Graph (ein Graph, in dem jeder Knoten mit mindestens drei Relationen verbunden ist) ohne abstoßende Kräfte gezeichnet werden kann. Dies wird möglich, wenn man den Graphen in zwei Mengen von Knoten zerlegt, wobei eine Menge (mit mindestens drei Knoten) fixiert wird, und die Elemente der zweiten Menge freigegeben sind, entsprechend den auf sie wirkenden anziehenden Kräfte eine neue Lage einzunehmen.

Beginnt man mit einer *konvexen Startkonfiguration,* also etwa einer Kreisanordnung, so verändern die nicht fixierten Knoten ihre Lage in Richtung auf den Schwerpunkt aller mit ihnen verbundenen Knoten (das gewichtete Mittel der Lage aller verbundenen Knoten). Derartige deterministische, schwerpunktorientierte Algorithmen konvergieren sehr rasch, wobei die nicht fixierten Knoten eine Lage innerhalb der Startkonfiguration einnehmen. Die Position p eines Knotens u wird dabei aus der Lage der mit ihm verbundenen Einheiten berechnet:

$$p_u = \frac{1}{degree_u} \sum_{(u,v)\varepsilon E} p_v \qquad (4.2)$$

Schwerpunktorientierte Platzierungsverfahren (ein Beispiel findet sich in Abb. 4.7) normalisieren den zugrunde liegenden binären Graphen, wobei alle Relationen einer Einheit invers zum *Degree* des Knotens gewichtet werden. Die Summe der Gewichtungen aller Kanten eines Knotens nimmt damit den Wert eins an. Dies transformiert den binären in einen bewerteten Graphen. Führt man diese Transformation vor der Anwendung des Algorithmus aus, so benötigt man einen Algorithmus, der bewertete Graphen zeichnen kann.

In den Sozialwissenschaften ist es oft üblich, Daten zu *normalisieren.* Dies ist dann sinnvoll, wenn man davon ausgeht, dass soziale Akteure über eine begrenzte Menge an Energie verfügen, die sie in ihre Beziehungen investieren können: Alle Akteure besitzen die gleiche Menge an Energie, die sie auf ihre Beziehungen verteilen können. Solange nicht bekannt ist, in welchen Anteilen diese Energie auf die einzelnen Beziehungen verteilt wird, ist die Annahme, dass alle Relationen den gleichen Anteil erhalten, die möglicherweise sinnvollste Annahme.

Behandelt man dagegen jede Relation als gleich stark (indem man auf eine Normalisierung verzichtet), dann verfügen die Akteure eines sozialen Systems entsprechend der Anzahl ihrer Beziehungen über ungleiche Mengen an Energie. In diesem Fall haben Akteure, die mit einer größeren Anzahl von Beziehungen im Netz verknüpft sind, für die Gesamtkonfiguration eine größere Bedeutung.

Ob die Normalisierung eines Graphen eine sinnvolle Operation ist, kann man nicht prinzipiell entscheiden. Eine Antwort muss mit der Problemstellung der Analyse, den Eigenschaften der Einheiten und den Fragen, die durch die Analyse eines Netzes beantwortet werden sollen, vereinbar sein. Je nachdem für welches Vorgehen man sich dabei entscheidet, entstehen jedoch deutlich unterschiedliche Lösungskonfigurationen.

Drei Gruppen von Algorithmen

Spring Embedder kann man danach unterscheiden, welche Information berücksichtigt wird, um die Kräfte zu spezifizieren, und welche Funktionen für ihre Kräfte gewählt werden:

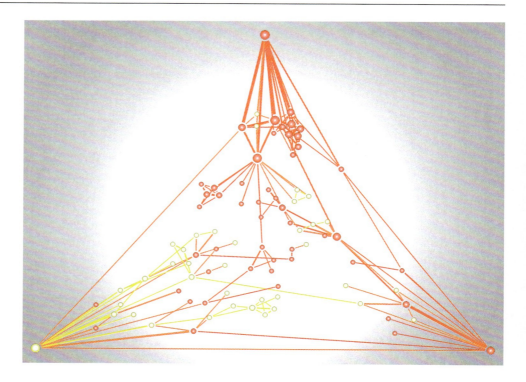

Abbildung 4.7 Schwerpunktorientiertes Graphenzeichnen mit fixierten Knoten.
Die Darstellung eines Graphen gemeinsamer Aufführungen von Kompositionen Neuer Musik verschiedener Komponisten in Köln, die mit einem schwerpunktorientierten Verfahren erzeugt worden ist. Das Expertenwissen erlaubte es in diesem Fall, drei Komponisten auszuwählen, deren Lage im Bild fixiert wurde: zwei lokale Kölner Komponisten (rot) und einen bekannten internationalen Komponisten (gelb). Dieser Graph ist verbunden, aber nicht dreifach verbunden. Knoten, die nur durch eine einzige Kante verbunden sind, sind dabei nicht besonders gut platziert (vgl. Sack 1998).

1. Kräfte können lediglich Modelle der Kanten und Knoten des Graphen sein. In diesem Fall sind sie Funktionen einer gegebenen Verteilung der Knoten in der Bildstruktur, der euklidischen Distanzen zwischen den Einheiten.
2. Strukturelle Parameter des Graphen können benutzt werden, um zusätzliche Kräfte abzuleiten. Diese Eigenschaften können dabei die *direkten* und *indirekten Pfade* in einem Graphen in verschiedener Weise berücksichtigen, zum Beispiel indirekte Pfade, die Knoten verbinden.
3. Zusätzliche Hilfskräfte können benutzt werden, um allgemeine Eigenschaften der Darstellung zu beeinflussen. Sie beruhen nicht auf Grapheneigenschaften, sondern auf der Lage der Einheiten und ihren Abständen zu besonderen Punkten der Bildfläche.

Kräfte als Modelle der Knoten und Kanten

Zwei Varianten der klassischen Spring Embedder benutzen Kräfte, deren Stärke ausschließlich eine Funktion der euklidischen Distanz zwischen den Einheiten in der Bildstruktur des Lösungsraumes ist (Übersicht 4.1). Beide Modelle verwenden für die Kanten Federn, die einen Ruhepunkt von null haben. Um jede der Einheiten des Graphen wirken gleichzeitig abstoßende Kraftfelder, die zwischen allen Knoten minimale Abstände erzwingen.

Übersicht 4.1
Zwei Kräfte-Modelle für die Darstellung von Knoten und Kanten
nach Eades (1984) und Fruchterman/Reingold (1994)

	Eades	Fruchterman/Reingold
Minimization	Springs	Annealing
Node attraction	$f_{a_{uv}} = k_a \log d_{u,v}$	$f_{a_{uv}} = d_{uv}^2 / k$
Node repulsion	$f_{r_{uv}} = k_r / d_{uv}^2$	$f_{r_{uv}} = -k^2 / d_{uv}$

Während in Eades' Modell die Knoten ihre Lage entsprechend den resultierenden Kräfte direkt verändern, verwenden Fruchterman/Reingold ein stärker rechenintensives stochastisches Minimierungsverfahren, das unter dem Namen *simulated annealing*[43] bekannt ist.

Spring Embedder, die nur Kräfte verwenden, mit denen die Positionen verbundener Einheiten angenähert werden, sind in der Lage, einfach lesbare Abbildungen für binäre Graphen mittlerer Dichte zu erzeugen, die oft auch Symmetrien und weitere Eigenschaften des zugrunde liegenden Graphen darstellen.

Ihre Attraktivität besteht in ihrer geringen Komplexität: Lediglich zwei Konstanten werden benötigt, um die Größenordnungen der anziehenden und abstoßenden Kräfte zu kalibrieren. Die optimale Ausnutzung der zum Zeichnen eines Graphen zur Verfügung stehenden Fläche kann durch die Kalibrierung der abstoßenden Kräfte erzielt werden.

Die Modelle von Eades und Fruchterman/Reingold unterscheiden sich dabei in den Funktionen, mit denen die Kräfte modelliert werden. Die von Fruchterman/Reingold verwendeten Funktionen für die Kräfte sind sehr viel steiler, was zu einer schnelleren Konvergenz führt, das heißt, diese Federn erzeugen schon bei geringer Ausdehnung große Kräfte. Dies kann mit dem Verlauf der aus den Funktionen resultierenden Kraft dargestellt werden:

$$f_{res} = f_a + f_r$$

Unter Anwendungsgesichtspunkten ist es wichtig, die Eigenschaften der abstoßenden Kräfte bei der Kombination von anziehenden und abstoßenden Kräften näher zu verstehen. Tunkelang (1994) hat gezeigt, dass die *erwartete Distanz* zwischen zwei verbundenen Knoten der vierten Wurzel des Verhältnisses der anziehenden und abstoßenden Kräfte entspricht:

$$d_{uv} = \sqrt[4]{\frac{f_a}{f_r}}$$

---

43 Simulated annealing tries to mimic the process in which liquids are cooled to crystalline form: „It is well known when a liquid is cooled slowly, it reaches a totally ordered form, called crystal, which represents the minimal energy state of the system. In contrast rapid cooling results in amorphous structures, that have higher energy, representing local minima. The difference lies in the fact that when a liquid is cooled slowly, the atoms have time to reach a thermal equilibrium in each and every temperature." (Davidson/Harrel 1996: 303f.)
„The disadvantage of simulated annealing is the fact that the cooling must be very slow to enforce regularities of the layout. It needs about 10 times more iterations than normal spring embedders (see also [BHR96] for a comparison between spring embedders and simulated annealing). Thus it is not very well suited for large graphs. Experimentation has shown that it is sufficient to follow the deterministic path and add a small random component." (Sander 1996: 6)

Kapitel 4

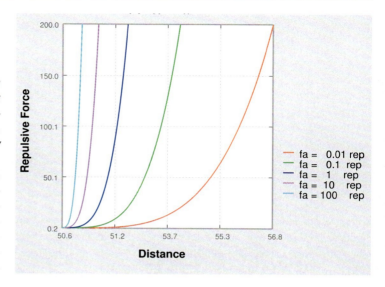

*Abbildung 4.8
Platzierung bei
Veränderung der
Abstoßung nach
Fruchterman/
Reingold (1994).*
Platzierung in
Abhängigkeit der
Größenordnung der
abstoßenden Kräfte
für anziehende Kräfte
unterschiedlicher
Größenordnung

Während Fruchterman/Reingold nur eine Konstante zur Skalierung der anziehenden und abstoßenden Kräfte verwenden, können wie in Eades' Modell hierzu zwei unterschiedliche Konstanten Verwendung finden und dazu benutzt werden, lediglich die abstoßenden Kräfte zu vergrößern. Das führt dazu, dass Knoten in Abhängigkeit von den anziehenden Kräften in unterschiedlicher Weise ihre Lage verändern. Dies illustriert Abbildung 4.8. Durch die Veränderung der abstoßenden Kräfte können (innerhalb gewisser Grenzen) dichte Zentren vergrößert werden, was die Lesbarkeit der Darstellungen erheblich verbessert.

Die frühen Spring Embedder sind jedoch keine perfekten Modelle. Als Praktiker, der mit sehr großen, komplexen (bewerteten) Graphen aus der Telefonkommunikation arbeitet, konstatiert Stephen Eick (1993): „Obwohl vielfach verwendet, tendiert der Feder-Algorithmus dazu, Gebiete auszufüllen, da alle Knoten versuchen, sich so nahe zu kommen, wie dies die abstoßenden Kräfte erlauben. Daraus resultiert auch, dass Knoten versuchen, Lücken zu schließen."

Zusätzliche Kräfte zur Beeinflussung der Anordnungen

Einige der Platzierungsartefakte der einfachen Spring Embedder können mit zusätzlichen Kräften kontrolliert werden, die zwischen den Knoten und *besonderen Punkten des Bildraumes* wirksam sind. Unter den hierfür vorgeschlagenen Hilfskräften, mit denen der Ordnungsprozess zusätzlich gesteuert werden kann, finden sich Kräfte zwischen den Mittelpunkten der Kanten und den Positionen der Knoten, Kräfte zu den Grenzen der Bildfläche oder zum Zentrum des Bildraumes. Dies erlaubt die gezielte Beeinflussung des Layouts.

Die Modelle von Davidson/Harrell (1996, Übersicht 4.2) und Coleman/Parker (1996) verwenden *simulated annealing* als stochastisches Suchverfahren, das weniger anfällig für *lokale Minima* ist. Der besondere Nutzen dieses stochastischen Optimierungsverfahrens liegt jedoch in der Flexibilität, Mischungen erwünschter Eigenschaften mit einer generalisierten *Kostenfunktion* zu beschreiben und zu erzeugen (vgl. auch Brandes 1999).

Die Kostenfunktion wird während der Iterationsschritte dazu benutzt, die erzeugten Einbettungen auf die erwünschten Eigenschaften zu überprüfen und auszuwählen sowie gleichzeitig das Suchverhalten des Algorithmus zu steuern. Dies erlaubt es, konfligierende Kriterien gleichzeitig zu optimieren und verschiedene Zielkriterien unterschiedlich zu ge-

Übersicht 4.2
Zusätzliche Kräfte zur Beeinflussung der
Anordnungen nach Davidson/Harrell (1996)

	Davidson/Harrell
Minimization	Annealing
Equal distribution	$a_{ij} = \dfrac{\lambda}{d_{ij}}$
Distance to borders	$\dfrac{1}{r^2} + \dfrac{1}{l^2} + \dfrac{1}{t^2} + \dfrac{1}{b^2}$
Edge length	$\dfrac{k}{d^2}$
Node–edge distance	$h_{kl} = \dfrac{w}{g_{kl}^2}$

wichten. Gegenüber den deterministischen Verfahren werden die verschiedenen Zielkriterien zu jedem Zeitpunkt neu berechnet.

Platzierungen mit strukturellen Informationen

Zwei Versuche, die Platzierungen der Elemente durch Berücksichtigung zusätzlicher struktureller Informationen zu verbessern, erscheinen besonders vielversprechend. Diese Modifikationen zeigen dabei gleichzeitig auf, in welcher Art und Weise Spring Embedder verbessert werden können, um die Informationsdefizite des klassischen Modells bei der Darstellung komplexer Graphen zu überwinden. Wenn Zentralitätsmaße (Freeman 1979) Informationen über die indirekte Verbundenheit der Akteure (Elemente) berücksichtigen, sind sie besonders geeignet, den Ordnungsprozess zu steuern. Sie stellen die Information zur Verfügung, über die einfache Spring Embedder nicht verfügen, wenn mit ihnen versucht wird, wenig reguläre oder komplexe Graphen zu ordnen.

Während die zusätzlichen Berechnungen dieser Eigenschaften bei der Untersuchung sehr großer Graphen einen erheblichen technischen Aufwand erfordern, sind diese zusätzlichen Informationen jedoch unverzichtbar, wenn man mit Spring Embeddern Darstellungen erzeugen will, bei denen Lücken in den Platzierungen nicht aufgefüllt werden.

Frick/Ludwig/Mehldau (1994, Übersicht 4.3) verwenden einen Algorithmus, der zusätzlich die Degree-Zentralität eines Knotens bei der Positionierung berücksichtigt. Die Autoren verwenden eine zusätzliche anziehende Kraft zum Schwerpunkt B des Gesamtsystems, die mit dem Degree der Knoten gewichtet wird.

Übersicht 4.3
Platzierung mit strukturellen Informationen:
eine schwerpunktorientierte Kraft unter Verwendung der
Degree-Zentralität nach Frick/Ludwig/Mehldau (1994)

	Frick/Ludwig/Mehldau
Bary-center	$B = \dfrac{1}{N} \sum_{i=1}^{n} p(v_i)$
Degree centrality	$\lambda(1 + degree(v))(B - p(v))$

Übersicht 4.4
Platzierung mit strukturellen Informationen: eine mittelpunktorientierte Kraft unter Verwendung der Closeness-Zentralität nach Brandes/Wagner (1997)

	Brandes/Wagner
Minimization	Annealing
Closeness centrality	$c_3(d(x_{v,\zeta})^2) - c_4(C_v + 1 - max_{u \varepsilon v}(C_u))$

Brandes/Wagner (1997, Übersicht 4.4) schlagen eine anziehende Kraft zum Mittelpunkt der Zeichnung vor, die die Differenz der Closeness-Zentralität zweier Knoten berücksichtigt. Closeness-Zentralität charakterisiert einen Knoten durch die Summe der minimalen Pfade eines Graphen, auf denen alle anderen Knoten eines Graphen erreicht werden können. Darstellungen der aus der Verwendung verschiedener Zentralitätsmaße resultierenden Layouts finden sich bei Brandes (1999).

4.2.5 Graphen-Layouts auf der Basis von Distanzinformationen

In den bisher vorgestellten Verfahren wurden nur die direkten Beziehungen in den Graphen durch Federn modelliert. Lediglich in den Modellen von Frick, Ludwig und Mehldau wurde der Grad der Knoten und bei Brandes/Wagner die Closeness-Zentralität der Knoten als zusätzliche Eigenschaft der Graphen berücksichtigt.

Wesentlich umfassendere Informationen über die Struktur eines Graphen und seine Eigenschaften enthält die Matrix der geodätischen Distanzen. Sie enthält die Länge aller kürzesten Wege für alle Paare des Graphen und wird auch bei der Berechnung von Zentralitätseigenschaften der Elemente ausgewertet. Ein Verfahren, das diese Distanzen unmittelbar verarbeiten kann, verwendet damit vergleichsweise umfassende Informationen über die zugrunde liegenden Struktur. Kamada und Kawai (1989) haben ein Verfahren vorgestellt, das Graphen auf der Grundlage der geodätischen Distanzen zeichnen kann.

Kamada und Kawai

Im Modell von Kamada und Kawai werden sowohl die anziehenden als auch die abstoßenden Kräfte als Feder modelliert. Wird eine Feder über ihren Ruhepunkt hinaus zusammengepresst, dann entsteht eine Kraft, die zwei Knoten voneinander fortbewegt. Gedehnte Federn ziehen sich dagegen bis zu ihrem Ruhepunkt zusammen und bewegen Knoten aufeinander zu. Die Größenordnung der Kraft resultiert aus der *Federkonstante k*.

Die Kraft einer Feder der Länge $d_{(u,v)}$, die dem Hook'schen Gesetz folgt, mit der Länge im Ruhepunkt $l_{(u,v)}$ berechnet sich als

$$(4.3) \qquad f_{(u,v)} = k(d_{(u,v)} - l_{(u,v)})$$

Die Kraft ist eine Funktion der Federkonstante k (der Steifheit der Feder, *stiffness*) und der Dehnung und Entfernung von ihrem Ruhepunkt. Die momentane Dehnung (Kompression) wird dabei als Differenz der Länge $d_{(u,v)}$ und der Lage des Ruhepunktes $l_{(u,v)}$ beschrieben.

Die resultierende Kraft wird null, wenn die euklidische Distanz $d_{(u,v)}$ der Länge der Feder im Ruhepunkt $l_{(u,v)}$ entspricht. Die Energie E einer Hook'schen Feder errechnet sich mit

$$E = \frac{1}{2} k \left(d_{(u,v)} - l_{(u,v)} \right)^2, \qquad (4.4)$$

da sie das Integral der Kraft ist.

Kamada und Kawai haben vorgeschlagen, die Energie aller der mit den Hook'schen Federn beschriebenen Kräfte zu minimieren, um das Gesamtsystem zu ordnen. Benutzt man die Distanzen des Graphen, um die Ruhepunkte der Federn zu spezifizieren, dann lässt sich die zu minimierende Energie als Abweichung der quadrierten Differenzen zwischen den euklidischen Distanzen der Knoten (ihrer Entfernung im Bildraum) und dem empirisch spezifizierten Ruhepunkt der Feder $l_{(u,v)}$ beschreiben.

$$f_{(u,v)} = K_{uv} \left(d_{(u,v)} - l_{(u,v)} \right)^2, \qquad (4.5)$$

Die Autoren haben nun vorgeschlagen, die Größe der Federkonstante in Abhängigkeit der Distanz zu definieren, woraus eine Feder resultiert, die auf kleinere Abweichungen mit größerer Kraft reagiert.

$$K_{uv} = k / d_{u,v}^2 \qquad (4.6)$$

Zusammenhänge mit der Multidimensionalen Skalierung

Wie auch an anderer Stelle[44] erkannt worden ist, kann das Modell von Kamada und Kawai als Sonderfall einer Multidimensionalen Skalierung (MDS) aufgefasst werden. MDS-Algorithmen sind von Psychometrikern entwickelt worden, um beobachtete Unähnlichkeiten von Objekten in niedrigdimensionale euklidische Räume einzubetten. Dieses psychometrische Problem wird dabei als Aufgabe verstanden, Punkte so in einem niedrigdimensionalen Raum darzustellen, dass die quadrierten Differenzen ihrer Distanz und ihrer Unähnlichkeit minimiert werden: $\Sigma \Sigma w_{uv}(d_{uv} - \widetilde{d}_{uv})^2$ (Torgerson 1952). Die umfangreiche Literatur, in der das grundlegende Problem aufgegriffen worden ist, hat dabei die Fragestellungen erweitert, so dass auch (Un)ähnlichkeitsurteile mit unbekannten metrischen Eigenschaften behandelt werden können.

Die nichtmetrische Skalierung (Shepard 1962a, 1962b; Kruskal 1964a, 1964b) verwendet dazu einen weiteren Berechnungschritt und ermittelt eine intermediäre Rechengröße, die so genannten Disparitäten $\widetilde{d}$, die aus den Ähnlichkeitsurteilen abgeleitet werden. Diese Disparitäten werden dabei so aus den beobachteten Ähnlichkeits- oder Unähnlichkeitsurteilen konstruiert, dass sie metrische (ordinale oder monotone) Eigenschaften besitzen. Statt der direkten Transformation der beobachteten Urteile in Distanzen werden die in einem Zwischenschritt konstruierten Disparitäten benutzt, um eine erwünschte Zieldistanz l_{uv} zwischen zwei Paaren von Beobachtungen zu spezifizieren.

---

44 Auch in der jüngsten Veröffentlichung von Di Battista et al. (1999) werden J. B. Kruskal und J. B. Seery (1980) als Pioniere dieses Ansatzes benannt: Kruskal/Seery (1980): Designing Network Diagrams. In: Proceedings First General Conference on Social Graphics. U.S. Department of Census: 22–50.

Übersicht 4.5
Anziehende und abstoßende Kräfte, die es erlauben, einen Two-mode-Graphen zu ordnen

	Two-mode Embedder
Attraction	$f_a = k_a \dfrac{d_{uv}}{degree_u}$
Repulsion	$f_r = k_r \dfrac{1}{d_{uv}^2}$

4.2.6 Darstellungen bipartiter Graphen (Two-mode-Daten)

Two-mode-Daten sind ein spezielles Problem bei der Analyse sozialer Netzwerke (Borgatti/Everett 1997), bei dem lediglich die Beziehungen zwischen zwei verschiedenen Mengen von Einheiten bekannt sind, zum Beispiel die Teilnahme von Personen an unterschiedlichen Ereignissen. Da diese Daten keine Informationen über die Beziehungen zwischen den Elementen der gleichen Menge enthalten, also keine Angaben darüber, wie die Personen miteinander in Beziehung stehen oder die Ereignisse untereinander verbunden sind, können die üblichen Verfahren der Netzwerkanalyse nicht ohne weiteres angewendet werden. Graphen, die Beziehungen zwischen zwei Mengen beschreiben, werden auch als bipartite Graphen bezeichnet. Ein klassischer bipartiter Datensatz ist der von Davis, Gardener und Gardener (1932). Er beschreibt, wie achtzehn Frauen im amerikanischen Süden an vierzehn verschiedenen sozialen Ereignissen teilnehmen.

Die vorgeschlagene Lösung für dieses Two-mode-Problem benutzt ein modifiziertes schwerpunktorientiertes Zeichenverfahren: In jedem Schritt der Iteration wird eine der beiden Mengen des Graphen fixiert, wohingegen die Elemente der zweiten Menge sich deterministisch in Richtung auf die Schwerpunkte der mit ihnen verbundenen Einheiten verändern können (Übersicht 4.5).

Im Gegensatz zum klassischen Verfahren des schwerpunktorientierten Graphenzeichnens ist eine Veränderung in Richtung auf den Schwerpunkt nur mit einem bestimmten Bruchteil k_a der Distanz zum Schwerpunkt erlaubt. Darüber hinaus wird eine abstoßende Komponente zwischen den Einheiten benutzt. Hierbei wird wie beim Spring Embedder von Fruchterman/Reingold eine Abstoßung gewählt, die im Quadrat der Entfernung abnimmt:

Algorithmus
1. für alle Relationen von Set A (Zeilen):
    a) berechne die Anziehung in Richtung auf den Schwerpunkt mit verbundenen Elementen der Menge B,
    b) verändere die Lage aller Knoten von A,
    c) berechne die abstoßenden Kräfte zwischen A und B und verändere die Lage aller A und B;
2. für alle Relationen von Set B (Spalten):
    a) berechne die Anziehung in Richtung auf den Schwerpunkt mit verbundenen Elementen der Menge A,
    b) verändere die Lage aller Knoten von B,
    c) berechne die abstoßenden Kräfte zwischen A und B und verändere die Lage aller A und B;
3. wiederhole Schritte 1 und 2.

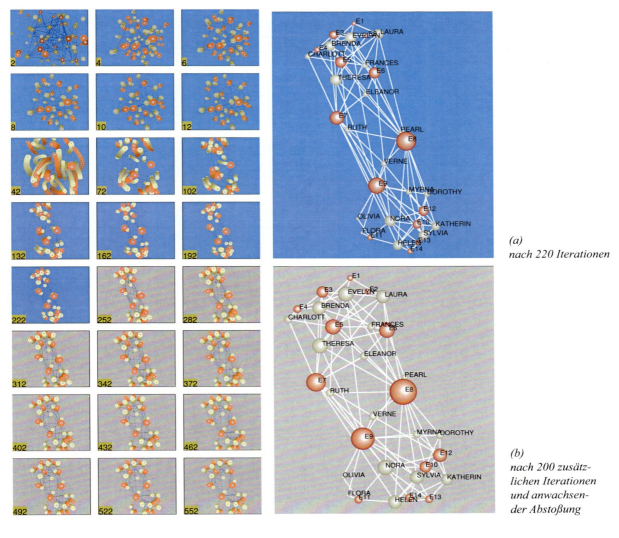

Abbildung 4.9
Animation der Iterationen eines Spring Embedders für Two-mode-Daten.

Abbildung 4.10
Zwei Lösungen für die Two-mode-Daten von Davis, Gardener und Gardener.

(a) nach 220 Iterationen

(b) nach 200 zusätzlichen Iterationen und anwachsender Abstoßung

Die Iterationen 1 bis 222 (blauer Hintergrund) zeigen die Ordnungsphase. Während der Schritte 223 bis 420 (grauer Hintergrund) wird die abstoßende Kraft schrittweise vergrößert, damit Größen für die Markierung des Degrees der Knoten verwendet werden können.

Die Lesbarkeit der Darstellungen kann dadurch verbessert werden, dass die Größenordnung der abstoßenden Kraft (vgl. Abb. 4.10) in den späteren Stadien der Iteration vergrößert wird. Die resultierenden größeren Abstände ermöglichen eine größere Auflösung für die Größenmarkierungen der Knoten und erlauben es gleichzeitig, deren Degree darzustellen (eine Information, die durch das schwerpunktorientierte Verfahren aus den Daten entfernt worden ist).

Übersicht 4.6
Kräftespezifikation für einen Spring Embedder,
der einen bewerteten Graphen ordnen kann

	Fruchterman-type springs
Repulsive constant	k_r
Normalized weight	$w_{uv} = dist_{uv} / \Sigma\, dist_u$
Row weight	$w_{uv} = \dfrac{dist_{uv}}{\Sigma\, dist_{uv}} \dfrac{\Sigma\, dist_{uv}}{\Sigma\Sigma\, dist_{uv}}$
Attractive force	$f_a(d) = w_{uv} d_{uv}$
Repulsive force	$f_r(d) = k_r / d_{uv}^2$

4.2.7 Bewertete Daten

Die Kanten binärer Graphen werden mit Federn modelliert, die verbundene Paare nur in Abhängigkeit von ihrer Lage im Bildraum aufeinander zu bewegen. In bewerteten Graphen werden die Kanten zusätzlich hinsichtlich ihrer Stärke modifiziert. Damit stellt sich die Frage, wie man bewertete Kanten modellieren kann, damit die Gleichgewichte der Kräfte in einem Spring Embedder zusätzlich zur Lage auch die unterschiedliche Stärke der Relationen berücksichtigen.

Entsprechend den bisherigen Ausführungen bieten sich zwei verschiedene Wege an, Spring Embedder zu entwickeln, mit denen bewertete Graphen gezeichnet werden können. Zum einen kann man versuchen, den Ansatz von Eades und Fruchterman/Reingold zu erweitern, zum Beispiel dadurch, dass stärkere Relationen durch stärkere Federn modelliert werden. Dazu kann man die Kräfte dieser Modelle um einen weiteren Gewichtungsfaktor erweitern, so dass sich Federn von Kanten mit hohen Gewichten stärker (schneller) zusammenziehen.

Eine zweites Verfahren, um bewertete Graphen zu ordnen, benutzt dagegen eine Variante des Modells von Kamada/Kawai. Hierbei werden aus den Gewichten der Kanten Zieldistanzen für die Abstände aller Paare im Bildraum berechnet, mit denen die Ruhepunkte der die Paare verbindenden Federn spezifiziert werden.

Während das erste Verfahren es erlaubt, die Gleichgewichte zu verformen, so dass die Darstellungen je nach Verwendung zusätzlich optimiert werden können, soll das Verfahren von Kamada/Kawai gleichzeitig so erweitert werden, dass auch mit diesem Verfahren zusätzliche Optimierungen der Darstellung vorgenommen werden könnnen.

Ein Modell mit abstoßenden Kräften

Der erste Weg ist besonders für solche Problemstellungen geeignet, die keine kompletten Distanz- oder Ähnlichkeitsinformationen zur Verfügung stellen. Anziehende Kräfte, die zugleich eine Funktion der Distanz der Knoten im Bildraum und eines zusätzlichen Kantengewichtes sind, bewegen zwei Knoten schneller aufeinander zu, je größer das Gewicht und je größer deren Distanz ist.

Hinsichtlich der abstoßenden Kräfte wurden bereits die Push-Eigenschaften des klassischen Modells beschrieben: Wird die abstoßende Kraft höher gewichtet, werden Paare

Übersicht 4.7
Ordnen von Graphen unter Verwendung von Distanzinformationen

	Kamada-type springs
Desired length	$l_{uv} = \dfrac{t_{uv} * 0.5 * image}{max(t_{uv}) / \Sigma \Sigma t_{uv}}$
Squared springs	$(d_{uv} - l_{uv})^2$
Total energy	$E = \Sigma \Sigma (d_{uv} - l_{uv})^2$

mit schwachen anziehenden Kräften stärker voneinander abgestoßen als Paare, die durch stärkere Kräfte verbunden sind.

Zusätzliche Vorkehrungen können dabei das Risiko lokaler Minima reduzieren: Hält man die Größenordnungen der abstoßenden Kräfte in der Konvergenzphase des Ordnungsprozesses klein und benutzt die Push-Eigenschaften des Algorithmus erst in späteren Phasen, dann kann man Layouts erzielen, die die Unterschiede in den Kantengewichten darstellen. Trotz dieser Vorkehrungen ist der Algorithmus nur bedingt geeignet, bewertete Graphen zu zeichnen: Startet man mit Zufallskonfigurationen, so treten in diesem Fall oft lokale Minima auf.

Wählt man stattdessen weniger anspruchsvolle Ausgangsbedingungen, wie zum Beispiel Permutationen aller Elemente des Graphen auf einem Kreis, die die Gesamtlänge aller Kanten minimieren (vgl. auch Kap. 4.1), dann lassen sich auch mit diesem Algorithmus zufrieden stellende Layouts erzeugen.

Ein modifizierter Ansatz zum Zeichnen mit Distanzen

Statt dem Vorschlag von Kamada und Kawai zu folgen, benutze ich im Folgenden einen direkten Ansatz, wie er von J.D. Cohen (1997)[45] vorgeschlagen wurde. Hierbei folgt der Algorithmus dem Gradienten der Federkräfte mit einem einfachen *Steepest-descent*-Algorithmus. Der Gradient des *Roh-Stress* hat eine sehr intuitive Interpretation: Er skaliert die Feder mit der Differenz der momentanen euklidischen Distanz der Punkte zur erwünschten Länge und nimmt den Wert eins an, wenn beide identisch sind. Ein solches Lösungsverfahren wird zwar allgemein als wenig effizient angesehen, da die Konvergenz auf das Minimum einen unsystematischen Verlauf nimmt, wenn die Umgebung des Minimums nicht

---

45 Cohen (1997): The stress functions S_k, $k = 0, 1, 2$ are proportional to something of the form

$$D_k = \sum_{i<j} \frac{(d_{ij} - t_{ij})}{t_{ij}^k}$$

let vertex i have coordinates (x_i, y_i) so that

$$d_{ij} = \sqrt{(x_i - x_j)^2 (y_i - y_j)^2}$$

given the current vertex positions, an iteration consists of adding to each (x_i, y_i) the increment $(\Delta x_i, \Delta y_i)$ where

$$\Delta x_i = -\mu_i \frac{\partial D_k}{\partial k_i} = -\mu_i \sum_{i,j \neq i} \frac{2(x_i - x_j)(1 - t_{ij}/d_{ij})}{t_{ij}^k}$$

einfach geformt ist. Dennoch erlaubt es die Einfachheit der Berechnungen, den Algorithmus so zu modifizieren, dass er zusätzliche Konstraints berücksichtigen kann.

Der direkte Algorithmus erlaubt es, bei der Minimierung durch Veränderung der Zieldistanzen eine ähnliche Flexibilität wie bei den einfacheren Spring Embeddern zu erreichen. Eine zusätzliche Spreizung der Abstände in der Bildstruktur kann man erzeugen, wenn man zu jeder der Zieldistanzen l_{uv}, die aus den zugrunde liegenden Ähnlichkeits- oder Unähnlichkeitsinformationen, mit denen der Graph beschrieben ist, abgeleitet werden können, eine zusätzliche Konstante k addiert.

$$(4.7) \qquad m_{uv}=k+l_{uv}$$

Hat der obige Algorithmus ein Minimum gefunden, so kann man durch k eine Vergrößerung der Abstände in der Bildstruktur erzwingen, bei der innerhalb gewisser Grenzen die Rangordnung der Distanzen erhalten bleibt. Die zentrale Idee dieser Modifikation besteht damit darin, nachdem zunächst eine Konfiguration mit besonders gutem Fit ermittelt worden ist, den klassischen Algorithmus in einer späteren Iterationsphase in umgekehrter Richtung zur systematischen Vereinfachung der Lösung zu benutzen.

Die Ordnungsleistungen eines solchen modifizierten metrischen Lösungsansatzes werden an einem Datensatz illustriert, der die geografischen Distanzen zwischen Hauptstädten verschiedener Länder beschreibt, wie man sie zum Beispiel von einem Globus ablesen kann. Diese Distanzen sind Luftlinienentfernungen *(grand-circle distances)* zwischen 194 Hauptstädten, die die Zieldistanzen zwischen den Knoten des Graphen beschreiben. Der Algorithmus soll den so beschriebenen Graphen in einen zweidimensionalen Lösungsraum einbetten.

Dies ist ein Problem, für das es keine exakte Lösung gibt, da hierbei die Oberfläche einer Kugel auf eine zweidimensionale Fläche abgebildet werden muss. Geografen haben jedoch in einer langen Tradition eine ganze Reihe von Konventionen entwickelt, mit denen das Problem bei Abbildung einer Kugeloberfläche auf eine zweidimensionale Fläche bei der Herstellung von Karten pragmatisch gelöst werden kann.

Das Resultat in Abbildung 4.11 zeigt dabei, dass die verschiedenen Kontinente – Nordamerika (rot), Südamerika (magenta), Afrika (grün), Europa (blau) und Ozeanien (cyan) – als zusammenhängende Gebiete dargestellt werden.

4.2.8 Resümee

Algorithmen, die Relationen als Kräfte auffassen, stellen einen Baukasten von Ordnungsmechanismen zur Verfügung, die in verschiedener Weise kombiniert werden können. Diese ermöglichen es, gezielt Layouts zu erzeugen, mit denen weitere Eigenschaften von Netzwerken dargestellt werden können. Spring Embedder sind flexible Prozeduren, die wesentliche Eigenschaften der zugrunde liegenden Graphen erhalten und vergleichsweise einfach zu lesende Abbildungen erzeugen.

Der algorithmische Rahmen kann für bipartite und bewertete Graphen erweitert werden. Für das oben verwendete Beispiel wird eine Anpassung erzielt, die dem Fit multidimensionaler statistischer Prozeduren nahe kommt. Gleichzeitig gestattet es der modifizierte Algorithmus, die Auflösung des Layouts zu verbessern, wobei die Nachbarschaften weitgehend erhalten bleiben.

Spring Embedder erlauben es, strukturelle Eigenschaften der Graphen bei der Ordnung zu benutzen, wie auch zusätzliche Ästhetiken und Konstraints. Dabei können die Letzteren

Netze ordnen

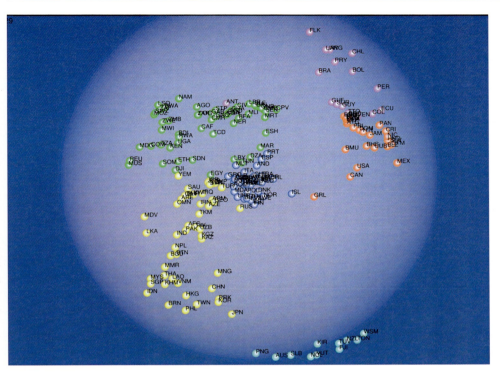

(a) Lösung mit der besten Anpassung

(b) gedehnte Lösung

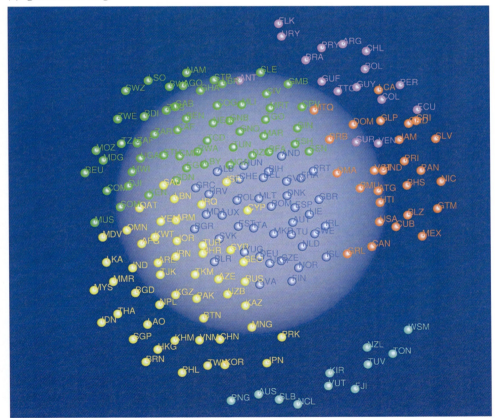

**Abbildung 4.11
Eine Weltkarte auf der Basis von Luftliniendistanzen.**
Die Lage der Hauptstädte ist mit einem Spring Embedder für bewertete Graphen aus den Luftliniendistanzen zwischen 194 Hauptstädten (wie sie von einem Globus abgelesen werden können) berechnet worden (steepest descent): Die Pearson-Korrelation der geografischen Distanzen mit den Bilddistanzen beträgt $r = 0.9641$. Eine zusätzliche additive Konstante erlaubt es, die Platzierungen der Lösung (a) in ein Layout (b) zu transformieren, in das weitere Informationen eingezeichnet werden können.

dazu verwendet werden, die Lesbarkeit der entstehenden Abbildungen zu verbessern. Dies ist dann notwendig, wenn die Verteilungen zusätzlicher Informationen in den Netzwerkdarstellungen untersucht werden sollen.

4.3 Platzierungen von Knoten unter Nebenbedingungen

Ein Problem, das sich bei der Kombination von Struktur und Informationsvisualisierung stellt, ist die Abhängigkeit der Größen zusätzlicher Markierungen von den durch die Ordnungsverfahren erzeugten Positionierungen. Immer dann, wenn Anordnungen der Einheiten zu sehr kleinen Abständen in der Bildstruktur führen, können Größen von Markierungen nur noch eingeschränkt verwendet werden, um zusätzliche Informationen zu kommunizieren.

In der grafischen Statistik ist die Verwendung von Größen grundsätzlich problematisch (vgl. zum Beispiel Schnell 1994), da besonders um die Mittelwerte der Verteilungen Beobachtungen wertemäßig oft identisch sind und sich Größenmarkierungen der Beobachtungen schnell verdecken.

Im Gegensatz zu den traditionellen statistischen Verfahren zeichnen sich die in dieser Arbeit vorgestellten Ordnungsverfahren und Varianten statistischer Algorithmen sämtlich dadurch aus, dass sie es gestatten, Platzierungen innerhalb gewisser Grenzen so zu optimieren, dass in den entstehenden Layouts Größenmarkierungen verwendet werden können.

Platzierungen entsprechen idealerweise den zugrunde liegenden Daten beziehungsweise den aus ihnen abgeleiteten Distanzen. In diesem Fall korrelieren die Distanzen in der Bildstruktur vollständig mit den Ausprägungen der Relationen des Graphen.

Platzierungskonstraints können auf der anderen Seite die Distanzen zwischen den Platzierungen so weit transformieren, dass zwischen allen benachbarten Einheiten nahezu gleiche Abstände entstehen, womit die Einheiten in eine Gitterstruktur eingebettet werden. Ob diese Anordnungen noch geeignet sind, Einsichten in die dargestellten Abhängigkeiten zu vermitteln, kann nicht generell beantwortet werden, sondern hängt davon ab, ob in diesen Lösungen zumindest die Rangordnungen der Anordnungen erhalten bleiben.

Wie sich dieser für die Informationskommunikation wichtige Optimierungsschritt praktisch darstellt, soll beispielhaft demonstriert werden. Dazu soll versucht werden, eine mit einem metrischen Spring Embedder aus einer Matrix geografischer Distanzen erzeugte Weltkarte so zu verändern, dass in diese die nationalen Handelsbilanzen mit Größenmarkierungen eingetragen werden können. Eine zweite Information, die noch wesentlich höhere Anforderungen an das Layout der Einheiten stellt, sind die Größen der Handelsflüsse zwischen diesen Ländern. Die Darstellung der Handelsflüsse dieses bewerteten Graphen stellt weitere Anforderungen an die Positionierung.

Um ein geeignetes Layout zu finden, benutze ich einen metrischen Spring Embedder und verwende die Größe der abstoßenden Kräfte, um die Abstände zwischen den benachbarten Ländern zu dehnen. Auskunft über die metrische Präzision der verschiedenen Einbettungen gibt die Pearson-Korrelation der Bilddistanzen mit den zugrunde liegenden Entfernungen.

Neben diesen formalen Kriterien zur Beurteilung der Einbettungsgüte ergeben sich weitere Kriterien zur Beurteilung der Darstellung, die aus der Verteilung der Größen der Handelsbilanzen resultieren. Der zur Skalierung der Größensymbole verfügbare Bereich ist durch den Abstand des Landes mit der größten Handelsbilanz zu seinem nächsten geografischen Nachbarn begrenzt.

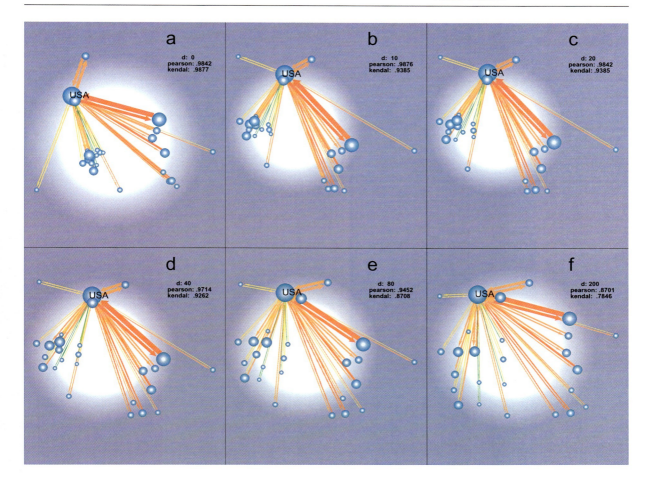

Abbildung 4.12 Größenmarkierungen und die Optimierung von Layouts.
Die Abbildung zeigt, wie ein geografisches Layout mit einem Spring Embedder für bewertete Graphen gedehnt werden kann, damit Größenmarkierungen der Handelsbilanzen in das Layout übertragen werden können. Dabei ist (a) die bestangepasste Lösung: Die Bilddistanzen zeigen eine Pearson-Korrelation mit den geografischen Distanzen von r = .984. Größenmarkierungen führen jedoch zu Überlappungen. Das Layout gestattet auch nicht, die Handelsflüsse mit Linien zu übertragen. Dies ist im Fall (e) oder (f) jedoch möglich. Die Korrelation in den gedehnten Layouts ist zwar geringer r = .945 (e) bzw. r = .870 (f), die Nachbarschaften bleiben jedoch weitgehend erhalten.

Ein zweites Kriterium zur Beurteilung der Layouts ist die Lesbarkeit der Markierungen der Handelsflüsse. Da es sich hierbei um die planare Abbildung einer vollständigen Matrix handelt, lassen sich auch bei stark gespreizten Layouts Überdeckungen der Flüsse kaum vermeiden.

Die Herstellung von Layouts, mit denen zusätzliche Informationen kommuniziert werden können, stellt sich damit als Optimierungsproblem der grafischen Auflösung der Topologien der Knoten und des mit zusätzlichen Platzierungskonstraints einhergehenden Informationsverlustes dieser Anordnungen dar.

Kapitel 5
Syntaktische Markierungen

Die Lagerung von Einheiten in einer Struktur kann man besser beurteilen, wenn man Eigenschaften der Struktur in die Layouts integriert. Dabei ist einerseits zu entscheiden, welche Eigenschaften hilfreich sind, die Bedeutung der Struktur zu erschließen. Eine zweite Frage ist, welche grafischen Markierungen bestimmte Netzwerkeigenschaften möglichst einfach und klar kommunizieren.

Dazu werde ich zunächst versuchen, eine sehr einfache Darstellung eines stark strukturierten Beispielnetzwerkes durch die Integration zusätzlicher Markierungen und Symbole informativer zu gestalten. So ist eine Beurteilung der zusätzlich dargestellten Informationen möglich.

In der Literatur der Netzwerkanalyse wird die Einbettung von Akteuren in die sie umgebende soziale Struktur oft unter der Perspektive der mit einer bestimmten Stellung einhergehenden Handlungsopportunitäten betrachtet. Diese werden dabei als *soziales Kapital* (vgl. auch James S. Coleman 1990) verstanden und beschreiben die Ressourcen, die ein Akteur in einem Netzwerk mobilisieren kann, um seine strategischen Ziele zu verfolgen.

Eine Gruppe von Netzwerkstatistiken, die Akteure mit besonderen Einflussmöglichkeiten identifizieren, sind die schon mehrfach erwähnten Zentralitätsmaße. Zentrale Akteure sind in vielfältiger Weise in die Struktur eingebunden und können viele andere Akteure auf vergleichsweise kurzen Pfaden erreichen.

Eine zweite Form von strukturellen Lagerungen hat Ron Burt (1992) beschrieben. Er legt dabei den Fokus auf die Effizienz der Einbettung eines Akteurs in die umgebende Struktur, das heißt auf die Fragestellung, wie es in Strukturen mit wenigen Beziehungen möglich ist, vergleichsweise große Vorteile zu erlangen. Dies ist besonders dann gegeben, wenn Strukturen *strukturelle Löcher* aufweisen. Das ist etwa dann der Fall, wenn Strukturen aus mehreren eng verbundenen Teilsystemen bestehen, die untereinander nicht oder aber nur wenig verbunden sind. In diesem Fall kann ein strategisch ausgerichteter Akteur mit vergleichsweise wenigen Beziehungen eine besondere Position in einem Netzwerk einnehmen.

Tabelle 5.1 stellt ein stark strukturiertes Beispielnetzwerk, das strukturelle Löcher aufweist, in Form einer Matrix dar. Obwohl das Netzwerk eine einfache Struktur hat, benötigt man eine gewisse Erfahrung im Umgang mit Matrizen, um aus dieser Darstellung Vorstellungen über seine Eigenschaften zu gewinnen. Dies ist sehr viel schneller möglich, wenn

Tabelle 5.1
Matrixdarstellung eines Netzwerks mit strukturellen Löchern nach Burt (1992)

	p1	p2	p3	p4	p5	p6	p7	p8	p9	p10	p11	p12	p13	p14	p15	p16	p17	p18
p1	0	1	1	1	1	0	0	0	0	1	0	0	0	0	1	0	0	0
p2	1	0	1	1	0	0	0	0	0	0	0	0	0	0	0	0	0	0
p3	1	1	0	1	0	0	0	0	0	0	0	0	0	0	0	0	0	0
p4	1	1	1	0	0	0	0	0	0	0	0	0	0	0	0	0	0	0
p5	1	0	0	0	0	1	1	1	1	0	0	0	0	0	0	0	0	0
p6	0	0	0	0	1	0	1	1	1	0	0	0	0	0	0	0	0	0
p7	0	0	0	0	1	1	0	1	1	0	0	0	0	0	0	0	0	0
p8	0	0	0	0	1	1	1	0	1	0	0	0	0	0	0	0	0	0
p9	0	0	0	0	1	1	1	1	0	0	0	0	0	0	0	0	0	0
p10	1	0	0	0	0	0	0	0	0	0	1	1	1	1	0	0	0	0
p11	0	0	0	0	0	0	0	0	0	1	0	1	1	1	0	0	0	0
p12	0	0	0	0	0	0	0	0	0	1	1	0	1	1	0	0	0	0
p13	0	0	0	0	0	0	0	0	0	1	1	1	0	1	0	0	0	0
p14	0	0	0	0	0	0	0	0	0	1	1	1	1	0	0	0	0	0
p15	1	0	0	0	0	0	0	0	0	0	0	0	0	0	0	1	1	0
p16	0	0	0	0	0	0	0	0	0	0	0	0	0	0	1	0	0	1
p17	0	0	0	0	0	0	0	0	0	0	0	0	0	0	1	0	0	1
p18	0	0	0	0	0	0	0	0	0	0	0	0	0	0	0	1	1	0

man die Matrix grafisch darstellt. Lesbar wird eine solche grafische Abbildung jedoch erst dann, wenn man geeignete Positionen für die Punkte festgelegt hat, mit denen die Knoten des Netzes dargestellt werden. In dieser Arbeit wurden bereits verschiedene Verfahren vorgestellt, mit denen man versuchen kann, geeignete Layouts eines Graphen zu erzeugen.

Eine sehr einfache Darstellung des ungerichteten (symmetrischen) Beispielgraphen markiert die Knoten mit ihrem Label an Positionen (die durch einen Spring Embedder berechnet worden sind) und verbindet Paare von Personen, zwischen denen Beziehungen bestehen, mit Linien. Zur Berechnung der Positionen der Einheiten habe ich einen einfachen Spring Embedder verwendet.

Bereits die einfache Darstellung in Abbildung 5.1 erlaubt es, sich über die Struktur des Netzes zu unterrichten. Die insgesamt 18 Akteure dieses Netzes sind in vier Verdichtungen verschiedener Größe eingebunden. Zwischen diesen bestehen nur wenige Beziehungen. Drei Verdichtungen sind mit einer Beziehung mit einer vierten verbunden. Akteur 1 ist an allen Beziehungen zwischen den Verdichtungen beteiligt. Er ist damit für sämtliche Beziehungen zwischen den verdichteten Teilsystemen bedeutsam.

Sieht man von den Verdichtungen ab, dann ist die Struktur dieses Beispielnetzes eher durch das Fehlen von Beziehungen zwischen den Teilsystemen gekennzeichnet. Sie weist im Sinne von Burt große strukturelle Löcher auf. Akteur 1 ist nur durch drei Beziehungen mit allen anderen Teilsystemen verbunden und gleichzeitig in einer günstigeren Position als die mit ihm verbundenen Akteure (5, 10 und 15), da er diese im Prinzip gegeneinander ausspielen kann.

In dem Ausmaß, in dem ein strategisch orientierter Akteur durch seine Beziehungen schwach verbundene Teilsysteme verbindet, kann er seine Beziehungen benutzen, um zum Beispiel als Makler zwischen schwach verbundenen Verdichtungen aufzutreten. Burt benennt weitere Bedingungen, die es gestatten zu unterscheiden, welche Akteure in derart stark strukturierten Netzwerken besonders wenig Aufwand betreiben müssen: Je stärker ein Akteur darauf achtet, keine Mehrfachbeziehungen in die gleichen Teilsysteme zu unterhalten, und je weniger seine Beziehungen im Sinne einer solchen Struktur redundant sind, desto geringer sind die Kosten, die ein Akteur zur Aufrechterhaltung einer hohen Verbundenheit im Gesamtsystem in Beziehungen investieren muss.

Aus Abbildung 5.1 lässt sich auch die besondere Lage von Akteur 1 ablesen. Durch drei seiner Beziehungen ist er mit allen Verdichtungen verbunden. Seine Beziehungen in das eigene Teilsystem sind darüber hinaus dadurch gekennzeichnet, dass die Akteure 2, 3 und 4 zwar miteinander, aber keine über ihr eigenes Teilsystem hinausgehenden Beziehungen haben.

Ein Graph beschreibt die Knoten eines Netzes lediglich hinsichtlich ihrer Identität beziehungsweise der Nichtidentität verschiedener Knoten. Solange keine zusätzlichen Informationen über die Knoten eines Graphen (Attribute) zur Verfügung stehen, lassen sich damit die Einheiten eines Graphen lediglich auf der Grundlage ihrer Relationen unterscheiden. Zusätzliche Bezeichnungen, wie die Label der Knoten, die man in die Abbildungen von Netzwerken integrieren kann, bieten einem Betrachter die Möglichkeit, weiteres Wissen mit der Lage einer Einheit zu verknüpfen.

Die einfache Darstellung des Netzwerkes in Abbildung 5.1 verwendet nur diese Informationen. Die Akteure werden lediglich durch ihre Nummerierung unterschieden. Informationen über ihre Stellung in der Struktur kann man an den verbindenden Linien ablesen.

Außer ihrer Identität besitzen die Einheiten von Graphen im strengen Sinne zunächst einmal keine eigenen Eigenschaften. Die in Tabelle 5.1 dargestellte Information erlaubt es jedoch, die Einheiten hinsichtlich ihrer Beziehungen zu den anderen Akteuren zu unterscheiden. Aus der Sicht eines bestimmten Akteurs (Ego) beschreiben diese seine *strukturelle Umgebung*. Diese Umgebung man kann in verschiedener Art und Weise charakterisieren.

Die *direkte* Einbindung eines Akteurs in das ihn umgebende Umfeld, seine *primäre Umwelt,* gibt wichtige Hinweise auf die unmittelbaren Handlungsopportunitäten. Eine erweiterte Perspektive berücksichtigt, zusätzlich zu den direkten Beziehungen, die *indirekten Pfade,* auf denen weitere Akteure erreicht werden können und damit Personen, zu denen keine direkten Beziehungen bestehen.

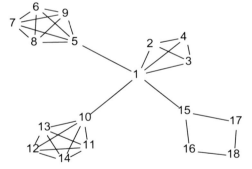

Abbildung 5.1
Der ungerichtete Beispielgraph mit strukturellen Löchern (vgl. Tabelle 5.1)

5.1 Degree-Zentralität

Der *Degree* sowie *In-* und *Outdegree* sind Knotenattribute, die aus der Einbettung in das Netz abgeleitet werden können. Sie beschreiben die primäre Umwelt der Akteure. Grafische Markierungen dieser Kontexteigenschaften werden deshalb als *Zonensymbole* beschrieben.

Zonensymbole sind grafische Container, mit denen verschiedene Zustandsbeschreibungen der *primären Umwelt* der Elemente eines Netzes dargestellt werden können. Welche Informationen über diese Zone kommuniziert werden können, wird durch die für ein Netzwerk, seine Akteure und Relationen zur Verfügung stehende Information bestimmt und ist demnach vom Informationsgehalt des Graphen abhängig.

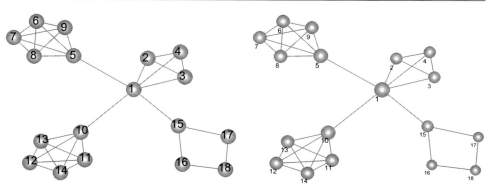

Abbildung 5.2
Markierungen der
Knoten mit Größen (a) gleiche Größen (b) Größenmarkierung: node degree

Zonensymbole können darüber informieren, wie ein Ego mit anderen Akteuren *direkt* in Beziehung steht: Der *Degree* eines Knotens beschreibt die primäre Umwelt mit der *Anzahl* der direkten Verbindungen. Wenn man aus dem Degree eines Knotens eine entsprechende Größenmarkierung des Zonensymbols ableitet, dann werden Akteure entsprechend der Anzahl ihrer direkten Beziehungen sichtbar, mit der sie in der Struktur verbunden sind.

Abbildung 5.2 soll diese konzeptionellen Unterscheidungen grafisch verdeutlichen. Benutzt man die zusätzliche Information des Degrees eines Knotens und leitet aus diesem die Größen der Markierungen ab, dann lässt dies in der Abbildung stark eingebundene Akteure hervortreten.

In Teilabbildung 5.2(a) werden gleich große Kugelsymbole verwendet sowie die Label der Knoten, um das Netz darzustellen. Da die Kugeln gleiche Größen aufweisen, sind sie lediglich ein Symbol für die Gleichartigkeit der Knoten und transportieren keinerlei weitere Information. In Teilabbildung 5.2(b) werden unterschiedliche Größen benutzt, die über den Degree der Knoten und damit über die Größe der primären Umwelten informieren. Diese zusätzliche Information kann man zwar auch aus Abbildung 5.1 entnehmen, wenn man für jeden einzelnen Knoten die Anzahl der direkten Beziehungen abzählt. Dies erfordert jedoch einen zusätzlichen Aufwand beim Lesen der Grafik.

Für die Größenberechnung wird eine Exponentialfunktion (vgl. Stevens' Law in Kap. 2.4) zugrunde gelegt. Da in diesem Beispielnetzwerk die numerischen Unterschiede des Degrees vergleichsweise klein sind, gilt dies auch für die Variation der Größen in der Abbildung. Sie lassen jedoch Akteur 1 (6 Relationen), Akteur 5 und 10 (5 Relationen) in der Darstellung hervortreten und erlauben es, diese von den Akteuren 16, 17 und 18 (die jeweils nur mit zwei Relationen verbunden sind) zu unterscheiden.

5.2 First order zone

Das Konzept der *first order zone* (Boissevain 1974) beschreibt die primäre Umwelt mit weiteren Informationen: Zusätzlich zur Anzahl der Beziehungen benötigt man die Identitäten der direkt verbundenen Akteure. Wenn es sich für ein bestimmtes Ego als sinnvoll erweist, die (unterschiedlichen) Beiträge der direkt verbundenen Beziehungspartner (Alter) zu unterscheiden, dann kann man dies grafisch dadurch umsetzen, dass verschiedene Alteri mit unterschiedlichen Farben dargestellt werden. Man kann diese Farben auch zur

Syntaktische Markierungen

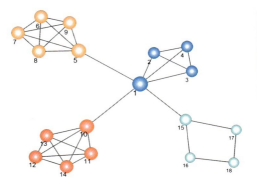
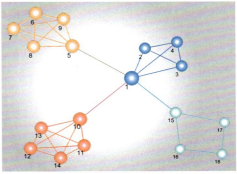

(a) *Markierung von Partitionen mit Farbtönen* (b) *Markierung des Schwerpunktes mit einem Helligkeitsgradienten*

Abbildung 5.3
Markierungen einer Partition mit Farben

Markierung der Relationen verwenden, um zum Beispiel die Beziehungen in der Farbe des jeweiligen Alter darzustellen.

5.3 Partitionen

Für das vorgestellte Beispielnetzwerk ist es nahe liegender, die Zusammenhänge zwischen der individuellen Lage der Akteure und der Verdichtungsstruktur des Netzwerkes zu untersuchen. In dem einfach konstruierten Beispielnetzwerk ist es offensichtlich, dass unter einer Systemperspektive vier Teilsysteme unterschieden werden können, die eine Partition des Graphen bilden: [1, 2, 3, 4], [5, 6, 7, 8, 9], [10, 11, 12, 13, 14] und [15, 16, 17 18]. Weist man jeder dieser Teilmengen einen eigenen Farbton zu, dann kann man die Partition auf das Layout abbilden, indem man alle Elemente im Layout mit der entsprechenden Farbe markiert. Dies zeigt Abbildung 5.3 (a).

In diesem Fall kann man diese aus der Abbildung ablesen und damit bereits das Layout des Beispiels interpretieren. In diesem Fall fügt die farbliche Markierung der Darstellung scheinbar keine neue Information hinzu, da die Markierung eine Information kommuniziert, die mit der Lage der Elemente im Layout identisch ist. Diese scheinbare Redundanz ist jedoch nicht trivial. Sie resultiert aus der perfekten Korrelation zwischen den farblich kodierten Teilmengen und der Lage der Einheiten im Layout beziehungsweise der durch sie gebildeten Verdichtungen. Wenn man durch numerische Verfahren identifizierte Teilsysteme auf das Layout eines Netzwerkes abbildet oder Attribute zur Partitionierung eines Netzes benutzt, wird man eine derartig hohe Übereinstimmung wie in diesem Beispiel nicht erwarten können.

Die Abbildung einer Partition der Elemente auf das Layout eines Graphen mit Farbmarkierungen ist ein mächtiges grafisches Werkzeug, da die menschliche Wahrnehmung Farben selektiv und sehr schnell wahrnehmen kann. Anhand dieser Farbmarkierungen ist es möglich, zu untersuchen, inwiefern gleichfarbige Einheiten ähnliche Lagerungen aufweisen.

Farbmarkierungen von Partitionen sind auch dann nützlich, wenn man Zonensymbole verwenden will, um mit ihnen zu zeigen, wie die primären Umwelten der Akteure in verschiedene Teilmengen eines Netzes eingebettet sind. Bevor ich dies weiter ausführe, möchte ich jedoch zunächst noch auf Abbildung 5.3 (b) eingehen, mit der versucht wird, zusätzliche Informationen in die Abbildung zu integrieren, die es ermöglichen, die Lage der Verdichtungen näher zu inspizieren.

Zusätzlich zu den Informationen in Teilabbildung a ist in Abbildung 5.3 (b) die Lage des *Schwerpunktes des Gesamtsystems* mit einem Helligkeitsgradienten grafisch markiert. Diese zusätzliche Information erlaubt es, die Lagerung der einzelnen Elemente und auch der Teilmengen danach zu beurteilen, wie sie zum Schwerpunkt des Systems gelagert sind (vgl. Kap. 3.4). Diese Information kann aus der Teilabbildung a nicht abgelesen werden, da der Schwerpunkt des Systems nicht notwendigerweise in den Bildmittelpunkt fällt.

Aus Teilabbildung b kann man ablesen, dass Akteur 1 und die mit ihm verbundene Clique etwas näher zum Schwerpunkt des Gesamtsystems platziert sind als die anderen Verdichtungen und dass die Verdichtung um Akteur 15 durch den Spring Embedder in Bezug auf den Schwerpunkt peripherer als andere angeordnet worden ist.

Selbst wenn man der Ansicht ist, dass man auf diese zusätzlichen Informationen verzichten kann, gibt es noch weitere Gründe, die es nahe legen, Hintergrundmarkierungen zu verwenden. Da bei der Kommunikation mit Farben die Referenzkontraste zum Hintergrund die Erscheinungsform der Farbtöne verändern, ist der Hintergrund ein wichtiges Gestaltungsmittel für die Unterscheidbarkeit der Farbmarkierungen.

5.4 Partitionen, Teilmengen und Zonenmarkierungen

Viele Verfahren der Netzwerkanalyse versuchen, in den Graphen zusammenhängende Muster oder Gebilde zu identifizieren und beschreiben diese als Teilmengen der Gesamtpopulation. In Abbildung 5.3 habe ich die aus der Abbildung abgelesenen Verdichtungen benutzt, um diese als Partition mit Farben auf das Layout zu übertragen.

Dies erlaubt es, in einem weiteren Schritt zu untersuchen, inwieweit die Elemente des Netzwerkes in den farblich markierten Partitionen gelagert sind. Dazu werden die primären Umwelten der einzelnen Akteure betrachtet und Zonensymbole eingesetzt, deren Größe aus dem Degree der Knoten abgeleitet wird. Gleichzeitig integriere ich in dieses Symbol zwei halbe Tortendiagramme, um die Zusammensetzung der primären Umwelten der Akteure näher zu beschreiben. In diesem Fall interessiert die Zusammensetzung der primären Umwelten hinsichtlich der Einbettung in die farblich unterschiedenen Teilmengen. Dazu verwende ich die Farbmarkierungen aller mit einem Akteur direkt verbundenen Alteri und benutze deren Häufigkeiten und Farben für die Tortendiagramme jedes Ego. Da das Beispielnetzwerk nur ungerichtete oder symmetrische Beziehungen enthält, resultieren gleichartige Markierungen für den In- und Outdegree der Knoten.

Wie man aus Abbildung 5.4 ablesen kann, unterscheiden sich die Markierungen der Knoten danach, wie diese mit ihren direkten Beziehungen in die verschiedenen Teilmengen eingebunden sind. Akteur 1, der durch je eine seiner sechs Beziehungen mit jeder der drei anderen Partitionen verbunden ist, nimmt dabei eine Sonderstellung ein. Sein Zonensymbol weist Farbtöne aller Teilmengen auf und ist demnach mit allen Verdichtungen im Netzwerk verbunden. Eine zweite Menge ähnlicher Markierungen weisen die Akteure 5, 10 und 15 auf, die je eine Beziehung mit der blauen Clique (Akteur 1) haben und ansonsten nur innerhalb ihrer eigenen Teilstrukturen verbunden sind. Alle Markierungen zeigen hier ein blaues Tortenstück. Alle anderen Akteure des Netzwerkes sind dagegen nur mit Personen des gleichen Teilsystems verbunden.

Zonensymbole beschreiben die primäre Umwelt der Akteure. In Abbildung 5.5 ist die Umwelt von Akteur 1 zusätzlich mit einer hellblauen Fläche markiert. Das Zonensymbol

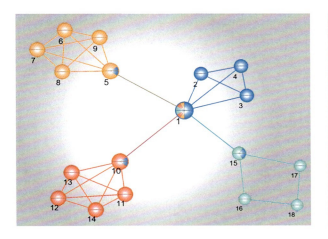

Abbildung 5.4
Elementare Lagerungen in einer Partition

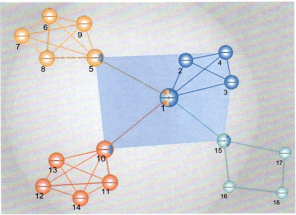

Abbildung 5.5
Zonensymbole als Beschreibung der primären Umwelt

von Akteur 1 beschreibt die Zusammensetzung der Mitgliedschaften aller von dieser Fläche berührten beziehungsweise eingeschlossenen Akteure und damit die primäre Umwelt von Akteur 1 hinsichtlich der direkt erreichbaren Personen. Das Symbol gibt so Auskunft über das Vorkommen und die Verteilung der Verdichtungen in der Umwelt von Akteur 1. Zonensymbole sind damit kompakte Beschreibungen der Umwelten in einem Netz, die man einfacheren Abbildungen nur entnehmen kann, wenn man dazu alle von einem Akteur ausgehenden Pfade verfolgt.

5.5 Partitionen und Hüllen

Teilmengen können bei der elementaren Darstellung eines Netzes auf verschiedene Art und Weise markiert werden. Vorstehend habe ich gezeigt, wie es die Verwendung von Farbtönen erlaubt, Teilmengen zusätzlich in die Darstellungen zu integrieren.

Eine andere Form der Darstellung von Partitionen ist die Markierung der von ihren Teilmengen in einem Layout eingeschlossenen Gebiete mit *konvexen Hüllen (convex hulls)*. Unter einer konvexen Hülle versteht man die Fläche in einem Layout, die alle Elemente einer Teilmenge einschließt. Diese kann man in einfachen Fällen noch von Hand identifizieren, bei einer größeren Anzahl von Einheiten wird man dazu jedoch einen Algorithmus verwenden wollen.

Wenn einem solchen Algorithmus die Positionen der Elemente einer Menge zur Verfügung stehen, berechnet er aus diesen deren konvexe Hülle, den Pfad, der alle Elemente einer Teilmenge im Layout einschließt.[46] Berechnet man die konvexen Hüllen aller Teilmengen einer Partition, lassen sich aus ihren Überlappungen in ähnlicher Weise Zusammenhänge identifizieren, wie dies mit Euler- und Venn-Diagrammen (vgl. Kap. 3.6) möglich ist.

Zur Illustration dient ein Datensatz, der schon in Abbildung 4.5 dargestellt wurde. Dort wurde das Verflechtungsnetzwerk zwischen den Beiratsgremien dreier Forschungsorgani-

---

46 Die Berechnung von konvexen Hüllen ist ein intensiv untersuchtes Problem in der *computational geometry*, für das unterschiedlich effiziente Algorithmen existieren. Einen Überblick

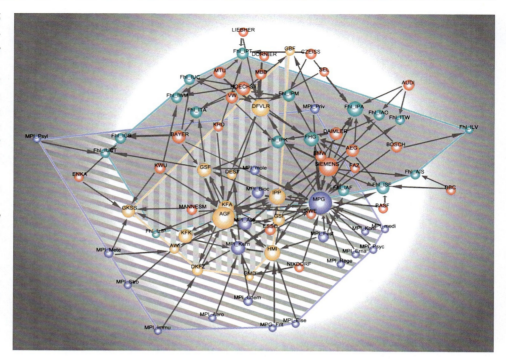

*Abbildung 5.6
Das Forschungssystem und industrielle Partner II.
Ein Layout für das Forschungssystem und seine industriellen Partner (vgl. auch Abb. 4.5), das mit einem Spring Embedder erzeugt wurde. Die verschiedenen Teilsysteme des Forschungssystems sind gelb, blau und grün markiert, die industriellen Partner rot. Zusätzlich ist die Lage der Teilsysteme durch ihre konvexen Hüllen gekennzeichnet.*

sationen und den bedeutsamsten industriellen Partnern unter Vorgabe geometrischer Konstraints geordnet und die resultierende Anordnung interpretiert.

In diesem Kapitel verwende ich das Layout eines metrischen Spring Embedders, der dazu die kürzesten Wege *(geodesics)* des symmetrisierten Netzwerkes benutzt und nicht die Verbundenheitsmatrix der direkten Beziehungen. Damit stehen dem Algorithmus *graphentheoretische Distanzen* zur Verfügung, um ein Layout zu erzeugen.

5.6 Zentralitäten und Erreichbarkeiten

Die Kenntnis darüber, wie Akteure in einem Netzwerk andere Akteure erreichen können und auf welchen Wegen, kann helfen, die Besonderheit der Lage bestimmter Positionen in Netzen zu verstehen. Personen, die viele andere Akteure eines Netzes mit ihren direkten Beziehungen erreichen können, gelten als *zentral (degree centrality)*.

Eine weitere Art von Zentralität berücksichtigt darüber hinaus die indirekten Beziehungen und betrachtet die kürzesten Pfade, auf denen man von einem Akteur zu allen anderen Akteuren gelangen kann. Dabei beschreibt ein *Pfad* eine Kette von gleichgerichteten Relationen, die zwei Einheiten miteinander verbindet. Diese Art von Zentralität bezeichnet man als *closeness centrality* (vgl. Freeman 1979). Ein Akteur mit hoher *closeness* kann alle Personen eines Netzwerkes auf sehr kurzen Wegen erreichen und hat dadurch einen möglichen Vorteil gegenüber anderen Akteuren, die nur einen Teil oder die gleichen Akteure nur über sehr viel längere Pfade erreichen können.

---

gibt Sedgewick (1988), Implementierungen für den zwei- und dreidimensionalen Fall finden sich bei O'Rourke (1994).

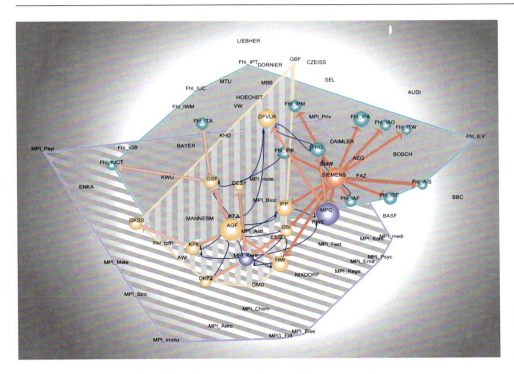

Abbildung 5.7
Breadth-First-Suche im Netzwerk des Forschungssystems

Suchalgorithmen können in Strukturen alle von einem bestimmten Akteur ausgehenden Pfade untersuchen und die Menge der erreichbaren Dritten ermitteln.[47] Je nachdem welche Suchstrategien man dabei verwendet, werden die Pfade in unterschiedlicher Weise durchlaufen (vgl. zum Beispiel *Sedgewick* 1988).

Ein *Breadth-First-Algorithmus* bearbeitet zunächst alle direkten Beziehungen eines Akteurs und bestimmt danach in weiteren Schritten, welche Einheiten von den bereits erreichten, direkt verbundenen Einheiten erreicht werden können. Werden dabei Einheiten gefunden, die bereits in der Liste der erreichten Elemente enthalten sind, wird die Suche auf diesem Pfad abgebrochen. Die Suche endet, wenn alle Pfade durchlaufen beziehungsweise alle Elemente erreicht worden sind.

Dagegen versucht ein *Depth-First-Algorithmus,* beginnend von einer (zufällig ausgewählten) direkt verbundenen Einheit, alle von dieser in weiteren Schritten erreichbaren Einheiten zu identifizieren, bevor die Pfade weiterer direkt verbundener Einheiten durchsucht werden.

Mit Abbildung 5.7 verwende ich noch einmal den Graphen des Forschungssystems aus Abbildung 5.6. Hier markiere ich nur die Akteure in der Abbildung, die einer der zentralen industriellen Partner in diesem Verflechtungsnetz über seine direkten Beziehungen oder über die indirekten Pfade erreichen kann. Ich illustriere damit das Ergebnis der Breitensuche eines Breadth-First-Algorithmus.

In einem ersten Schritt wird dabei eine Liste der direkt verbundenen Organisationen erstellt (rote Linien), deren direkte Verbindungen in einem zweiten Schritt auf neu erreichbare Organisationen untersucht werden. Im obigen Beispiel werden so auf unterschiedlich

---

47 Die hier beschriebenen Algorithmen werden heute auch von vielen Suchmaschinen im World Wide Web benutzt, um Verweisketten zwischen verschiedenen Webseiten zu verfolgen. Hier sind die auf externe Seiten zeigenden Links (URLs) die Informationen, aus denen Relationen zwischen diesen Seiten erzeugt werden (vgl. Broder et al. 2000).

langen Wegen (wobei die Stufen zusätzlich farblich unterschieden sind) weitere Organisationen erreicht. Dabei finden sich zwei grüne und eine gelbe Organisation, die über einen Pfad der Länge 4 (graurosa) erreicht werden.

Um die Arbeitsweise des Algorithmus zu illustrieren, markiere ich zusätzlich, wann der Algorithmus bei seiner Suche auf bereits identifizierte Akteure gestoßen ist und die Suche auf dem Pfad abgebrochen hat (geschwungene dunkelblaue Pfeile). Dies tritt besonders häufig in relativ stark verbundenen Teilen eines Netzwerkes auf, in dem sich Akteure oft auf mehreren kurzen Pfaden erreichen können.

5.7 Exkurs: Die grafische Exploration eines Blockmodells

Bisher wurden verschiedene Layoutverfahren vorgestellt, die es erlauben, lesbare Anordnungen der Elemente eines Graphen zu erzeugen. Es wurde demonstriert, wie man strukturelle Eigenschaften der Elemente der Graphen in diesen Layouts markieren kann. Dieser Exkurs soll zeigen, wie und mit welchen Markierungsformen Resultate analytischer Untersuchungen von Netzwerken grafisch kommuniziert werden können.

5.7.1 Aggregationen, Hüllen und Zonensymbole

Dieses Kapitel untersucht, wie mit Verfahren der Netzwerkanalyse als zusammenhängend identifizierte kohärente Gebilde mehrerer Einheiten und auch ähnliche soziale Lagerungen in geordneten Layouts grafisch exploriert werden können. Dazu werden zusätzliche grafische Strategien zur Markierung intermediärer Ebenen in Netzwerken benötigt.

Dabei geht es zunächst einmal um die Frage, ob in den grafischen Layouts die analytischen Befunde überhaupt sinnvoll interpretiert werden können. Ein zweites Problem besteht darin, wie man diese Befunde markieren kann. Welche Markierungen es erlauben, besonders einfache Darstellungen zu erzeugen, ist eine dritte Frage.

Verfahren der *strukturellen Äquivalenz* analysieren Netzwerke und identifizieren Mengen von Akteuren (Blöcke), die in der Struktur gleichartig gelagert sind. Diese Verfahren werden allgemein als *Blockmodelle* bezeichnet.[48] Ich verzichte an dieser Stelle auf eine allgemeine Einführung in dieses Thema. Einführungen in die Logik, das Verfahren und Varianten von Blockmodellanalysen finden sich bei John Scott (2000), Dorothea Jansen (1999), Alain Degenne und Michael Forse (1999), Thomas Schweizer (1996) und Peter Kappelhoff (1987, 1992).

Prinzipiell erwartet man in der Netzwerkanalyse, dass derartige Lagerungen in einer Struktur ein wichtiger Schlüssel zum Verständnis von Vorgängen in sozialen Netzen sind, da die Stellung in der Struktur Auskunft über besondere Handlungsopportunitäten gibt.

Unter einer formalen Perspektive kann man Blockmodelle als Prozeduren auffassen, die Partitionen der Knoten eines Netzwerkes erzeugen. Diese Partitionen beschreiben Klassen der Akteure, die innerhalb der Struktur gleichartig gelagert sind. Gleichartige Lagerungen beschreiben damit auch identische Handlungsbedingungen.

---

48 Ich beschränke mich hierbei auf den Fall der strukturellen Äquivalenz, also auf Lagerungen, die aus der direkten Verbundenheit zu Dritten resultieren. Diese sind lediglich ein sehr einfacher Typ gleichartiger Lagerungen von Akteuren in Strukturen.

Der typische Output einer Blockmodellanalyse besteht aus einer *Liste von Blöcken (einer Partition:* Wer gehört zu welchem Block?) und einer *Matrix der Blockstruktur* (Imagematrix), die die Beziehungen in und zwischen den identifizierten Blöcken beschreibt. Die Blockstruktur beschreibt das Netzwerk damit als ein System gleichartiger Lagerungen und ermöglicht es, die Vorgänge in einem Netz auf einer vereinfachten Ebene mit den Beziehungen gleichartig gelagerter Positionen zu beschreiben.

Typischerweise leitet man aus der Block- beziehungsweise Bildmatrix der Blockstruktur eine Matrix von Dichtemaßen ab (die die Anzahl der Verbindungen auf die zwischen zwei Blöcken maximal möglichen Beziehungen standardisiert), die in einem weiteren Schritt anhand eines bestimmten Dichteschwellenwertes dichotomisiert werden kann: Es entsteht eine vereinfachte binäre Bildstruktur, in der Beziehungen zwischen den Blöcken einen bestimmten Schwellenwert überschreiten müssen. Diese Matrix kann man als eine weitere Vereinfachung des Ausgangsnetzwerkes ansehen (vgl. auch Wasserman/Faust 1994).

Im weiteren Verlauf versuche ich der Frage nachzugehen, wie man Resultate von Blockmodellanalysen sozialer Strukturen grafisch kommunizieren kann. Ich vergleiche dabei Layouts, die auf der Grundlage der *Imagematrix* eines Blockmodells erstellt wurden, mit Darstellungen, die mit den elementaren Informationen des zugrunde liegenden Graphen, der *Verbundenheits-* beziehungsweise *Adjazenzmatrix* erzeugt wurden. Um die aus der Anwendung des Blockmodellalgorithmus resultierenden Blöcke darzustellen, benutze ich drei verschiedene grafische Markierungen und geometrische Operationen.

5.7.2 Numerische Ausgangsinformationen

Als Ausgangsbasis zur Darstellung von Blockmodellen stehen in der Regel unterschiedliche numerische Informationen zur Verfügung, die bei den verschiedenen Schritten der Berechnung eines Blockmodells entstehen. Diese stehen ihrerseits als Input für die Ordnungsverfahren zur Verfügung, wobei sinnvollerweise der jeweilige Informationsgehalt der verschiedenen Ausgangsinformationen optimal ausgenutzt wird, um entsprechende Layouts zu erzeugen:

1. Die *Verbundenheitsmatrix* eines Netzwerkes (binär),

2. aus der in einem zweiten Schritt entweder
   a) eine *Ähnlichkeitsmatrix* der Zeilen und/oder Spalten des Netzwerkes berechnet wird oder
   b) eine *Matrix von euklidischen Distanzen,* wie sie typischerweise den Burt'schen Ansatz zur Berechnung von Blockmodellen kennzeichnet.

3. Schließlich wird mit Hilfe der Partition
   a) eine *Blockmatrix (Imagematrix)* berechnet, die die Relationen zwischen den Blöcken mit den aggregierten Relationen der Adjazenzmatrix beschreibt (bewerteter Graph),
   b) die durch Standardisierung auf die Blockgrößen zu einer *Matrix der Blockdichten* transformiert wird und
   c) mit einem bestimmten (mittleren) Schwellenwert zu einer *binären Matrix der Bildstruktur* transformiert wird.

In der Bildstruktur können Blöcke intern verbunden sein oder aber leer. In diesem Fall steht die Zugehörigkeit zu einem Block lediglich für gleichartige Beziehungen zu den anderen Blöcken.

Wie in jedem Aggregationsverfahren geht die Vereinfachung der Struktur mit einem Informationsverlust der Ausgangsdaten einher: Indem man die Relationen zwischen den Blöcken auf die potentiellen Beziehungen zwischen den Blöcken standardisiert, verzichtet man auf die absolute Betrachtung der Häufigkeiten der Beziehungen zugunsten einer analytischen Perspektive, die die Größeneffekte bereinigt. Damit verliert man die Informationen über die Größe der Blöcke, die Anzahl der Akteure, die einen Block bilden, und verzichtet auch auf die Unterscheidung einzelner Akteure eines Blocks.

5.7.3 Visuelle Strategien und Markierungen

Spring Embedder können Netzwerke mit ihren direkten Beziehungen zeichnen, so dass Cluster direkter Verbindungen aus den Abbildungen abgelesen werden können. Dabei bleiben oft auch weitere Eigenschaften der Struktur erhalten. Die Platzierungen der Einheiten im Layout basieren dabei auf Kräftegleichgewichten, die sich durch ein geringes Ausmaß potentieller Energie auszeichnen.

Zonensymbole sind grafische Markierungen, mit denen man Informationen über die Einbettungen der Knoten eines Graphen in ihre direkte Umgebung kommunizieren kann. Sie sind Aggregate der *first order zone*. Größen der Zonensymbole können benutzt werden, um über den *Degree* oder den *In-* und *Outdegree* einzelner Knoten zu informieren und auch über die Empfänger von Relationen oder im Fall multipler Relationen über die Art der Beziehungen.

Darüber hinaus kann man zwei geometrische Markierungen benutzen, um Blöcke in den Layouts mit visuellen Mitteln zu untersuchen. *Konvexe Hüllen* sind Flächen, die die Elemente einer Partition in einer Lösungsstrukur einnehmen. *Geometrische Aggregationen* sind Operationen in der Bildstruktur, die die Lage eines Blocks aus den Positionen seiner nicht aggregierten Einheiten berechnen. Die Lage des Blocks wird dabei mit dem (gewichteten Schwerpunkt) der Lage seiner Einheiten beschrieben. Beide Operationen können bereits auf die elementaren Darstellungen der Adjazenzmatrix angewendet werden.

Damit ergeben sich unterschiedliche Strategien, mit denen man Blockmodelle visuell darstellen kann. Diese unterscheiden sich hinsichtlich der Informationen, die zur Berechnung eines Layouts verwendet werden, und durch die Markierungen der Blöcke in der Bildstruktur.

5.7.4 Die Daten: kollegiale Netzwerke in einer Firma

Die Netzwerke, die ich zur Illustration der Darstellungsmöglichkeiten von Blockmodellen verwende, beschreiben die Kooperations-, Freundschafts- und Ratgeberbeziehungen *(advice)* in einer amerikanischen Anwaltsfirma. Der Datensatz ist unter verschiedenen Perspektiven an anderer Stelle untersucht worden (vgl. Lazega 1992, 2001; Lazega/Van Duin 1997; Lazega/Pattison 1999).

Diese Firma hat Niederlassungen an drei verschiedenen Standorten. Die Belegschaft besteht aus 71 Anwälten; sie setzt sich aus Partnern (etwa die Hälfte) sowie assoziierten Anwälten zusammen. Es gibt zwei generelle Aufgabenbereiche innerhalb der Firma, die keine formale organisatorische Arbeitsteilung hat: Ein Teil der Anwälte vertritt die Firma in

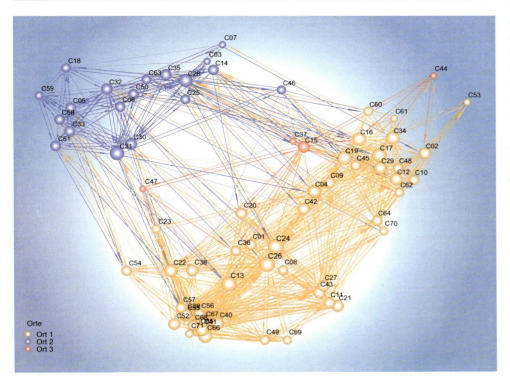

Abbildung 5.8
Das kollegiale Netzwerk und die Standorte einer Firma.
Die Darstellung des Gesamtnetzwerkes auf der Grundlage der Verbundenheitsmatrix. Das Layout wurde mit einem schwerpunktorientierten Spring Embedder erzeugt. Gleichzeitig ist die Zugehörigkeit zu den drei Standorten der Firma mit Farben markiert.

Streitfällen *(litigation)*, eine weitere Gruppe beschäftigt sich mit Unternehmensangelegenheiten und Verträgen *(corporate)*. Die Firma besitzt demnach eine relativ dezentralisierte Organisationsstruktur. Sie ist aus einem Merger entstanden. Auch nach diesem Merger gibt es eine einheitliche Rechnungsführung, das heißt, die verschiedenen Standorte und Abteilungen bilden keine eigenständigen wirtschaftliche Subeinheiten *(profit center)*. Um die Unternehmensentscheidungen effizienter zu gestalten, wurde in den 1980er Jahren stattdessen ein partnerschaftliches Management etabliert.

Emanuel Lazega (1992b, 1995) hat die kollegialen Arbeitsbeziehungen in dieser Firma intensiv untersucht, um auf der Grundlage verschiedener Netzwerke deren interne Organisation besser zu verstehen.

> As a client-oriented, knowledge-intensive organization, it tries to protect its human capital and social resources ... through policies such as commingling partners' assets (clients, experience, innovations) and the maintainence of an ideology of collegiality. Informal ties of collaboration, advice and ‚friendship' (socializing outside), are key to the integration of the firm ...   (Lazega 1995: 381)

Tabelle 5.2
Attribute und Blöcke in Emmanuel Lazegas Daten

	Partner		Assoziierte	
Orte	Corporate	Litigation	Corporate	Litigation
Ort 1	II	I	VIII	V, IX
Ort 2			VI	IV
Ort 3	III	III	VI	VII

Zur Beschreibung der Organisationsprinzipien dieser Firma verwendet Lazega verschiedene Blockmodelle, mit denen er versucht, Aufschluss über die internen Vorgänge und Entscheidungsprozesse zu gewinnen. Zur Charakterisierung der multiplen Lagerung der Akteure verwendet er unter anderem die multiple Blockstruktur der Arbeits-, Freundschafts- und Ratgebernetzwerke. Diese beschreibt neun Blöcke gleichartig gelagerter Kollegen (sowie eine Residualkategorie).

Eine erste Inspektion dieser Positionen zeigt, dass die mit dem Blockmodell identifizierten sozialen Lagerungen sich gleichzeitig als Kombinationen der verschiedenen Merkmale der Anwälte beschreiben lassen, das heißt, bestimmte Kombinationen der Standorte, des Status als Partner oder als Assoziierter und der innerbetrieblichen Arbeitsteilung *(corporate, litigation)* identifizieren (vgl. Tabelle 5.2). Lediglich zwei Blöcke (III und VI) sind im Sinne der Attribute etwas heterogener.

Bei seinen Analysen verwendet Lazega eine spezielle Blockmodellvariante, die von Ron Burt (1986) entwickelt worden ist. Burts Blockmodelle zeichnen sich dadurch aus, dass die Blöcke nicht aus Operationen auf der Adjazenzmatrix resultieren, sondern zunächst eine Z-Matrix[49] berechnet wird. Diese beschreibt alle nicht direkt verbundenen Paare mit der Distanz der kürzesten Pfade, die zusätzlich in einer speziellen Weise gewichtet werden.

Die Z-Matrix kann man als eine (gewichtete) Matrix der kürzesten Distanzen auffassen. Darüber hinaus unterscheidet sich Burts Ansatz von anderen Blockmodellen darin, dass er zur Identifizierung der Blöcke *die euklidischen Distanzen* zwischen den Zeilen und Spalten der Z-Matrix berechnet.

Tabelle 5.3
Statistische und visuelle Auswertungsstrategien bei der Darstellung von Blockmodellen

		grafisch		
	Daten	Farb-markierungen	konvexe Hüllen	geometrische Aggregationen
statistisch	Verbundenheit	x	Abb. 5.9	Abb. 5.10
	Burt-Distanzen	x	Abb. 5.12	Abb. 5.13
	Imagematrix	Abb. 5.11		
	Blockdichten	x		

---

49 Burt verfolgt ein eigenständiges Konzept zur Operationalisierung struktureller Äquivalenz, indem er zusätzlich für alle nicht direkt verbundenen Knoten die kürzesten indirekten Pfade verwendet. Darüberhinaus führt er eine Gewichtung dieser Matrix ein, so dass lange indirekte Pfade einen geringeren Einfluss ausüben als kürzere. In einem weiteren Schritt berechnet er anschließend die euklidischen Distanzen zwischen den Zeilen oder den Spalten der Verbundenheitsmatrix respektive mehrerer verbundener Matrizen („stacked matrices"):

$$z = \begin{cases} 0 \\ 1 & if\ i=j \\ 1-\frac{f_i}{n_j} & otherwise \end{cases}$$

5.7.5 Fragen

Ich verwende im Rahmen dieses Kapitels die Ergebnisse eines Blockmodells, das die Lagerung der Anwälte mit allen drei Arten von Beziehungen beschreibt: den Arbeitszusammenhängen (Wer arbeitet mit wem zusammen?), den Freundschaftsbeziehungen innerhalb der Firma und den Ratgeberbeziehungen (An wen würden Sie sich wenden, wenn ...?). Das Blockmodell charakterisiert damit die multiplen Lagerungen in allen drei Beziehungsarten. Dies identifiziert eine Blockstruktur, die gemeinsame Muster von Kooperation, Freundschaft und Ratsuche beschreibt. Emanuel Lazega bezeichnet diese als Nischen.

1. Inwiefern markiert die Blockstruktur in den mit einfachen Spring Embeddern und den direkten Beziehungen erzeugten Layouts zusammenhängende Gebiete? Da die Blöcke auf direkten Beziehungen zu identischen Dritten beruhen, ist dies zumindest dann zu erwarten, wenn die Blöcke gleichzeitig lokale Verdichtungen beschreiben.
2. Welche alternativen Darstellungen lassen sich aus dieser Lösung mit Markierungsoperationen erzeugen?
3. Wie unterscheiden sich die Darstellungen (1, 2) von denen, die sich aus der Matrix der Blockstruktur erzeugen lassen?
4. Schließlich kann die bei der Berechnung der Blockstruktur als Zwischenergebnis entstehende Matrix der euklidischen Distanzen zwischen den Zeilen und Spalten der Z-Matrix verwendet werden, aus deren Distanzen ein metrischer Spring Embedder ein elementares Layout erzeugen kann. Damit werden Burts euklidische Distanzen verwendet, um die Einheiten des Graphen zu platzieren. Der Vergleich der resultierenden Darstellung mit der aus der Verbundenheitsmatrix erzeugten Lösung erlaubt Einblicke in die Besonderheiten des Burt'schen Verfahrens.

5.7.6 Layouts unter Verwendung der Verbundenheitsmatrix

In der eingeschränkten Bedeutung, in der Blockmodelle in diesem Kapitel benutzt werden, kann man diese als analytische Verfahren auffassen, die direkt verbundene Lagerungen in der Gesamtstruktur eines Netzwerkes identifizieren. Diese Lagerungen beschreiben die Akteure eines Netzwerkes als gleichartig (äquivalent), wenn sie gleiche Beziehungen zu Dritten aufweisen.

Der Nutzen der mit Spring Embeddern erzeugten Layouts hängt eng mit der Frage zusammen, ob diese analytisch identifizierte Gruppierungen darstellen können. In dem Ausmaß, in dem es möglich ist, analytisch identifizierte Blockpositionen in den Layouts visuell zu identifizieren, sind sie ein wertvolles Verfahren für die Analyse sozialer Netzwerke.

Knotenmarkierungen und Blockzugehörigkeit

Eine sehr einfache Art der Markierung fasst die Zugehörigkeit zu einer bestimmten Partition des Blockmodells als Knotenattribut auf. In diesem Fall spiegeln unterschiedliche Farben die Blockzugehörigkeit eines Akteurs wider.

Weist man jedem Block eine bestimmte Farbe zu, dann wird die Blockstruktur als Farbmuster auf die Ordnung der Positionen im Layout abgebildet. In dem Ausmaß, in dem dabei Knoten gleicher Farben als zusammenhängende Gebiete erscheinen, spiegelt die Positionierung durch den Spring Embedder die Partitionierung des Blockmodells wider.

Kapitel 5

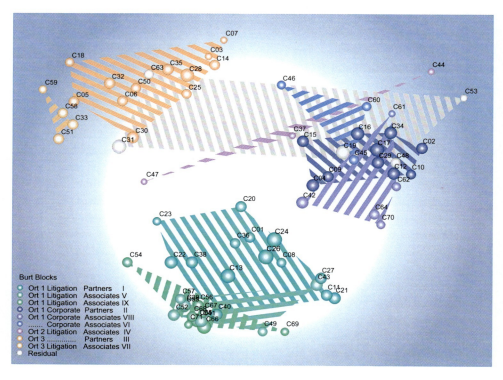

Abbildung 5.9
Markierung der
Blockpartition mit
konvexen Hüllen.
Layout: elementarer
Spring Embedder

Blockmarkierungen mit konvexen Hüllen

Eine alternative Darstellung verwendet konvexe Hüllen, um die Lagerung der Teilmengen zu beschreiben. Ein Algorithmus ermittelt dazu für jeden Block die Fläche, die seine Elemente im Bild umschließt.

Die in Abbildung 5.9 eingezeichneten Hüllen sind gleichzeitig farbmarkiert und unterscheiden einerseits die verschiedenen Orte (gelb, violett, blau und grün), andererseits die Spezialisierung im Standort 1 (blau, grün). An die Kernzonen der Partner (dunkelgelb, dunkelgrün, dunkelblau) sind dabei kleinere Blöcke von assoziierten Kollegen angegliedert, die sich zum Teil überlappen.

Sind die Elemente eines Blocks in der Abbildung weit verstreut, dann nimmt eine Hülle nahezu den gesamten Lösungsraum ein. Ist dies bei mehreren Hüllen der Fall, weist die Platzierung der Einheiten im Bild keinen Zusammenhang mit den durch die Partition beschriebenen Informationen auf.

Markieren die Hüllen in der Lösung andererseits kleine, eng umschriebene Gebiete, dann weist die Topologie des Lösungsraumes eine ähnliche Ordnung auf wie das Blockmodell. Überlappungen vergleichsweise kleiner Hüllen deuten an, dass durch das analytische Verfahren unterschiedene Positionen in der Topologie nicht unterschieden werden.

Geometrische Blockaggregationen

Eine weitere Markierungsart der Blockpartition besteht in der *Aggregation* der Positionen, die die Elemente der Blöcke im Lösungsraum einnehmen. Entgegen der numerischen Prozedur, die lediglich die Beziehungen der Partition aggregieren, bestimmt die geometrische Analogie darüber hinaus auch die Lage des Aggregats im Schwerpunkt der elementaren Positionen. Das gewichtete arithmetische Mittel der Positionen der Elemente der Blöcke

Syntaktische Markierungen

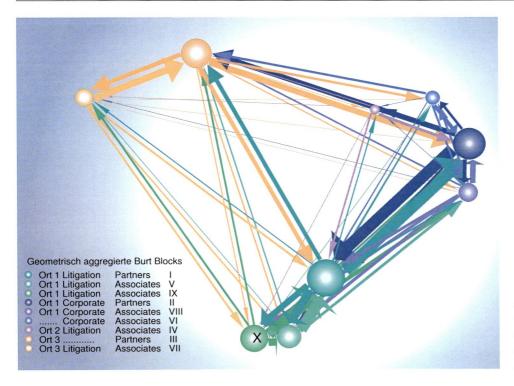

Abbildung 5.10
Geometrische
Blockaggregation des
elementaren Spring-
Embedder-Layouts

im Layout ist eine Rechenoperation, die die Lageinformationen der Knoten weiterverarbeitet und damit auch eventuelle Fehlplatzierungen.

Die geometrischen Aggregationen in Abbildung 5.10 zeigen im Prinzip ein ähnliches Bild wie Abbildung 5.9. Allerdings kann aus ihnen keinerlei Information über das ursprüngliche Layout abgelesen werden.

5.7.7 Layouts unter Verwendung der Blockmatrix

Eine andere Darstellungsstrategie benutzt statt der Verbundenheitsmatrix die aggregierte, bewertete Imagematrix, um aus dieser mit einem metrischen Spring Embedder die Lage der Blöcke zu bestimmen und ihre Verflechtungen darzustellen. Damit stehen für einen Zeichenalgorithmus bewertete Relationen zur Verfügung, die es – in korrespondierende Distanzen umgewandelt – erlauben, einen MDS-ähnlichen Spring Embedder zu benutzen (zum Beispiel das Verfahren von Kamada/Kawai oder den in dieser Arbeit vorgestellten Algorithmus). Das Layout sollte dabei eine gewisse Ähnlichkeit mit der durch geometrische Aggregationen aus der elementaren Spring-Embedder-Lösung entstandenen Darstellung aufweisen.

Bei der Markierung kann man die weiteren Schritte der numerischen Blockmodellanaslyse, die Berechnung der Blockdichten und die anschließende Dichotomisierung nachbilden, wenn man das Dichotomisierungskriterium als Schwellenwert benutzt, um zu entscheiden, welche Relationen im Bild dargestellt werden sollen.

Der Logik des numerischen Verfahrens, eine größenunabhängige Bewertung der Flüsse zwischen den Blöcken zu ermöglichen, um durch die Wahl eines geeigneten Schwellenwertes schließlich eine vereinfachte binäre Struktur zu erzeugen, folgt die entstehende Gra-

Abbildung 5.11 Metrisches Embedding mit der Imagematrix. Die Relationen wurden mit einem Dichteschwellenwert selektiert.

(a) *Arbeitsbeziehungen*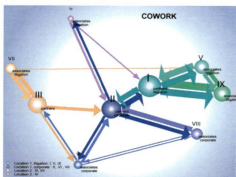

(b) *Freundschaft*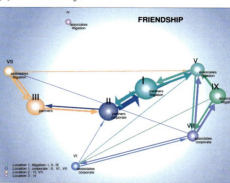

fik. Sie stellt aber die so ausgewählten Flüsse mit ihren Größen aus der Imagematrix dar. Dies erlaubt es, die Arbeitsbeziehungen mit den Freundschafts- und Ratgeberbeziehungen innerhalb der Firma zu vergleichen. Dabei weisen die Beziehungen der Ratsuche auf ein stark verbundenes Netzwerk der Partner zwischen den Standorten hin, das von den Assoziierten in den angelagerten Blöcken eher einseitig in Anspruch genommen wird. Dagegen ist das Freundschaftsnetzwerk weniger dicht und zeigt nur wenige standortüberschreitende Beziehungen.

5.7.8 Layouts auf der Basis von Burts euklidischer Distanzmatrix

Zum Abschluss dieses Kapitels dient Burts euklidische Distanzmatrix als eine dritte Information zur Darstellung des Blockmodells. Damit wird die gleiche Information verwendet, die dem Burt'schen Algorithmus zur Verfügung steht, um die Partition zu ermitteln. Diese ist nicht identisch mit der zugrunde liegenden Verbundenheitsmatrix: Wie bereits ausgeführt, verwendet Burt zusätzliche Informationen über die indirekte Verbundenheit im Netz, die in einer besonderen Weise gewichtet wird, um die Bedeutung längerer Pfade abzuschwächen. Diese wird schließlich zur Berechnung euklidischer Distanzen benutzt.

Die Berechnung des Layouts erfolgte mit einem metrischen Spring Embedder unter Verwendung von Burts Distanzmatrix. Für die Positionen des so erzeugten Layouts (vgl. Abb. 5.12) wurden einerseits die konvexen Hüllen berechnet, andererseits die geometrischen Aggregate der Positionen der Knoten in jeder Partition. Darüber hinaus wurden exemplarisch alle Beziehungen von und zu den Blöcken I und III in die Lösung eingezeichnet. Die Beziehungen und ihre Stärke wurden aus der aggregierten Verbundenheitsmatrix abgeleitet (Imagematrix). Auf die Darstellungen weiterer Kanten wurde verzichtet.

Die Darstellung der Burt'schen Distanzmatrix gibt damit einen Einblick in die Logik des Klassifikationsverfahrens, inwiefern durch die Berücksichtigung der indirekten Verbundenheit und ihrer Gewichtung sowie durch die anschließende Weiterverarbeitung der Zeilen und Spalten zu einer euklidischen Distanz besondere Eigenschaften der zugrunde liegenden Verbundenheitsmatrix akzentuiert werden.

Um die durch diese zusätzlichen Operationen erzeugten metrischen Informationen zu erhalten, benutze ich wie im vorherigen Fall einen metrischen Spring Embedder, um eine Lösungsstruktur zu erzeugen. Interessant in diesem Fall ist ein Vergleich mit der Einbettung der Verbundenheitsmatrix (vgl. Abb. 5.9), da dies erlaubt, die besonderen Eigenschaften der Burt'schen Klassifikation zu verstehen.

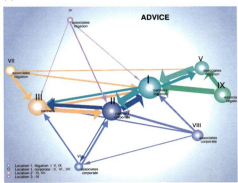

(c) Ratsuche

Wie zu erwarten, bilden die Burt'schen Blöcke in Abbildung 5.12 eng zusammenliegende Teilsysteme. Während die drei Kernblöcke der Partner der verschiedenen Standorte auf der rechten Seite des Bildes liegen, weisen die kleineren, peripher angelagerten Blöcke der Assoziierten zu diesen relativ große Distanzen auf. Die Lage verschiedener Subblöcke der gleichen Standorte sind zwar benachbart, aber deutlich voneinander abgegrenzt.

Die Burt'sche Behandlung der Ausgangsdaten führt nach Abbildung 5.12 zu einer vergrößerten Auflösungskraft bei der Unterscheidung zentraler und peripherer Lagerungen. Andererseits scheint diese Behandlung nicht größenunabhängig zu sein, da die Abbildung gleichzeitig große von kleineren Blöcken trennt.

Kombiniert man die Darstellung der Hüllen mit denen der Aggregate, so resultieren Abbildungen, die gegenüber den einfachen Markierungen informationshaltiger sind, da die Ausdehnung der Blöcke eine bedeutsame Zusatzinformation zu den Schwerpunkten der Teilmengen bildet. Dies ist in Abbildung 5.13 dargestellt. Auch die Flüsse der Imagematrix können in diese Darstellung integriert werden, lassen sie jedoch schnell zu komplex werden.

Die Darstellung der Flüsse der Blockmatrix zeigt darüber hinaus, dass die Positionen im Burt-Raum einer anderen Logik als der der direkten Verbundenheit unterliegen. In Layouts, die die direkte Verbundenheit optimieren, sind dagegen stark direkt verbundene Einheiten benachbart positioniert, was in der Abbildung in der Regel dazu führt, das numerisch

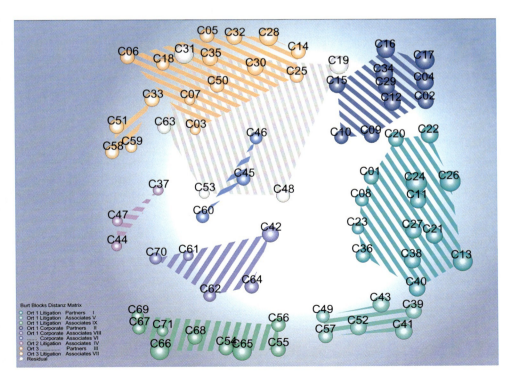

Abbildung 5.12
Konvexe Hüllen und Layout mit Burts Distanzmatrix

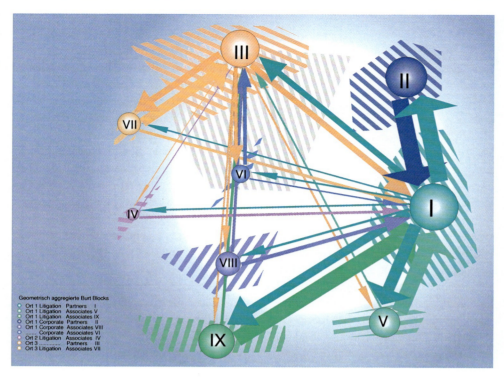

Abbildung 5.13
Aggregierte Blocks und Hüllen. Layout: Burts Distanzmatrix

größere Flüsse mit kurzen dickeren Pfeilen dargestellt werden. Dies ist zum Beispiel bei den blauen Hüllen nicht der Fall.

5.7.9 Resümee

Der Versuch, Informationen eines Blockmodells grafisch zu kommunizieren, hat im Verlauf dieses Kapitels zu einer Reihe von Darstellungen geführt, die allesamt zeigen, dass verschiedene Strategien trotz unterschiedlicher Ausgangsinformationen und Algorithmen insgesamt konsistente Ergebnisse erzielen. Dies ermöglicht zusätzliche Einblicke in die Anordnung der Positionen, die das Blockmodell beschreibt.

Dabei muss natürlich berücksichtigt werden, welche Ordnungslogik den Platzierungsverfahren zugrunde liegt. Die Positionierungen der Einheiten reflektieren zum einen den unterschiedlichen Informationsgehalt der Ausgangsdaten, den die verschiedenen Ordnungsverfahren optimal auszunutzen versuchen. Während die elementare Verbundenheitsmatrix ein binärer Graph ist, beschreibt die Z-Matrix Beziehungen mit euklidischen Distanzen. Die Imagematrix ist ein bewerteter Graph.

Verwendet man die Verbundenheitsmatrix, so erlauben es die Markierungen mit Hüllen, die analytisch identifizierte Partitionierung elementar zu inspizieren. Die Aggregation oder die Kombination von Aggregationen und Hüllen (vgl. Abb. 5.9 und 5.10) führen zu ähnlichen Abbildungen, wie sie auf Grundlage der bewerteten Imagematrix entstehen (vgl. Abb. 5.11). In allen Darstellungen lassen sich die Blöcke mit Hilfe der Farbkodierungen als zusammenhängend identifizieren. Diese mit unterschiedlichen Informationen und Algorithmen erzeugten Gesamtkonfigurationen unterscheiden sich lediglich in den Distanzen, mit denen sich die kleineren Blöcke der Assoziierten an die der Partner anlagern. Dies bedeutet, dass die Verwendung der bewerteten Imagematrix hier zu größeren Distanzen führt.

Trotz der Verwendung unterschiedlicher Verfahren, die versuchen, den unterschiedlichen Informationsgehalt möglichst optimal auszunutzen, ergibt sich insgesamt ein kohärentes Bild: Die Grundmuster des kollegialen Netzwerkes lassen sich in allen Darstellungen auffinden. Die geometrischen Operationen im Bildraum des Layouts können in den Lösungen der elementaren Darstellungen die im numerischen Verfahren vollzogenen Aggregationen nachbilden und die Blöcke so unter der Perspektive eines direkt verbundenen Systems identifizieren.

Die elementaren Darstellungen haben den Vorteil, dass sie simultan die einzelnen Akteure und gleichzeitig die Lage innerhalb der Blöcke abbilden können. Diese identifizieren in den Darstellungen zusammenhängende Gebiete.

Konvexe Hüllen erlauben es, Blöcke in den Layouts in sehr einfacher Weise darzustellen. Wenn der Fokus vornehmlich darauf ausgerichtet ist, die Lage der Blöcke zueinander wiederzugeben, kann dabei auf die Abbildung der Relationen verzichtet werden. Gleichzeitig liefert die flächenmäßige Ausdehnung der Hüllen Informationen über die Variabilität innerhalb der Blöcke.

Der Vergleich der aggregierten elementaren Lösung mit der Darstellung der (bewerteten) Imagematrix zeigt insgesamt die gleiche Konfiguration (nach Translation und Drehung), allerdings sind die Distanzen zwischen den zentralen und peripheren Blöcken unterschiedlich groß. Während in der aggregierten Lösung der direkten Verbundenheit die Blöcke stark an die zentralen Blöcke angegliedert sind, sind die auf der Grundlage der bewerteten Imagematrix erzeugten Strukturen dadurch gekennzeichnet, dass die peripheren Blöcke eine wesentlich größere Distanz zum Zentrum aufweisen. Dies spiegelt die bewertete und nicht größenbereinigte Information der Imagematrix wider.

Die mit der Burt'schen Matrix erzeugte Konfiguration (vgl. Abb. 5.12 und 5.13) dient eher dazu, die Grundprinzipien des klassifikatorischen Verfahrens offen zu legen. Sie bestehen – wie intendiert – in einer vergrößerten Sensibilität der Klassifikation in der Peripherie des Systems. Hier ist es der Vergleich dieser Lösungen mit denen des elementaren Spring Embedders (Abb. 5.9 und 5.10), der die Besonderheiten der Burt'schen Verfahrensweise illustriert.

Die in der Darstellung der Verbundenheitsmatrix auftretenden Überlappungen der peripheren Blöcke kann man erst unterscheiden, wenn man wie Burt zusätzliche Informationen über die indirekten Beziehungen benutzt. Überlappungen peripherer Blöcke in den Layouts, die lediglich auf den direkten Beziehungen beruhen, können erst mit Kenntnis der indirekten Beziehungen unterschieden werden. Insofern bildet man mit den Blöcken des Burt'schen Blockmodells eine auf informationsreicheren Ausgangsdaten beruhende Klassifikation auf ein direkt verbundenes System ab.

Die verschiedenen Strategien, Blockmodelle visuell zu inspizieren, benutzen zum einen unterschiedliche Ausgangsinformationen, zum anderen verschiedene Algorithmen, die geeignet sind, den Informationsgehalt dieser Daten bei der Ordnung der Einheiten optimal auszuschöpfen. Während die elementaren Darstellungen auf den Informationen der binären Verbundenheitsmatrix beruhen, liegen mit der Burt'schen Distanzmatrix euklidische Informationen vor, und die Imagematrix der Blockstruktur ist ein bewerteter Graph. Trotz dieser Vielfalt an Methoden und Daten ergibt sich ein konsistentes Gesamtbild der Ergebnisse, in das sich die Besonderheiten der verschiedenen Lösungen integrieren lassen.

Kapitel 6
Die Transformation von Layouts

Mit den flexiblen Möglichkeiten, Ordnungen zu erzeugen, und der Möglichkeit, unterschiedliche Konstraints bei der Ordnung zu berücksichtigen, stehen bereits sehr mächtige Werkzeuge zur Untersuchung von Strukturen zur Verfügung. Sie sind nicht nur geeignet, lesbare Layouts zu erzeugen, sondern erlauben es auch, Ordnungen substantiell zu untersuchen.

Während in Kapitel 4.3 erörtert wurde, wie mit der Kalibrierung der abstoßenden Kräfte Layouts so optimiert werden können, dass sie besonders gut für die Darstellung weiterer Informationen zu verwenden sind, soll jetzt gezeigt werden, wie bei der Ordnung identischer Netzwerkdaten mit unterschiedlichen Konstraints Eigenschaften sozialer Strukturen analysiert werden können. Dazu vergleiche ich das Layout eines Netzwerkes, das zunächst nur unter räumlichen Konstraints geordnet wurde, mit der Netzwerktopologie einer zweiten Lösung, die aus der ersten mit einem schwerpunktorientierten Spring Embedder *(barycentric drawing)* erzeugt worden ist. Dabei werden die Lagekonstraints der ersten Lösung abgeschwächt. Im konkreten Fall benutze ich das Vorgehen zur Analyse eines sozialen Tauschsystems, das Bewohner verschiedener Camps einer Gesellschaft von Jägern und Sammlern miteinander verbindet.

Das den Darstellungen zugrunde liegende Netzwerk beschreibt das von der Anthropologin Polly Wiesner (1974) untersuchte Tauschsystem der *!Kung San* in der Kalahari von Namibia und Botswana. Die mit den Daten beschriebenen rituellen Austauschbeziehungen, die von Thomas Schweizer (1996) reanalysiert worden sind, werden in der anthropologischen Literatur als symbolische Institution einer Gesellschaftsordnung von Sammlern und Jägern verstanden, die weder über zentrale Autoritäten noch über ein System zur sozialen Sicherung verfügt. Stattdessen werden lang anhaltende Sozialbeziehungen durch rituellen *Hxaro-Austausch* etabliert. In diesem Zusammenhang interessiert die Frage, ob der Hxaro-Austausch im Prinzip ein Verwandtschaftssystem ist oder ob das System über enge verwandtschaftliche Beziehungen hinausreicht und andere Personen einschließt.

Die folgenden Versuche, dieses Austauschsystem zu analysieren, bedienen sich verschiedener Ordnungsverfahren und benutzen Konstraints, mit denen zusätzliche Informationen in den Darstellungen berücksichtigt werden. In einem ersten Schritt werden die Campzugehörigkeiten der Nomaden berücksichtigt, um das Tauschnetz in seiner räumlich geografischen Ausdehnung darzustellen.

Ein zweiter Schritt erzeugt eine alternative Darstellung des gleichen Netzwerkes, die auf der Abschwächung der räumlichen Konstraints beruht. Hier werden die bilateralen Tauschbeziehungen als Kräfte interpretiert, die eine *geografische Topologie* in einen *sozialen Raum* transformieren. Je nachdem wie Akteure mit Tauschpartnern in anderen Orten verbunden sind, nehmen die Akteure des Netzes neue Positionen ein. Diese neuen Positionen basieren auf den Häufigkeiten der zwischen den Akteuren ausgetauschten Güter.

Wenn man auf die aus den regionalen Bezügen hergestellten Ordnungen Kräfte anwendet, die aus den sozialen Tauschbeziehungen resultieren, wird die geografische Topologie in eine überregionale soziale Struktur transformiert. Die Besonderheiten der so dargestellten sozialen Struktur analysiere ich in weiteren Schritten. Ich zeige dabei, wie das durch die Transformation entstandene komplexe Layout mit zusätzlichen Markierungen lesbar wird. Diese Markierungen gestatten es, eine Kernzone des sozialen Austauschsystems zu identifizieren, die mit weiteren Informationen näher untersucht werden kann.

Damit verwende ich hier bereits alle Elemente, die die Integration von Netzwerkanalysen mit der Visualisierung zusätzlicher Informationen kennzeichnen: das Ordnen der Relationen, die Identifikation intermediärer Gebilde und deren Untersuchung durch die Abbildung zusätzlicher Attribute auf die entstandenen Layouts.

Die Untersuchung gibt gleichzeitig ein einfaches und überschaubares Beispiel dafür, wie verschiedene Konstraints bei der Analyse und Visualisierung relationaler Daten durch die Abbildung zusätzlicher Informationen auf die so erzeugten Lagerungen substantiell bedeutsame Fragen beantworten können.

6.1 Der symbolische Gabentausch der !Kung

Im Folgenden werden die raumübergreifenden rituellen Austauschbeziehungen zwischen den Bewohnern unterschiedlicher Nomadencamps betrachtet. Die Untersuchung der Struktur dieses Systems soll helfen, die soziale Institution des *Hxaro* näher zu beschreiben und zu verstehen. Im konkreten Fall geht es um den symbolischen Gabentausch (Hxaro) der *!Kung,* einer Gesellschaft von Jägern und Sammlern, die als Nomaden in der ressourcenarmen Ökologie der Kalahari von Namibia und Botswana leben. Anthropologen verstehen dieses rituelle Tauschsystem als eine soziale Institution, die in einer Gesellschaft ohne zentrale Autoritäten ein System der sozialen Sicherung und der gegenseitigen Hilfeleistung etabliert.

> Innerhalb der bilateralen Verwandtschaft stiften Scherzbeziehungen und Namensgleichheiten engere Verbundenheit. Hier kommt nun zusätzlich der reziproke Gabentausch (hxaro) ins Spiel, weil er das Mittel ist, mit dem Akteure dauerhafte Beziehungen zu anderen Akteuren ihrer Gesellschaft eingehen können. In den ethnografischen Texten werden vor allem Regeln benannt, die den Austausch prägen (z.B. Marshall 1976: 308–11): jeder darf mit jedem tauschen; ein Geschenk kann nicht zurückgewiesen werden; eine Gegengabe gleichen Wertes wird in einem Zeitrahmen von wenigen Monaten bis ein, zwei Jahren erwartet. Die Akteure streuen ihre Tauschpartner offenbar nach Alter, Geschlecht und Lagerzugehörigkeit, um ein weitverzweigtes Netz zu erhalten. ... Der hxaro Austausch spielt im sozialen Leben eine große Rolle, und der Wert mancher Geschenke ist immens, wenn man den geringen Besitzstand in dieser mobilen Gesellschaft überdenkt.   (Schweizer 1996: 72f.)

Die folgenden Darstellungen beruhen auf den Daten der Anthropologin Polly Wiesner, die das soziale Austauschsystem der !Kung Bushmen in den 1970er Jahren intensiv untersucht hat (Wiesner 1981, 1986, 1994). Thomas Schweizer (1996a, 1996b, 1997) hat diese Daten aufbereitet und unter einer Netzwerkperspektive reanalysiert. Die in diesem Kapitel verwendeten Visualisierungen entstammen einer intensiven Zusammenarbeit mit Thomas Schweizer und ergänzen die von ihm durchgeführten numerischen Analysen komplementär mit Netzwerkvisualisierungen.

Das der Untersuchung zugrunde liegende Netz umfasst dabei Nomaden aus unterschiedlichen Camps in der Kalahari. Aus Angaben zur Herkunft der Güter, die Anthropologen bei den Nomaden zum Zeitpunkt der Befragung vorgefunden haben, kann man versuchen, ein Tauschnetzwerk zwischen den Nomaden zu rekonstruieren (vgl. Schweizer 1996).

Die Buschmänner wurden von Wiesner befragt, von wem die bei ihnen vorgefundenen Güter stammen und ob die Geschenke von einem Hxaro-Partner stammen. Auf der Grundlage der so beschriebenen 1446 Güter lässt sich ein Tauschnetzwerk zwischen 73 der Nomaden identifizieren, das mit einer quadratischen, bewerteten, asymmetrischen Matrix beschrieben ist: wer welche Güter mit wem und wie häufig austauscht. Die Matrix beschreibt den Austausch im Zentrum eines geografisch sehr viel weiter gespannten Systems.

6.2 Die räumliche Einbettung des Tauschsystems

Der erste Schritt der Analyse versucht, das Austauschsystem unter einer geografisch räumlichen Perspektive darzustellen und zu beschreiben. Als Ordnungskriterium des Tauschnetzes dient die Lage der Camps der Tauschpartner, die als zusätzliche Ordnungskonstraints eingeführt werden. Die regionale Organisation der Tauschakte ist eine Information, die den Aufzeichnungen nur unter Auswertung zusätzlicher Informationen entnommen werden konnte. Erst die Rekonstruktion der regionalen Bezüge ermöglicht es, das Ausmaß der überregionalen Struktur genauer zu verstehen.

In den grafischen Darstellungen werden die Camps als Kreise symbolisiert und auf Positionen angeordnet, die ihrer geografischen Lage entsprechen. Die Distanzen in der Abbildung entsprechen dabei den geografischen Entfernungen zwischen den Camps. Durch die Anwendung des in Kapitel 4.1 entwickelten Ordnungsverfahrens kann nun versucht werden, den mit den geografischen Konstraints eingeschränkten Lösungsraum zu optimieren. Dabei wird versucht, die einzelnen Autauschpartner so anzuordnen, dass die Gesamtlänge der Markierungen der Austauschbeziehungen, die als Linien zwischen den Positionen der Akteure eingetragen werden, minimiert wird.

Die so entstehende „Landkarte" des Tauschsystems in Abbildung 6.1 führt zu einer vergleichsweise einfach zu lesenden Darstellung: Akteure, die lediglich Austauschbeziehungen im eigenen Camp unterhalten, werden in der Peripherie des Gesamtsystems platziert, wohingegen Akteure, die stark in Austauschbeziehungen mit Partnern in anderen Camps involviert sind, Positionen einnehmen, die zum Zentrum des Systems orientiert sind. Gleichzeitig informiert die Größe der Symbole über die Anzahl der Tauschakte, an denen diese beteiligt sind. Die Austauschbeziehungen sind zusätzlich farblich kodiert. Dies ermöglicht es, den Austausch *innerhalb* der Camps von Austauschbeziehungen *zwischen* verschiedenen Camps farblich zu unterscheiden.

Abbildung 6.1 erlaubt es bereits, Akteure zu identifizieren, deren Tauschverhalten bedeutsame Beiträge zu dem raumübergreifenden Austauschsystem des Hxaro leisten. Sie finden sich auf den zum Zentrum orientierten Positionen der Camps. Nomaden, die ausschließlich innerhalb ihres Camps tauschen, finden sich dagegen auf den vom Zentrum abgewandten Positionen ihrer Kreise. Die geografisch räumliche Darstellung der Hxaro-Verflechtungen zeigt zum einen auf, dass die Camps stark überregional verbunden sind.

Kapitel 6

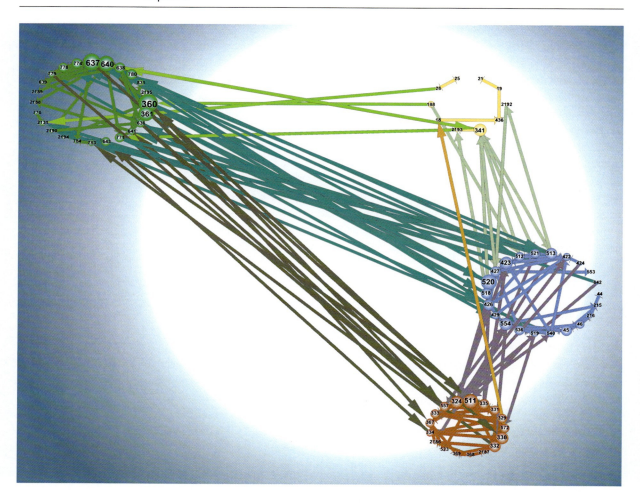

Abbildung 6.1
Hxaro-
Tauschbeziehungen im
geografischen Raum

Sie macht gleichzeitig sichtbar, dass die verschiedenen Lokalitäten in unterschiedlichem Ausmaß intern verflochten sind.

Thomas Schweizer (1996b), der dieses Netzwerk hinsichtlich verschiedener Strukturcharakteristika mit anderen in der anthropologischen Literatur beschriebenen Netzwerken vergleicht, beschreibt das Hxaro-System als ein wenig dichtes Netz, als ein System, dessen Regeln es erlauben, mit vergleichsweise wenigen symbolischen Austauschbeziehungen die Population der !Kung ausreichend miteinander zu verknüpfen.

> Taken together however, sparseness, connectedness and the medium geodesic distances demonstrate that the system emerging from the pairwise exchanges of gifts among the !Kung is efficient: with a relatively small number of gift transactions, as indicated by the low density, these people manage to create and entertain a network in which each ego can reach each alter in the system with not too big an effort. This finding can only occur when actors base a lot of their activity on nonredundant contacts so that the overlap of ties is minimal (on the general argument see Burt (1992: 20–25). (Schweizer 1996b: 159)

In einem zweiten Schritt der Analyse sollen weitere Einsichten in dieses Tauschsystem durch eine Abschwächung der räumlichen Konstraints, mit denen eine geografische Anordnung der Austauschpartner im Layout erzwungen wurde, gewonnen werden. Stattdessen werden die empirischen Informationen über die Tauschbeziehungen und ihre Häufigkeiten verwendet, um die Positionen neu zu ordnen. Werden die Tauschbeziehungen als anziehende Kräfte eingesetzt, kann man diese dazu benutzen, die Position der Akteure in

Richtung auf den Schwerpunkt der mit ihnen durch Tauschakte verbundenen Partner zu verändern.

Je nachdem wie ein Akteur mit anderen Personen durch Tauschakte verbunden ist, werden sich die Akteure dabei von ihrer ursprünglichen Position entfernen. Ist zum Beispiel ein Akteur lediglich in Tauschbeziehungen innerhalb des gleichen Camps involviert, wird sich seine Position nur wenig verändern. Die neue Position wird ein Ort innerhalb des Kreises sein, der die Zugehörigkeit zu einem bestimmten Camp symbolisiert. In dem Ausmaß, in dem ein Akteur Austausch mit Hxaro-Partnern außerhalb des eigenen Camps unterhält, wird er eine Position zwischen den Camps, in ihrem Zentrum, einnehmen.

Indem man die Häufigkeiten der Austauschbeziehungen als Kräfte interpretiert und es diesen Kräften gestattet, die Lagekonstraints zu deformieren, entsteht aus der geografisch topologischen Anordnung (einer Karte) eine soziale Struktur. In dieser ist die Nähe zweier Akteure durch deren Austauschbeziehungen bestimmt. Im sozialen Raum bestehen zwischen Tauschpartnern dann kurze Distanzen, wenn sie bevorzugt miteinander tauschen. Sind Akteure dagegen in vielfältige Tauschbeziehungen mit Dritten involviert, dann nehmen sie eine Position im Zentrum aller ihrer Tauschpartner ein. Unterhält ein Akteur Tauschbeziehungen zu jedem Lager, dann fällt seine neue Position in die Nähe des Schwerpunktes des Gesamtsystems. Die Attraktivität der Transformation besteht darin, dass das formale Verfahren schrittweise den raumübergreifenden Charakter der sozialen Austauschbeziehungen zu Tage treten lässt und enthüllt.

Die resultierende Darstellung in Abbildung 6.2 ist der Versuch, die soziale Institution des Hxaro darzustellen. Die neue Lage beschreibt einen Gleichgewichtszustand, der aus

Abbildung 6.2
Eine schwerpunktorientierte Einbettung des Austauschsystems

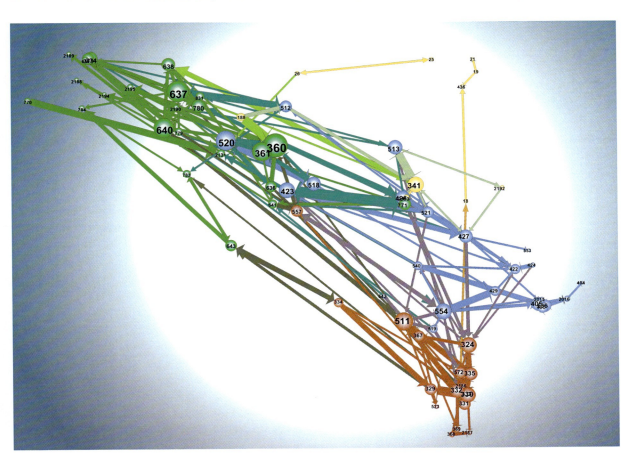

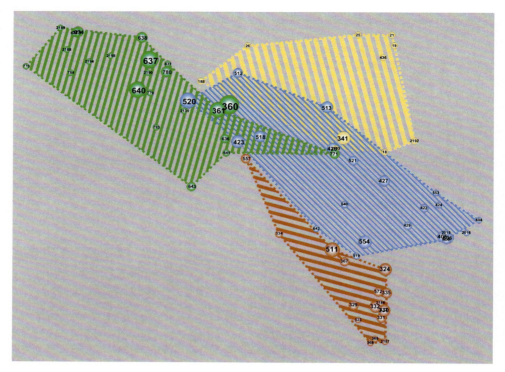

Abbildung 6.3
Konvexe Hüllen für die unterschiedlichen Camps

der geografischen Struktur entstanden ist. Obwohl dabei versucht wurde, auch die Häufigkeiten des Austausches darzustellen, die zu dieser neuen Anordnung beigetragen haben, hat die Darstellung den Nachteil, dass sie zunächst nur schwer verständlich ist. Im Gegensatz zu Abbildung 6.1 ist das Zentrum der Abbildung 6.2 nicht mehr leer. Hier finden sich eine Reihe von Akteuren, die aus unterschiedlichen Camps stammen. Besonders Akteure des blauen Camps nehmen Positionen im überregionalen Zentrum des Gesamtsystems ein.

6.3 Der Kern des Hxaro-Austauschsystems

Im Folgenden wird die transformierte Lösung in Abbildung 6.2 näher untersucht. Die Ergebnisse zeigen, wie man die entstandenen Veränderungen interpretieren und spezifische Features dieser Lösung benutzen kann, um zu untersuchen, worin die Bedeutung der Verflechtungsmuster besteht.

Ein erster Schritt, Abbildung 6.2 zu vereinfachen, besteht darin, auf die Darstellung der Tauschbeziehungen als Linien zu verzichten. Ein zweiter Schritt, der die Lesbarkeit verbessert, sind Markierungen, die die Lage der Akteure gleicher Camps in der Lösung hervortreten lassen.

Abbildung 6.3 zeigt das Resultat der Vereinfachung. Dabei ist die Lage aller Akteure des gleichen Camps mit Hilfe einer konvexen Hülle markiert worden. Diese beschreibt die Fläche in der Lösung, die von allen Akteuren der gleichen Camps eingenommen wird. So ist es möglich, sehr viel einfacher zu beurteilen, ob und in welchem Ausmaß sich die Akteure von ihrer ursprünglichen geografischen Position (in Abb. 6.1) entfernt haben. Die Lage der Bewohner des roten Camps hat sich zum Beispiel kaum verändert. Auch in der neuen Lösung sind sie nach wie vor eng zueinander positioniert. Lediglich ein Akteur des

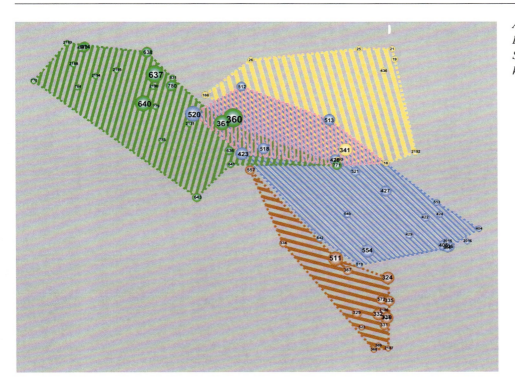

Abbildung 6.4
Der Kern als Schnittmenge der konvexen Hüllen

roten Camps hat sich stärker in Richtung auf das Zentrum bewegt, ohne allerdings in eines der Gebiete eingedrungen zu sein, die Akteure anderer Camps einnehmen. Genau dies ist jedoch bei den Angehörigen der blauen und grünen Camps der Fall. Einige Tauschpartner des blauen Camps sind weit in das Gebiet des grünen Camps vorgedrungen und erzeugen so eine Überlappungszone, in der sich Angehörige verschiedener Camps finden.

Um das Zentrum dieses sozialen Raumes abzugrenzen, können in einer recht konservativen Lösung die Überlappungen der konvexen Hüllen dazu benutzt werden, den Kern des Austauschsystems als Schnittmenge der räumlichen Ausdehnung der einzelnen Camps zu definieren.

Diese Schnittmenge der konvexen Hüllen, in Abbildung 6.4 rosa markiert, kennzeichnet ein Gebiet, das man als Interpenetrationszone des Tauschsystems interpretieren kann. Die Lage der Akteure in dieser Kernzone weicht bedeutsam von der geografischen Lage ihrer Camps ab. Dies tritt nach der Logik der Rekonstruktion nur dann auf, wenn die Akteure in ihrem Tauschverhalten stark auswärts orientiert sind oder nur in sehr wenige Tauschbeziehungen involviert sind. Damit identifiziert diese Kernzone Personen, deren Tauschverhalten in besonderem Ausmaß zur überregionalen Verbundenheit des Tauschsystems beiträgt.

6.4 Hxaro-Austausch und enge Verwandtschaft

Für Anthropologen ist die Fragestellung von besonderem Interesse, ob und inwiefern das rituelle Tauschsystem des Hxaro auf engen Verwandtschaftsbeziehungen beruht. Ausgehend von der Definition des Kerns des Hxaro-Systems und der Lagerung weiterer Informationen in dieser Topologie soll im Folgenden gezeigt werden, wie man sich dieser Frage annähern kann.

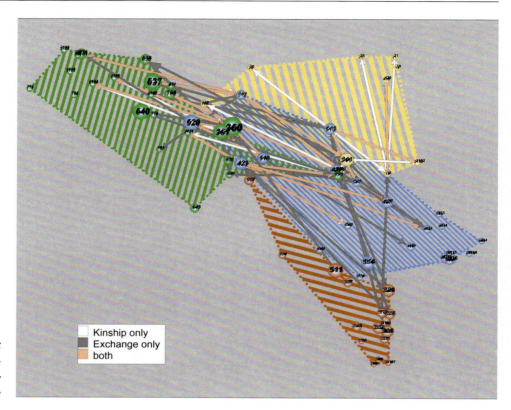

Abbildung 6.5
Beziehungen des Kerns mit der Peripherie

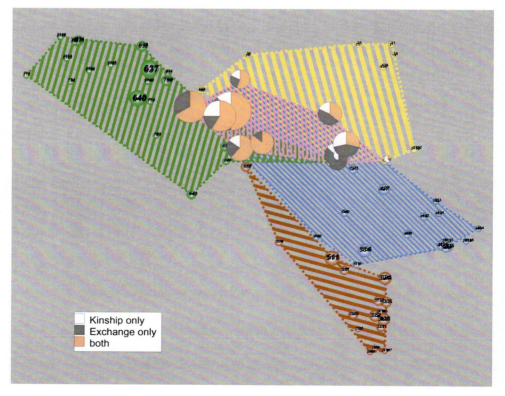

Abbildung 6.6
Typen von Beziehungen in der Kernzone. Anteile der verwandtschaftlichen Hxaro-Beziehungen, der nicht genutzten verwandtschaftlichen Beziehungen und weiterer Hxaro-Partner am Tausch der Population der Kernzone

Hierzu werden ergänzend Informationen über enge Blutsverwandtschaften zwischen den !Kung verwertet, die sich in den Aufzeichnungen von Polly Wiesner finden. Die Kenntnis der engen Verwandtschaftsbeziehungen erlaubt es, die Austauschbeziehungen in drei Teilmengen zu unterscheiden:

- enge Verwandtschaften, Verwandte, zwischen denen *kein* Hxaro-Austausch stattfindet (*unused kinship,* weiß),
- Hxaro-Austausch zwischen engen Verwandten (*both kinship and exchange,* hellorange),
- Hxaro-Austausch zwischen „Nichtverwandten" (*exchange only,* grau).

In Abbildung 6.5 ist die Darstellung der so unterschiedenen Beziehungen auf die Population der Kernzone beschränkt. Die Abbildung zeigt, dass die Akteure im Kern in vielfältiger Weise überregional verbunden sind. Während es zum einen möglich ist, die Beziehungen, in die die Mitglieder des Kerns involviert sind, sehr detailliert zu inspizieren, ist die Darstellung andererseits zu komplex, um eine einfache Antwort auf die Frage der Bedeutung enger Verwandtschaftsbeziehungen für den symbolischen Gabentausch der !Kung zu geben.

6.5 Verwandtschaft und Austauschbeziehungen im Kern des Systems

Eine einfachere Darstellung ergibt sich in Abbildung 6.6. Hier wurde auf die Illustration der Tauschbeziehungen verzichtet. Die Information über die Zusammensetzung der individuellen Relationen in der Kernzone wurde stattdessen mit Hilfe von Tortendiagrammen dargestellt. Die Größe der Diagramme gibt dabei Auskunft über die Gesamtanzahl der Austausch- und Verwandtschaftsbeziehungen. Hierbei enthalten die einzelnen Anteile Aussagen über die Komposition der Beziehungen: in welchem Ausmaß ein Akteur Austauschbeziehungen mit engen Verwandten und mit anderen !Kung unterhält, aber auch in welchem Ausmaß er über weitere enge Verwandtschaftsbeziehungen verfügt, mit denen er Hxaro-Austausch pflegt.

Die nähere Analyse der Einbettung des Systems des Hxaro-Tausches erlaubt es, eine Kernzone des Hxaro zu spezifizieren, die gleichzeitig eine Reihe von Akteuren beschreibt, die in besonderer Weise zu der überregionalen Austauschstruktur der Systems beitragen. Zusätzliche Informationen über die engen Verwandtschaften unter den !Kung ermöglichen es darüber hinaus festzustellen, inwiefern die Hxaro-Partner der Kernzone gleichzeitig enge Verwandte sind.

Die Darstellung der relativen Anteile der mit einer Klassifikation so unterschiedenen Tauschbeziehungen gibt eine Antwort auf die eingangs gestellte Frage, in welchem Ausmaß Hxaro ein verwandtschaftliches System ist. Fast alle Mitglieder der Kernzone unterhalten Hxaro-Austausch zu engeren Verwandten und sind darüber hinaus auch in Austauschbeziehungen mit anderen Personen involviert. Das System des Hxaro stellt sich somit als ein symbolisches System dar, das über die engen verwandtschaftlichen Bindungen hinaus andere Personen in ein rituelles System einbindet und so die ortsübergreifende Verbundenheit steigert.

Kapitel 7
Zusammenhänge sichtbar machen

Die vorhergehenden Kapitel haben Verfahren vorgestellt, mit denen Layouts von Graphen erzeugt werden können. Wie Eigenschaften der Graphen in diesen Layouts markiert werden können, um zentrale Eigenschaften der Netze schneller zu überblicken, war eine zweite Fragestellung, die anschließend behandelt wurde. Dazu wurden Eigenschaften der Graphen auf verschiedenen Ebenen mit Größenmarkierungen und Zonensymbolen abgebildet und analytisch identifizierte Teilsysteme mit konvexen Hüllen und Aggregaten dargestellt. In diesem Kapitel geht es darum zu zeigen, wie mit Farben und Farbschemata systematische Variationen zusätzlicher Informationen untersucht werden können.

Verfahren, die Netzwerke ordnen, erzeugen Layouts, in denen verbundene Einheiten benachbarte Positionen einnehmen. Die Abbildung zusätzlicher Informationen auf die geordneten Strukturen, zusätzlicher Attribute der Knoten oder der Kanten, erlaubt es, lokale Merkmalskonzentrationen in Strukturen zu entdecken. In optimierten Topologien verweisen Konzentrationen gleicher Attribute auf Korrelationen dieser Merkmale mit der Lagerung in der Struktur. In Netzwerkdarstellungen können selbst lokale Besonderheiten vergleichsweise einfach aus den entstehenden Abbildungen abgelesen werden.

Im engeren Sinne haben die Einheiten in Graphen keine Eigenschaften. Die aus den Relationen abgeleiteten Kennwerte sind konzeptionell als Charakteristika der Umwelten der Elemente anzusehen. Eigenschaften der Einheiten eines Graphen können aber aus zusätzlichen Quellen stammen. Diese werden dann als *Knotenattribute* bezeichnet. Das Geschlecht, das Alter von Akteuren oder ihr sozialer Status sind zusätzliche Attribute der mit einem Graphen beschriebenen Akteure und Beziehungen.

Zusätzliche Informationen können auch für die Beziehungen eines Netzwerkes vorliegen. In diesem Fall spricht man analog von *Kantenattributen*. Dieses Kapitel behandelt die Frage, wie derartige Informationen in den Layouts dargestellt werden können.

7.1 Merkmalsmuster in Strukturen

Zusätzliche Informationen über die Einheiten oder die Beziehungen eines Netzwerkes können mit unterschiedlichem Informationsgehalt vorliegen: *Nominale Akteursattribute* definieren Klassen von Akteuren (eine Partition des Graphen), *ordinale Merkmale* geordnete Klassen und *metrische Attribute* kontinuierliche Skalen. Dies gilt in gleicher Weise für die Attribute der Kanten eines Graphen.

Farben und Farbschemata sind für die Markierung dieser zusätzlichen Informationen besonders gut geeignet, da sie keine zusätzlichen Anforderungen an die Positionierung der Einheiten stellen. Bei nominalen Merkmalen sollten die zur Darstellung verwendeten Farben lediglich farblich unterscheidbar sein und keine besondere Ordnung aufweisen. Für ordinale Merkmale sind dagegen wahrnehmungsmäßig geordnete Farbschemata erforderlich. Zur Kommunikation metrischer Attribute eignen sich kontinuierliche Farb- und Helligkeitsgradienten (vgl. Kapitel 2.7).

Um die Ordnung der Attribute in den Layouts zu inspizieren, reichen oft bereits geordnete Farbschemata aus. Wie in der Statistik üblich, können kontinuierliche Merkmale auf geordnete Klassen reduziert werden. In diesem Fall kann man auf die verschiedenen von Cynthia Brewer entwickelten sequentiellen spektralen Farbschemata zurückgreifen, die farbton- und helligkeitskodiert sind (vgl. Abb. 2.11).

Natürlich kann man Farben in Netzwerkdarstellungen bereits ohne zusätzliche Informationen verwenden, um die Aufmerksamkeit auf bestimmte Akteure zu lenken. In diesem Fall verwendet man Farben jedoch lediglich zur Unterscheidung bestimmter Akteure und nutzt so die selektiven Eigenschaften der Farbmarkierungen aus. Man könnte auf die Idee kommen, alle Akteure eines Graphen durch Farben unterscheiden zu wollen. Dazu würde man jedoch schnell viele Farbtöne benötigen, da im Prinzip jeder Knoten mit einer eigenen Farbe dargestellt werden muss. Dies verbessert die Lesbarkeit der Abbildungen in der Regel nicht, im Gegenteil, die Darstellung wird dadurch unnötig kompliziert. In der Literatur finden sich generell übereinstimmende Ratschläge, nicht mehr als acht ungeordnete Farbtöne zu verwenden, wenn beabsichtigt ist, einfach lesbare Darstellungen zu erzeugen.

Farbmarkierungen sind jedoch dann besonders hilfreich, wenn man mit ihnen Mengen gleichartiger Akteure unterscheiden will. Zur Markierung von Partitionen benötigt man vergleichsweise wenige Farbtöne. Sie erlauben es, Mengen gleichartiger Akteure in einer Darstellung selektiv zu lokalisieren. Wenn Elemente der gleichen Mengen mit identischen Farben markiert werden, dann steht das Farbsymbol für die Zugehörigkeit der Knoten zu einer bestimmten Menge von Einheiten, die hinsichtlich eines spezifischen Merkmals als gleichartig beurteilt werden.

Ich habe Farbmarkierungen in dieser Weise bereits im Exkurs über syntaktische Markierungen (vgl. Kap. 5.7) extensiv eingesetzt, ohne den systematischen Gebrauch von Farben zur Informationskommunikation näher zu erläutern. Dort habe ich Farbtöne benutzt, um mit ihnen die analytisch mit einem Blockmodell identifizierten Blöcke (Partition) auf verschiedene Layouts des gleichen Netzwerkes abzubilden. Auf diese Weise war es möglich, zu prüfen, ob die Elemente dieser Partition in den Layouts zusammenhängend positioniert worden sind. In dem Ausmaß, in dem dies zutrifft, beschreiben die Topologien der Layouts ähnliche Ordnungen, wie sie mit den Partitionen beschrieben sind. Bei der Verwendung von Knotenattributen, Informationen, die unabhängig von den Netzwerkdaten zusätzlich über die Akteure eines Netzes bekannt sind, erlaubt dies in ähnlicher Weise zu bestimmen, ob systematische Zusammenhänge zwischen der Lagerung in der Struktur bestehen.

Während analytisch erzeugte Partitionen die Eigenschaften eines Graphen und seiner Elemente aus den Relationen ableiten, unbedingt systematische Zusammenhänge mit den

Platzierungen in den Abbildungen aufweisen sollten und die mit den Ordnungsverfahren erzeugten Anordnungen validieren, wird man bei der Abbildung von unabhängigen Merkmalen der Akteure derartig starke Zusammenhänge nicht erwarten können. Wie bei der statistischen Analyse sozialwissenschaftlicher Daten ist eine realistische Erwartung eher die, partielle Zusammenhänge zu entdecken. Ein wesentlicher Vorzug des grafischen Verfahrens besteht hierbei darin, dass eventuelle Zusammenhänge in elementarer Weise inspiziert werden können. Dies erlaubt es, selbst lokale Konzentrationen zu entdecken, die bei einer aggregierten statistischen Behandlung als solche schnell unerkannt bleiben.

Treten bei der Abbildung unabhängiger Merkmale mit Farben Farbkonzentrationen in den Layouts zu Tage, dann verweisen diese auf eine Korrelation des unabhängigen Merkmals mit der Stellung in der Struktur. Bertin spricht in diesem Zusammenhang von der Ordnung von Z in X Y (Bertin 1981: 183).

7.2 Attribute und Zonensymbole

Zusätzliche Informationen, Attribute der Knoten oder der Kanten, werden in aller Regel mit Farben dargestellt. Die Verteilung dieser Attribute in der Struktur kann mit Farben, sequentiellen Farbschemata oder kontinuierlichen Farbgradienten visualisiert werden.

Liegen für die Relationen zusätzliche *Kantenattribute* vor, dann wird man die Linien beziehungsweise Pfeile zusätzlich farbig unterscheiden. Die Konzentration der Attribute in den primären Umwelten kann zusätzlich mit Zonensymbolen beschrieben werden, in die *pie charts* integriert sind. Hierbei geben die einzelnen Segmente Auskunft über die Verteilung der Attribute in den individuellen Umwelten.

Den Vergleich der Verteilung der Attribute der ein- und ausgehenden Beziehungen ermöglichen Zonensymbole, die zwei Kreisdiagramme integrieren. Ähnliche Mischungen von Attributen in den individuellen Umwelten treten optisch als gleichartige Icons in Erscheinung. Sie sind dann besonders einfach zu entdecken, wenn sie räumlich benachbart auftreten. Kantenattribute stehen für die Analyse nur unter besonders günstigen Bedingungen zur Verfügung. Zusätzliche Attribute der Relationen kann man im Prinzip als weitere Netze auffassen.

Sehr viel häufiger stehen für Netzwerkdaten jedoch *Knotenattribute* zur Verfügung. Sie erlauben es, in Strukturen Konzentrationen von Akteuren mit gleichartigen Attributen aufzufinden und zu untersuchen, ob gleichartige Akteure zusammenhängende Kontexte bilden, aber auch, wo Akteure mit gleichartigen Attributen ähnliche Positionen einnehmen.

Je nachdem welchen Informationsgehalt Knotenattribute aufweisen, lassen sich verschiedene Wege beschreiben, um aus Knotenattributen Attribute der Kanten abzuleiten. Bei *nominalen* Merkmalen können durch abgeleitete Farbkodierungen der Kanten Beziehungen zwischen gleichartigen Akteuren und Beziehungen zwischen ungleichartigen Akteuren unterschieden werden. Bei *ordinalen* Knotenattributen kann man Farbkodierungen der Rangdifferenzen ableiten. Bei *metrischen* Attributen lassen sich die Distanzen zwischen den Attributen zweier Knoten verwenden, um diese mit sequentiellen Farbschemata oder Farbgradienten darzustellen.

Besonders bei dichten und komplexen Netzwerken empfiehlt es sich, die Informationen der Kanten zusätzlich mit Zonensymbolen darzustellen. Mit ihnen können alle an einem Knoten zusammentreffenden Kanten vollständig beschrieben werden.

Zonensymbole sind nicht nur geeignet, syntaktische Merkmale darzustellen, sondern spielen auch für die Beurteilung lokaler Konzentrationen von Attributen eine wichtige

Rolle. Da sie die Beziehungen in einem Netz auf der Ebene der Knoten aggregieren, können sie auch die Informationen über zusätzliche Attribute der Knoten oder der Kanten zusammenfassen. Dabei lassen sich drei Fälle unterscheiden:

Nominale Knotenattribute können in den Abbildungen markiert werden, indem man Knoten der gleichen Attributklasse mit identischen Farben darstellt. In diesem Fall kann die primäre Umwelt eines Akteurs mit der Mengenzugehörigkeit der mit ihm direkt verbundenen Interaktionspartner beschrieben werden.

Während die Größe des Symbols aus dem Degree abgeleitet wird, werden die Anteile verschiedener Destinationen beziehungsweise Sender von Beziehungen mit der Größe der Kreissegmente beschrieben. Mit diesen Informationen kann die Umwelt der direkten Beziehungen eines Knotens hinsichtlich der *Homogenität* beziehungsweise *Heterogenität* der in dieser Zone erreichbaren Zielpersonen beurteilt werden. In Kapitel 5.4 habe ich bereits derartige Markierungen verwendet.

Im Fall *sequentieller* oder *metrischer Knotenattribute* lassen sich analog die Verteilungen der ordinalen oder metrischen Attribute in der primären Umwelt mit Zonensymbolen darstellen. Damit bildet man die Verteilung der Merkmale der Empfänger und Sender in der primären Umwelt eines Akteurs auf das Zonensymbol ab.

Ein dritter Fall betrifft die *Kantenattribute*. Hierbei liegt für jede Kante eines Graphen ein Attribut vor, das die Flüsse eines Graphen zusätzlich beschreibt. In diesem Fall werden besonders umfangreiche Informationen verarbeitet. Im Prinzip werden hier simultan mehrere Netzwerke im gleichen Lösungsraum aufeinander abgebildet.

In allen drei Fällen fassen die Zonensymbole unterschiedliche Informationen zusammen. Sie beschreiben die Akteure mit der Stellung in ihrer primären Umwelt sowie die Verteilung von Akteursmerkmalen beziehungsweise zusätzlichen Eigenschaften der Beziehungen. Ihre Größe informiert über den Degree beziehungsweise im Fall bewerteter Kanten über das Gesamt aller Flüsse in der primären Umwelt *(first order zone)*. Die Unterscheidung des In- und Outdegrees gestattet es festzustellen, ob ein- oder ausgehende Flüsse überwiegen oder ob symmetrische Beziehungen vorherrschen. Eine korrespondierende Anordnung der farblichen Segmente in den Zonensymbolen erleichtert nicht nur die quantitative Interpretation dieser Zeichen, sondern auch deren Vergleich.

Die Farben der Kreissegmente können außerdem Auskunft darüber geben, ob die primäre Umwelt im Sinne der zusätzlichen Attribute eher homogen oder heterogen ist. Sie können auch beantworten, ob dies bei den ein- und ausgehenden Beziehungen in gleicher Weise der Fall ist. Wie bei statistischen multidimensionalen Icons entstehen in der Größe variierende Zeichen. Diese können ausgeglichen, kopf- oder bauchlastig sein und charakterisieren das Verhältnis der ein- und ausgehenden Kanten. Ein- und ausgehende Beziehungen lassen sich darüber hinaus nach dem Grad der Homogenität beziehungsweise der kategorialen Zusammensetzung farblich unterscheiden.

In einem weiteren Schritt kann man die Farbsymbole daraufhin vergleichen, ob die mit den Zonensymbolen kodierten Informationen der primären Umwelten in der unmittelbaren Nachbarschaft ähnliche Muster aufweisen oder aber nicht. In dem Ausmaß, in dem sich benachbarte Elemente als ähnlich erweisen, hat man bereits lokale Konzentrationen von multidimensionalen Verteilungen identifiziert.

Besonders für komplexe Graphen sind Zonensymbole hilfreich, da sie eine vollständige Beschreibung aller direkten Beziehungen eines Akteurs geben, wohingegen die Links auch in optimierten Darstellungen überlagert sein können. Zonensymbole erleichtern es, in den Darstellungen lokale Konzentrationen ähnlicher Umwelten zu identifizieren, und helfen damit, multiple Lagerungen in der Struktur zu entdecken.

In ähnlicher Weise können Zonensymbole benutzt werden, wenn zusätzliche *Attribute der Relationen* verfügbar sind. Stehen zum Beispiel Informationen über die Veränderung von Flüssen in einem Netzwerk zur Verfügung, wie etwa die Wachstumsraten von Handelsflüssen, dann kann man diese mit einem sequentiellen Farbschema kodieren und die Kanten eines Graphen entsprechend farblich markieren. Die Aggregationen aller von einer Einheit aus- und eingehenden Flüsse und der Klassen unterschiedlichen Wachstums werden simultan mit ihren Volumina dargestellt. In diesem Fall beschreiben Zonensymbole die primären Umwelten der Akteure mit Anteilen unterschiedlichen Wachstums.

7.2.1 Exkurs: Knotenattribute und Welthandelsdaten

Wie man Eigenschaften der Einheiten eines Graphen in die Layouts von Netzwerken integrieren kann, versuche ich in diesem Kapitel zu demonstrieren. Dazu benutze ich ein Netzwerk, das den Welthandel zwischen den dreißig größten Handelsnationen im Jahr 1994 beschreibt. Ein solches Welthandelsnetzwerk kann man als bewerteten Graphen auffassen, dessen Relationen die Handelsbeziehungen zwischen den beteiligten Ländern anhand des Wertes der exportierten und importierten Güter beschreiben.

Um das durch einen Spring Embedder erzeugte Layout dieses Handelsnetzwerkes näher zu untersuchen, benutze ich zwei zusätzliche Merkmale, die es erlauben, die Besonderheiten der Positionierungen zu identifizieren. Das erste Merkmal unterscheidet die beteiligten Nationen nach ihrer geografischen Lage. Dieses nominale Merkmal erlaubt es, Mengen von Nationen zu beschreiben, die in den gleichen Regionen angesiedelt sind. Das Gesamt der Mengen beschreibt eine Partition des Graphen. Die Markierung jeder der Mengen mit einer einheitlichen Farbe wird dabei helfen zu beurteilen, inwieweit im Layout des Graphen die Länder nach Regionen angeordnet sind. Ein zweites Merkmal beschreibt die gleichen Länder mit der Höhe ihres Bruttosozialprodukts im Jahr 1993. Dieses quantitative Attribut charakterisiert die Länder nach ihrer Wirtschaftskraft, dem durchschnittlichen Einkommen pro Kopf. Damit lässt sich untersuchen, inwieweit Länder mit bestimmter Wirtschaftskraft im Layout des Graphen in systematischer Weise angeordnet sind.

Im Folgenden verwende ich schrittweise verschiedene Markierungen, umso in die Logik der Markierung mit zusätzlichen Informationen einzuführen. Dabei geht es nicht in jedem Fall darum, optimale Grafiken zu erzeugen, sondern im Sinne methodologischer Fingerübungen auch darum, Einsichten in deren Probleme zu vermitteln und auch die Grenzen bestimmter Markierungsarten aufzuzeigen.

Wie bereits ausgeführt, weisen Graphen im engeren Sinne keine Knotenattribute auf. Versucht man, das Handelsnetz zu ordnen, so entsteht eine Anordnung der beteiligten Länder, die man mit den zugehörigen Namen in der Abbildung markieren kann. Abbildung 7.1 zeigt genau ein solches Layout und verzichtet wie viele statistische Darstellungen darauf, weitere Informationen in die Abbildung zu übertragen. Damit stellt die Abbildung lediglich die Positionen des Layouts dar, die unter Verwendung der symmetrisierten, bewerteten Matrix der Handelsverflechtungen berechnet worden sind. Diese Matrix beschreibt die Volumina des Handels zwischen den verschiedenen Ländern.

Die Markierung zusätzlicher Informationen mit Größen gestattet es, sich in einem solchen Layout schneller zu orientieren. Bereits in den vorstehenden Kapiteln habe ich den Degree der Knoten benutzt, um die Positionen der Einheiten mit Größen zu markieren. Bei Handelsnetzwerken beschreibt der Degree das Volumen aller Exporte und Importe eines bestimmten Landes, das heißt das Volumen seiner Handelsbilanz.

Kapitel 7

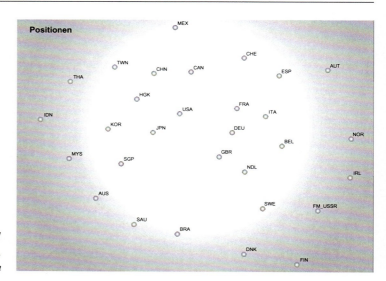

Abbildung 7.1
Welthandel 1994,
Positionen

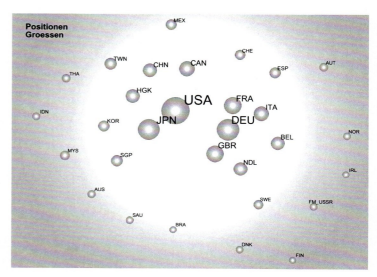

Abbildung 7.2
Welthandel 1994,
Volumina und Größen

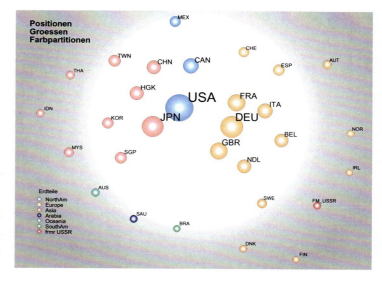

Abbildung 7.3
Welthandel 1994,
geografische Regionen
als nominale Attribute

Benutzt man Größenmarkierungen, um die Volumina der Handelsbilanzen aller Länder in das Layout zu integrieren, wie dies in Abbildung 7.2 dargestellt wird, dann erlaubt diese zusätzliche Information, die Logik der Anordnung besser zu verstehen: Offenbar nehmen Länder mit größeren Handelsbilanzen im Layout Positionen um das Zentrum ein, während Länder mit kleineren Handelsbilanzen eher in der Peripherie angeordnet sind.

Lagerungen nominaler Attribute

Die Handelstopologie kann mit weiteren Attributen näher untersucht werden. Dies wird, wie im Folgenden zu sehen ist, die Anordnungslogik dieser Topologie sichtbar werden lassen. Die Lage der verschiedenen Handelspartner auf unterschiedlichen Kontinenten ist ein nominales Knotenattribut und erlaubt, das Layout unter einer geografischen Perspektive zu untersuchen. Wählt man dazu unterschiedliche Farbtöne in der Weise, dass alle Länder des gleichen Kontinents mit der gleichen Farbe dargestellt werden, dann lassen sich Länder verschiedener Kontinente durch ihre Farbtöne unterscheiden. Die Zugehörigkeit zweier Länder zum gleichen Kontinent erscheint in der gleichen Farbe.

Anhand der Farbmarkierungen wird schnell deutlich, dass die verschiedenen Länder der gleichen Kontinente – Europa (gelb), Nordamerika (hellblau), Asien (rot) – in dieser Lösung zusammenhängende Gebiete einnehmen. Zusätzlich finden sich Gebiete, die nur mit einem einzigen Land in dem Handelsgraphen vertreten sind, in der Peripherie. Sie nehmen dabei eine Position zwischen den rot markierten asiatischen Staaten und den gelb markierten europäischen Ländern ein. Hier finden sich Australien (Ozeanien), Saudi-Arabien (Naher Osten) und Brasilien (Südamerika). In der Peripherie der europäischen Staaten ist die ehemalige Sowjetunion positioniert.

Mit den farblichen Markierungen wurde damit ein zusätzlich zur Verfügung stehendes, unabhängiges Merkmal auf das Layout des Graphen mit Farben abgebildet. Dabei ist festzustellen, dass Handelspartner der gleichen Region im Layout benachbart angeordnet sind. Da die Positionen der Einheiten unter Verwendung der Volumina der Handelsflüsse berechnet wurden, sind offenbar die Handelsflüsse zwischen Ländern der gleichen Kontinente größer als die zwischen Ländern verschiedener Kontinente.

Bislang habe ich in den Abbildungen dieses Kapitels darauf verzichtet, die Handelsflüsse in das Layout einzutragen: zum einen weil zunächst die Bedeutung der Anordnung im Bild genauer untersucht werden sollte, zum anderen weil deren Darstellung zu einer Reihe zusätzlicher Probleme führt. Dabei stellt sich die Frage, welche Informationen bei der Darstellung der Kanten hilfreich sind, die Besonderheiten des Graphen klarer hervortreten zu lassen. Da die Handelsflüsse lediglich durch ihre Volumina beschrieben sind, besteht zunächst kein Anlass, diese farblich zu markieren.

Ein andere Schwierigkeit liegt darin, dass Welthandelsdaten sehr komplexe Netzwerke sind, in denen Güter zwischen fast allen Ländern ausgetauscht werden. Die Güterflüsse, die zudem in sehr unterschiedlichen Größenordnungen auftreten, können mit verschiedenen Linienbreiten beziehungsweise Pfeilstärken in die Abbildung übertragen werden. Dies führt bei der Darstellung derartig komplexer Netzwerke schnell zu Überlappungen und Verdeckungen.

In diesem Fall entscheide ich mich dazu, die Flüsse der Originaldaten[50] jeweils in dem Farbkode darzustellen, der die Region des exportierenden Landes markiert. Dies hat zur

---

50 Statt die symmetrisierte Matrix der Handelsvolumina zu benutzen, werden die asymmetrischen Ausgangsdaten verwendet, da die Exporte von A nach B nicht notwendigerweise mit den Exporten von B nach A identisch sind.

Kapitel 7

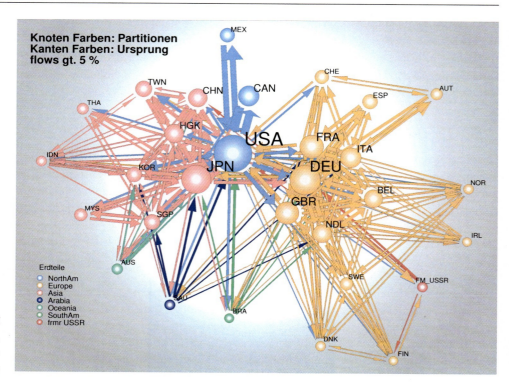

Abbildung 7.4
Welthandel 1994,
Regionen und nominale Kantenattribute

Folge, dass Exporte und Importe zwischen Ländern des gleichen Kontinents in der gleichen Farbe dargestellt werden und die Exporte und Importe zwischen Ländern verschiedener Kontinente durch gegenläufig unterschiedliche Farbkodierungen in Erscheinung treten. Damit verwende ich die jeweiligen Exporteursattribute, um aus ihnen Kantenattribute abzuleiten. Dies ist nur eine spezielle von verschiedenen Strategien, mit denen aus Knotenattributen entsprechende Kantenattribute abgeleitet werden können (Kapitel 7.2.1).

Um die Abbildung nicht zu komplex werden zu lassen, benutze ich darüber hinaus einen Schwellenwert für die Darstellung der Kanten des Graphen. Damit werden lediglich Handelsflüsse zwischen Ländern sichtbar gemacht, bei denen die ein- oder ausgehenden Flüsse für einen der beiden Handelspartner mehr als fünf Prozent aller Importe oder Exporte ausmachen. Derartige Filter sind bei bewerteten Graphen oft ein äußerst sinnvolles Hilfsmittel, um die wichtigsten Eigenschaften einer Lösung bevorzugt abzubilden. Durch Selektionen ist es möglich, die Komplexität der Darstellung systematisch zu reduzieren.

Zonensymbole geben in diesem Fall sehr detailliert Auskunft über die gebietsweise Herkunft der Importe und auch über die Destinationen der Exporte eines spezifischen Landes. Dies erlaubt es, zum einen Unterschiede der Importe und Exporte eines Landes zu untersuchen, indem die oberen beziehungsweise unteren *pie charts* verglichen werden. Interessanter sind in diesem Fall jedoch die Vergleiche zwischen verschiedenen Ländern beziehungsweise zwischen den Ländern der unterschiedlichen geografischen Regionen. So kann man für viele europäische Länder einen relativ hohen europäischen Binnenhandelsanteil ablesen, wohingegen der nordamerikanische und asiatische Raum wirtschaftlich stärker miteinander verflochten sind.

Zonensymbole sind in einem solchen Fall auch geeignet, die Konsequenzen dieser Auswahlentscheidung zu kommunizieren. In Abbildung 7.5 verwende ich Zonensymbole einerseits, um die Anteile der jeweiligen geografischen Destinationen an den Importen (oberes Tortendiagramm) beziehungsweise den Exporten (unteres Tortendiagramm) für jedes

Zusammenhänge sichtbar machen

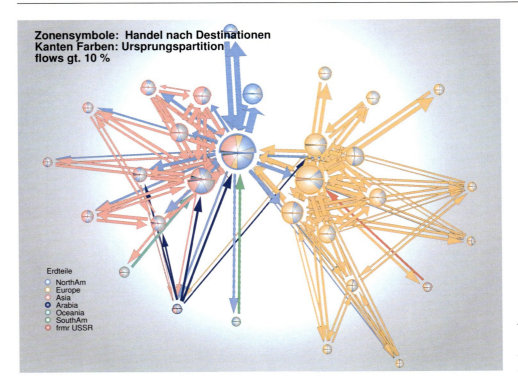

Abbildung 7.5
Welthandel 1994,
Regionen und
Zonensymbole

der Länder des Graphen sichtbar zu machen. Gleichzeitig stellen die grauen Anteile in den Tortendiagrammen die durch einen bestimmten Schwellenwert nicht berücksichtigten und nicht abgebildeten Handelsflüsse dar. Unterschiedlich große graue Anteile geben damit auch Auskunft darüber, zu welchen Anteilen der Handel eines Landes sich eher aus kleineren Lieferungen zusammensetzt oder ob ein großer Anteil des Handels mit wenigen Destinationen stattfindet.

Konzentrationen quantitativer Merkmale

Während ich in den vorstehenden Abbildungen das Layout unter Verwendung eines nominalen Knotenattributes untersucht habe und dabei dessen Merkmalsklassen mit verschiedenen Farben dargestellt habe, verwende ich in den nächsten Abbildungen mit dem Bruttosozialprodukt ein quantitatives Knotenattribut, um zu untersuchen, inwieweit reiche und arme Länder im Layout eine besondere Stellung einnehmen.

Wenn man ein quantitatives Merkmal unter Verwendung von Farben auf das Layout eines Graphen abbildet, dann sollten die Farbtöne so gewählt werden, dass man aus ihnen Rückschlüsse auf die dargestellten Größen ziehen kann. Dies ist dann der Fall, wenn Farbschemata die dargestellte quantitative Information in korrespondierende Farbeindrücke übersetzen. Hierzu eignen sich Farbgradienten oder auch helligkeitskodierte spektrale Farbschemata, wie sie von Cynthia Brewer entwickelt worden sind.

In Abb. 7.6 verwende ich eines der Brewer'schen sequentiellen Farbschemata, um die Größenordnung des Bruttosozialprodukts der verschiedenen Länder im Layout des Handelsnetzes zu markieren. In diesem Fall handelt es sich um ein sequentielles Farbschema, das ein niedriges Sozialprodukt mit dunklen und die reichsten Länder mit sehr hellen Farbtönen darstellt. Dies ermöglicht es zu inspizieren, inwieweit die Lage der Staaten in der Handelsstruktur mit der Größenordnung des Bruttosozialprodukts einhergeht.

Kapitel 7

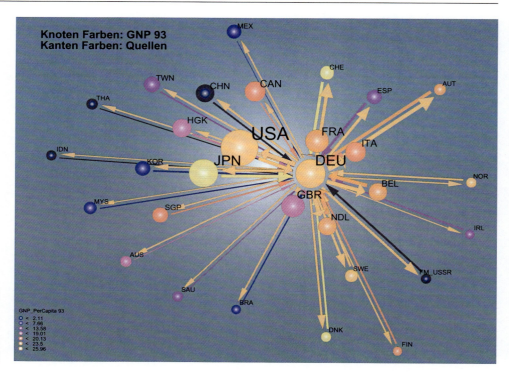

Abbildung 7.6
Welthandel 1994,
Bruttosozial-
produkt als quanti-
tatives Merkmal

Auch wenn sich keine perfekte Korrelation mit der Lagerung in der Struktur ablesen lässt, so kann man dennoch erkennen, dass die zentralen großen Handelsnationen (Japan, USA, Deutschland) gleichzeitig auch die Länder mit einem hohen Sozialprodukt sind und die Peripherie des amerikanischen und asiatischen Raumes einen wesentlich geringeren Wohlstand aufweist. Dies gilt nur mit Einschränkung für den europäischen Raum, wo Dänemark und Schweden, aber auch die Schweiz als Land mit dem höchsten Bruttosozialprodukt in der Peripherie des europäischen Clusters angesiedelt sind.

Auch hier stellt sich die Frage, welche zusätzlichen Informationen mit den grafischen Markierungen der Handelsflüsse kommuniziert werden können, um die Anordnungslogik des Layouts besser interpretieren zu können. Neben den Größenordnungen der Lieferungen, die durch die Breite der Pfeile dargestellt werden, habe ich mich bei Abbildung 7.6 dazu entschlossen, die Pfeile zusätzlich in dem Farbton abzubilden, der der Höhe des Bruttosozialprodukts des exportierenden Landes entspricht. Damit verwende ich die Höhe des Bruttosozialprodukts des jeweiligen Exporteurs als Kantenattribut. Korrespondierende Exporte und Importe sind so gleichzeitig durch entsprechende Helligkeiten der Flüsse unterschieden. So kann man gezielt den Handel einzelner Ländern inspizieren, zum Beispiel den Handel mit solchen Ländern, die ein geringeres Sozialprodukt aufweisen. Allerdings wird eine solche Darstellung schnell unübersichtlich, wenn man sämtliche Handelsflüsse simultan wiedergibt. In Abbildung 7.6 zeichne ich deshalb lediglich die Importe und Exporte Deutschlands mit seinen Handelspartnern ein.

Die Besonderheit der quantitativen Knotenattribute, wie dem des Bruttosozialprodukts, besteht darin, dass Paare von Ländern gleichzeitig durch die Differenz ihrer durchschnittlichen Einkommen beschrieben sind. Da die Höhe des Bruttosozialprodukts ein quantitatives Merkmal ist, ist die Differenz ebenso ein quantitatives Merkmal, das man als zusätzliches Kantenattribut auffassen kann. Statt nun wie in der Grafik 7.6 die Handelsflüsse im Farbton des Bruttosozialprodukts des jeweiligen Lieferlandes darzustellen, kann man andere

Zusammenhänge sichtbar machen

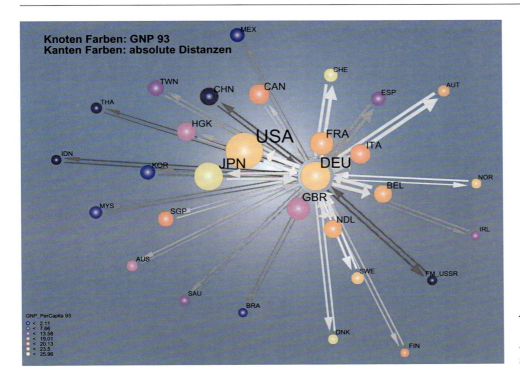

Abbildung 7.7
Welthandel 1994,
Bruttosozialprodukt
und Austausch

Markierungen entwickeln, die den Unterschied der Pro-Kopf-Einkommen zweier Länder zum Beispiel als absolute Distanz interpretieren, und diese mit Grautönen unterschiedlicher Helligkeit zur Markierung der Kanten verwenden.

Eine zu Abbildung 7.6 alternative Darstellung ist die Abbildung 7.7. Hier verwende ich eine Kantenmarkierung, die die Unterschiedlichkeit in Grauwerte übersetzt: Je unterschiedlicher der Wohlstand, desto dunkler die Markierung der Kanten. In diesem Fall identifizieren dunkle Kanten den Handel zwischen armen und reichen Ländern und helle Kanten den Handel zwischen Nationen mit ähnlichen Einkommen.

Handelsdaten sind, wenn man sie als Netzwerkdaten auffasst, äußerst komplexe Netzwerke, da in diesen fast sämtliche der möglichen Handelsbeziehungen existieren. Dies führt in der Visualisierung schnell zu Verdeckungen und Überlagerungen. In den vorstehenden Darstellungen habe ich deshalb oft, ohne dies besonders zu diskutieren, nur bestimmte Teilmengen der Handelsflüsse abgebildet.

Zonensymbole sind ein zweites Hilfsmittel, das es erlaubt, die Zusammensetzung der Handelsbeziehungen auch in sehr komplexen Netzwerken darzustellen. Sie beschreiben alle Handelsbeziehungen eines bestimmten Landes vollständig beziehungsweise die Zusammensetzung aller Exporte und Importe. Während die Kanten sich überdecken können, beschreiben Zonensymbole den Handel eines Landes vollständig.

Ein weiteres Hilfsmittel, mit dem man selbst bei sehr komplexen Netzwerken Muster von Kantenattributen entdecken kann, sind *Sortierungen der Kanten,* die bewirken, dass kürzere Kanten längere überdecken. Bei gleichzeitiger Verwendung von Zonensymbolen, die die Informationen der Kantenattribute in einer knotenspezifisch aggregierten Weise vollständig erfassen und darstellen, helfen sie zumindest, die bedeutsamsten Flüsse aufzufinden.

Abbildung 7.8 zeigt eine integrierte Darstellung des Gesamthandels zusammen mit der länderspezifischen Zusammensetzung der Importe und Exporte, genauer dem Anteil der

Exporte und Importe, die in oder aus Ländern mit einer bestimmten Höhe des Bruttosozialprodukts stammen. Zur Markierung sämtlicher Kanten verwende ich gleichzeitig die Graubeziehungsweise Helligkeitskodierung der vorhergehenden Darstellung: Je verschiedener zwei Länder hinsichtlich ihres Sozialprodukts sind, desto dunkler werden die sie verbindenden Relationen gekennzeichnet.

Selbst ein solches zugegebenerweise sehr komplexes Bild gestattet es bereits, einige grundlegende Informationen aus der Darstellung abzulesen, wenngleich wegen der vielen Verdeckungen bei der Interpretation Vorsicht angebracht ist. So kann man trotz aller Überlagerungen verschiedene dunkle Bereiche erkennen, die den Handel zwischen sehr ungleichen Handelspartnern sichtbar werden lassen. Neben dem vergleichsweise dunklen nordwestlichen Bereich in Abbildung 7.8, der den Handel mit China, Thailand und auch Mexiko kennzeichnet, tritt im Südosten der Handel mit der ehemaligen Sowjetunion ebenfalls als ein Bereich zu Tage, der durch ein großes Einkommensgefälle gekennzeichnet ist.

Die farblichen Markierungen der Knoten mit den Anteilen der Exporte zu unterschiedlich reichen Destinationen kann man wie multidimensionale Icons lesen. Helle Zonensymbole beschreiben Länder, die nur mit reichen Ländern handeln, dunkle solche, die vornehmlich mit armen Ländern Handel treiben. In diesem Fall kennzeichnen Symbole mit ähnlichen Farbzusammensetzungen Länder, die in ähnlicher Weise mit armen und reichen Ländern Handel treiben. Da die Anteile der Destinationen in den Kreisdiagrammen von links nach rechts (von Reich nach Arm beziehungsweise Gelb nach Blau) geordnet sind, lassen sich darüber hinaus weitere Vergleiche anstellen.[51] Das Augenmerk ist in diesem Fall weniger auf den Vergleich der Exporte (unten) und der Importe (oben) gerichtet, sondern mehr auf die Ähnlichkeit der farblichen Zusammensetzung der Symbole.

Beim Betrachten der Abbildung 7.8 ist zu erkennen, dass die Länder der europäischen Kernzone in der rechten Hälfte des Bildes, in der DEU, FRA, GBR, NDL, BEL und ITA angesiedelt sind, gemeinsam eine andere farbliche Zusammensetzung der Zonensymbole aufweisen als die Symbole von JPN und den USA. Gegenüber den europäischen Ländern weisen die Icons von Japan wie auch der USA größere dunkle Blauanteile auf. Diese kennzeichnen Länder, die in stärkerem Ausmaß mit ärmeren Ländern handeln. Auch Kanada (CAN) und Mexiko (MEX) erscheinen als zwei ähnliche Nationen: Ihre Symbole zeichnen sich durch einen besonders hohen Gelbanteil aus, was sich aus dem hohen Handelsanteil beider Länder mit den USA erklärt.

Schließlich könnte man aufgrund der Gleichartigkeit der Zonensymbole auch noch die asiatischen Staaten in der westlichen Peripherie der Darstellung als gleichartig identifizieren: Fast alle dieser Länder weisen vergleichsweise geringe Handelsanteile mit Ländern auf, die über mittlere Pro-Kopf-Einkommen verfügen. Hier überwiegen helle und dunkle Farben oft zu gleichen Teilen.

In dem Ausmaß, in dem man die hinter einer solchen Darstellung stehende Darstellungslogik begreift, kann man darüber hinaus weitere Besonderheiten in der Abbildung 7.8 entdecken. So stammen offenbar die Bezüge von Taiwan (TWN) etwa zu sechzig Prozent aus sehr reichen Ländern, wohingegen die Lieferungen in die reichen Länder nur etwa vierzig Prozent der Exporte ausmachen, ein Muster, das sich weniger stark ausgeprägt auch für Korea (KOR) findet.

---

51 Darüber hinaus sind der Rand der Symbole und auch der trennende Mittelbalken zwischen den Tortendiagrammen farblich mit der Höhe des Bruttosozialprodukts der jeweiligen Nation gekennzeichnet.

Zusammenhänge sichtbar machen

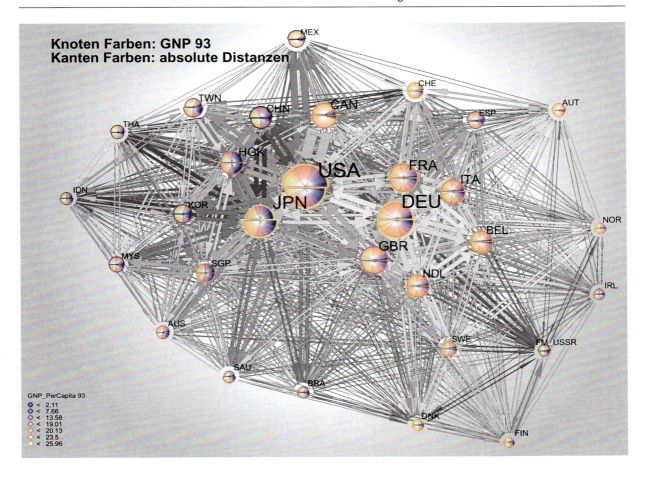

Zur Systematik abgeleiteter Kantenmarkierungen

Wenn für die Einheiten eines Graphen zusätzliche Informationen zur Verfügung stehen, stellt sich bei der grafischen Darstellung von Netzen die Frage, ob man aus diesen Knotenattributen zusätzliche (Farb-) Markierungen der Kanten ableiten kann, die helfen, die Bedeutung der Knotenattribute zu inspizieren.

Bereits aus der Zugehörigkeit einzelner Knoten zu ungeordneten Mengen lassen sich verschiedene Kantenmarkierungen ableiten, die dazu beitragen können, die Lagerung der Merkmale in der Struktur in Erscheinung treten zu lassen. Diese Markierungsstrategien erlauben es zu inspizieren, ob Klassen gleicher Knoten im Layout benachbart angeordnet sind und ob die Merkmale mit homogenen Clustern im Layout eines Netzwerkes einhergehen.

In Abbildung 7.9 markiert (A) eine Vorgehensweise, bei der lediglich die internen Beziehungen von den Beziehungen zwischen den Mengen unterschieden werden, die in diesem Fall grau markiert sind. Strategie (B) erlaubt es dagegen zusätzlich, die Beziehungen innerhalb jeder der Mengen farblich zu unterscheiden.

(C) und (D) beschreiben abgeleitete Kantenmarkierungen, die bei der Markierung gerichteter Graphen verwendet werden können. Wenn man alle aus- und eingehenden Beziehungen in der Farbe der Sender (D) oder der Farbe der Empfänger (C) darstellt, können die Beziehungen einzelner Knoten genauer inspiziert werden. Dadurch sind eventuelle Besonderheiten zu erkennen.

Abbildung 7.8
Welthandel 1994, Bruttosozialprodukt, Ungleichheit und Handel

167

Bei Strategie (E) wird versucht, die bilateralen Beziehungen zwischen den Mengen mit jeweils einer eigenen Farbe zu kennzeichnen. So kann man zum Beispiel für die einzelnen Kanten Mischfarben der jeweils verbundenen Mengen durch eine additive Operation im RGB-Farbraum erzeugen. Dabei kann jedoch schnell eine eher verwirrende Vielfalt entstehen. Bei einer geschickten Auswahl der Primärfarben entstehen jedoch unterscheidbare Farbtöne für alle Mengenkombinationen. Derartige Farbmuster können hilfreich sein, wenn es darum geht, die Beziehungen zwischen verschiedenen Merkmalskategorien genauer zu untersuchen.

Die aus den Farbschemata geordneter Mengen ableitbaren Farbkodierungen der Kanten sind wesentlich informationshaltiger. Dies deshalb, weil geordnete oder sequentielle Klassen gleichzeitig Rangdifferenzen beziehungsweise Distanzen zwischen den Mengen implizieren, die als Kantenattribute dargestellt werden können. Wird zum Beispiel der Status der Akteure eines Netzes mit einer metrischen Prestigeskala beschrieben, dann liegt ein quantitatives Knotenattribut vor. Mit den Statusdifferenzen der Akteure (der Differenz zweier Knotenattribute) entsteht für jede Kante ein Kantenattribut, das die Beziehung der zwei Akteure kennzeichnet.

Gegenüber ungeordneten Mengen, die man aus nominalen Knotenattributen ableiten kann, sind geordnete Mengen zumindest durch eine zusätzliche Rangordnung der Mengen gekennzeichnet. In Abbildung 7.10 benutze ich zur Darstellung der abgeleiteten Rangordnung der Kanten ein sequentiell ansteigendes helligkeitskodiertes Farbschema von Cynthia Brewer (vgl. Kapitel 2.7). Die Ordnung der Mengen ist in diesem Beispiel durch die Abfolge von Dunkelblau nach Hellgelb gekennzeichnet, wobei die Farben einzelne Merkmalsausprägungen oder die Zugehörigkeit zu einer bestimmten Menge symbolisieren.

Bei Strategie (A) habe ich aus den Rangdifferenzen der Elemente einen (symmetrischen) Helligkeitsgradienten abgeleitet, der den Abstand zwischen den Mengen (beziehungsweise Merkmalen) in Helligkeitsunterschiede übersetzt. Dabei werden Richtungen (unten, oben) mit diesem Schema nicht unterschieden, es wird der absolute Wert der Differenz benutzt. Je dunkler die Farbmarkierung einer Kante, desto größer ist die Distanz in den Rangordnungen der verbundenen Elemente.

Der Fall (B) zeigt dagegen eine gerichtete Variante, die geeignet ist, Digraphen *(directed asymmetric graphs)* zu markieren. Hierbei wird zusätzlich unterschieden, ob eine Beziehung unter- oder übergeordnet ist. Die Strategien (C) und (D) verwenden hierzu in analoger Weise einen gerichteten Farbgradienten. Strategie (E) und (F) entsprechen der Strategie zur

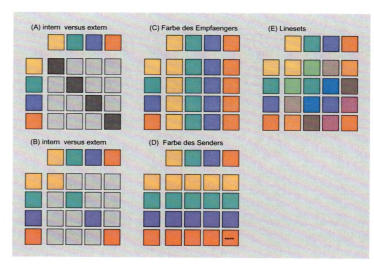

Abbildung 7.9
Farbmarkierungen für Kanten bei kategorialen Knotenattributen

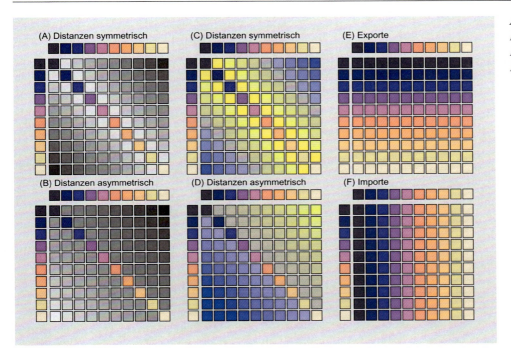

Abbildung 7.10
Farbmarkierungen für Kanten bei geordneten Knotenattributen

Markierung von Digraphen, bei der ausgehende und eingehende Kanten mit den Farbsymbolen des jeweiligen Senders oder Empfängers gekennzeichnet werden.

Welche dieser Strategien im Einzelfall geeignet ist, Zusammenhänge mit der Lagerung in der Struktur – falls sie existieren – in den Layouts hervortreten zu lassen, hängt auch von weiteren Eigenschaften der untersuchten Strukturen ab. Dichte Graphen sind eine besondere Herausforderung, da sich die Kanten in den Abbildungen schnell überlappen und die Verdeckungen Muster nur noch partiell in Erscheinung treten lassen.

7.2.2 Kantenattribute

In den vorstehenden Überlegungen und Beispielen habe ich untersucht, wie man zusätzliche Merkmale der Knoten in die Darstellung von Netzen integrieren kann. Bei besonders reichhaltigen Datensätzen liegen auch zusätzliche Attribute für die Kanten eines Graphen vor, das heißt, jede einzelne Kante des Netzwerkes kann zusätzlich zu ihrer Bewertung mit weiteren Attributen beschrieben werden.

Während es vergleichsweise nahe liegend ist, Knotenattribute als Eigenschaften der Einheiten eines Graphen zu verstehen, verbirgt sich hinter dem formalen Konzept eines Kantenattributes eine große Vielfalt von Möglichkeiten, komplexe relationale Daten aufzubereiten. Kantenattribute können die simultanen Lagerungen in mehreren Netzen (Multigraphen) beschreiben. Ein anderer Fall sind Beobachtungen der Beziehungen eines Graphen zu unterschiedlichen Zeitpunkten. Hierbei kann man aus dem Vergleich der Netze zu unterschiedlichen Zeitpunkten Kantenattribute erzeugen, die jede Kante zusätzlich mit einer Wachstumsrate beschreiben.

Bislang habe ich Kantenattribute in verschiedener Weise aus den Knotenattributen abgeleitet. So war es möglich, Beziehungen in den Abbildungen danach zu unterscheiden, ob sie gleichartige oder unterschiedliche Akteure verbinden. Liegen Knotenattribute als metrische Informationen vor, dann können Kantenattribute als deren Differenzen erzeugt werden. Im Gegensatz zu den Strategien, bei denen Kantenattribute aus Knotenattributen abgeleitet werden, möchte ich deshalb von *Kantenattributen (im engeren Sinne)* nur dann sprechen, wenn Informationen zu den Flüssen in einem Netzwerk auf direkten, unabhängigen externen Beobachtungen beruhen oder aus mehreren solcher Daten abgeleitet worden sind.

Die Vielfalt der möglichen Operationen, mit denen Kantenattribute aus zwei oder mehreren Netzen abgeleitet werden können, aber auch die sehr problemspezifischen informationellen Voraussetzungen sinnvoller Attributkonstruktionen lassen es als sinnvoll erscheinen, die Möglichkeiten und das Potential dieser Formen von Analysen hier nur exemplarisch vorzustellen. Dies kann einen Einblick in das Problemlösungspotential fortgeschrittener visueller Analysen geben, ein Potential, das bis heute kaum erschlossen ist.

Während Kantenattribute, die aus Knotenattributen abgeleitet werden, im Prinzip eine Strategie verkörpern, die die Ordnungen der Knotenattribute auf die Beziehungen eines Netzes abbildet, geht es bei der Untersuchung von generischen Kantenattributen um die Frage, ob diese überhaupt irgendeine erkennbare Ordnung besitzen und wie man diese aus der Darstellung eines Netzes ablesen kann. Markiert man die Kanten eines Graphen ihren Attributen entsprechend zusätzlich mit Farben, dann ist unter Umständen eine Identifizierung von Akteuren mit besonderen Beziehungen möglich. Wie ich im Folgenden zeigen werde, sind auch bei dieser Fragestellung Zonensymbole, die vollständig und systematisch Auskunft über die Komposition von Kantenattributen in den primären Umwelten der Akteure geben, die grafischen Symbole, die es erlauben, Konzentrationen zu entdecken und zu beurteilen.

Um die Leistungsfähigkeit der Informationsvisualisierung bei großen und reichhaltigen Datenmengen zu demonstrieren, zitiere ich exemplarisch einige Beispiele aus gemeinsamen Analysen mit Thomas Plümper (Krempel/Plümper 1999, 2003), bei denen sich die visuelle Aufbereitung der zugrunde liegenden reichhaltigen und komplexen Informationen zur Bearbeitung substanzieller Fragestellungen als sehr nützlich erwiesen hat. In beiden Fällen geht es um die Lagerung von Kantenattributen im Layout der zugrunde liegenden Graphen und um systematische Muster, die diese Attribute bilden.

Ein erstes Beispiel beschäftigt sich mit der Entwicklung des Welthandels für Automobile und Komponenten. Es versucht, dessen Wachstum, aber auch die Entstehung einer internationalen Arbeitsteilung durch grenzüberschreitende Lieferungen von Komponenten und Fertigprodukten nachzuzeichnen. Hier werden Wachstumsraten der Handelsflüsse als Kantenattribute verwendet, deren Abbildung auf das Layout Zonen starken Wachstums sichtbar werden lässt. Anhand des Anteils von Komponentenlieferungen am bilateralen Handel können in einer weiteren Darstellung Bereiche und Muster identifiziert werden, die Aufschluss über das Ausmaß einer grenzüberschreitenden Organisation der Produktion von Autos geben.

Ein zweites komplexes Beispiel zeigt, wie Visualisierungen eingesetzt werden können, um statistische Modellierungen und Visualisierungen miteinander zu verschränken. Hier werden die aus unterschiedlichen statistischen Modellen resultierenden Schätzfehler bei der Modellierung der Handelsvolumen als Attribute der Handelsflüsse aufgefasst. Die bei der Abbildung dieser Attribute auf ein vereinfachtes geografisches Layout entstehenden Muster und Konzentrationen von Schätzfehlern geben Hinweise auf in den Modellen nicht berücksichtige Variablen, die in der zitierten Arbeit dazu benutzt worden sind, die statistischen Modelle weiter zu verfeinern und zu verbessern.

Beispiel: Wachstum und Produktionsstrukturen im Weltautohandel

Berechnet man aus den Volumina zweier Handelsnetze zu zwei unterschiedlichen Zeitpunkten die Wachstumsraten aller Lieferungen, dann können diese bilateralen Wachstumsraten als quantitative Kantenattribute verstanden werden. Mit entsprechenden Farbschemata können diese Informationen in das Layout eines Netzes übertragen werden, wobei die Kanten des Netzes den Wachstumsraten entsprechend farblich markiert werden. Dazu würde man jeden einzelnen Handelsfluss mit dem mit seiner Wachstumsrate korrespondierenden Farbkode darstellen.

Die Verteilung dieser Kantenattribute in den Umwelten der Akteure, die Anteile der nationalen Handelsvolumina, die durch bestimmte Wachstumsraten gekennzeichnet sind, kann man mit Zonensymbolen darstellen. Diese geben Auskunft darüber, mit welchen Anteilen die Exporte oder Importe stark gewachsen sind oder nicht, und liefern eine vollständige Charakteristik des Außenhandels eines Landes. So ist es möglich, bedeutsame bilaterale Veränderungen einzelner Handelsbeziehungen aufzufinden.

Statt das Handelssystem zu unterschiedlichen Zeitpunkten durch zwei Layouts darzustellen und die Veränderungen des Systems aus den Lageveränderungen der Einheiten abzulesen, werden die Veränderungen der Relationen durch eine Farbkodierung in das Layout übertragen.

Wählt man als Darstellungsbasis die Positionierung einer Struktur zum Zeitpunkt t_2, so lassen sich durch Vergleich der Relationen zu den Zeitpunkten t_1 und t_2 für alle zum Zeitpunkt t_2 existierenden Kanten Wachstumsraten $r_{t_1 t_2} = a_{ijt_1}/a_{ijt_2}$ bestimmen. Formal sind diese Wachstumsraten als Attribute der Relationen anzusehen. In einem zweiten Schritt werden diese Wachstumsraten mit einem sequentiellen Farbschema zur farblichen Markierung der Handelsflüsse verwendet.

Ein solches Vorgehen gibt Aufschluss darüber, welche Teile einer Struktur besonders stark von Veränderungen betroffen sind und welche nicht. In Kombination mit den Größenordnungen der Kanten und dem dadurch symbolisierten Volumen lässt sich in den Abbildungen ablesen, ob und in welchem Ausmaß bestimmte Beziehungen gewachsen sind und wo sich Handelsvolumina verringert haben.

Symbolisiert man nun die Akteursumwelten durch die relativen Anteile der verschieden schnell gewachsenen Volumina der ein- und ausgehenden Beziehungen, so zeigt sich für jeden Akteur, ob seine Einbindung in das System stark gewachsen, unverändert geblieben ist oder aber an Bedeutung verloren hat.

Wählt man für die Abnahme über Zeit blaue Farbtöne und für stark zunehmende Flüsse rote Farben, so erscheinen Einheiten, die an Bedeutung verlieren, als weitgehend blau, solche Länder, die in allen Beziehungen gewachsen sind, als fast ausschließlich rot. Zusammenhängende rote Flächen eines Systems sind Zonen starken Wachstums, blaue Zonen Bereiche mit einer abnehmenden Bedeutung.

In Abbildung 7.11 ist das Netz der Komponentenlieferungen im Welthandel für Autos dargestellt, deren Lieferungen einen bestimmten absoluten Schwellenwert im Jahr 1994 überschreiten. Zur farblichen Markierung der Kanten sind hier die Wachstumsraten der Volumina der Handelsflüsse zwischen 1980 und 1994 verwendet worden. Auf diese Weise können Destinationen, die stark gewachsen sind, von solchen, die eher abgenommen haben, farblich unterschieden werden.

Die Volumina der Handelsflüsse und deren Größenmarkierungen beschreiben die aktuellen Handelsbeziehungen im Jahr 1994. Die Zonensymbole, die die sektoralen Handels-

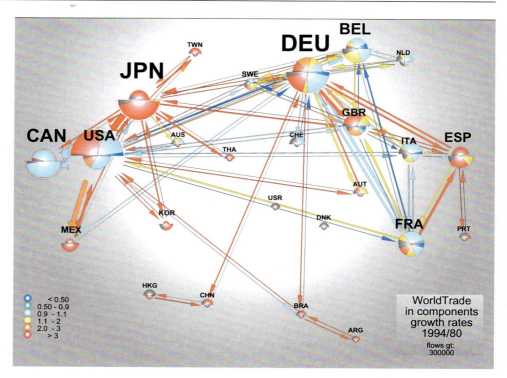

Abbildung 7.11
Wachstum der Komponentenlieferungen im Weltautohandel

bilanzen der Komponentenlieferungen beschreiben, stellen in der gewohnten Weise, wie bei der Untersuchung abgeleiteter Kantenattribute, die Anteile der Exporte und Importe entsprechend ihren Wachstumsraten dar.

Die Zonensymbole zeigen für Japan sowohl hinsichtlich der Importe (oben), aber auch für die Exporte (unten) ein starkes Wachstum, dem korrespondierende Importe der USA entsprechen. Dagegen ist zum Beispiel Kanada ein Land, dessen Importe und Exporte sich kaum verändert haben. Im europäischen Cluster ist es vor allem Spanien, dessen Importe wie auch Exporte an Komponenten stark gestiegen sind.

Eine ähnliche Logik haben Krempel und Plümper (1999) zur Konstruktion von Kantenattributen benutzt, um die simultane Lagerung und die Verknüpfungen der Komponentenproduktion mit der Produktion von Fertigprodukten zu untersuchen. Dabei wird der Anteil der Teilelieferungen in 1994 am Gesamthandel der Automobilbranche (Teile und Fertigprodukte) eines Landes zur Konstruktion eines Kantenattributes verwendet. Dies ermöglicht eine Unterscheidung der Handelsflüsse, die vornehmlich aus Komponentenlieferungen bestehen, gegenüber solchen, in denen fast ausschließlich Fertigprodukte geliefert werden.

Da das Volumen des Weltmarktes für Komponentenlieferungen nur ein Drittel der Größenordnung des Marktes für komplette Autos erreicht, zeigen sich vergleichsweise wenige Handelsflüsse, die durch ein hohes Aufkommen von Komponentenlieferungen gekennzeichnet sind.

Die Zonensymbole gestatten es festzustellen, dass vergleichsweise hohe Anteile vor allem im nordamerikanisch-japanischen Cluster auftreten, wo die Exporte der USA zu erheblichen Teilen aus Komponenten bestehen, die im Wesentlichen nach Kanada und Mexiko geliefert werden. Dies kann auch aus den Importanteilen der Zonensymbole für Kanada und Mexiko abgelesen werden.

Zusammenhänge sichtbar machen

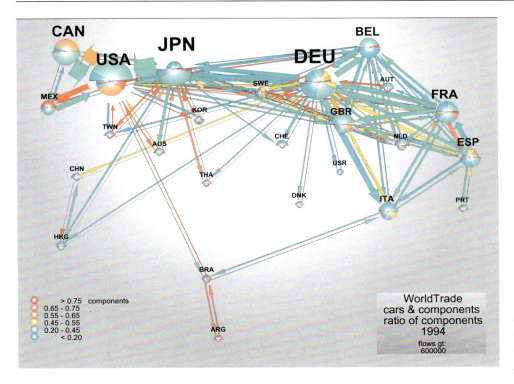

*Abbildung 7.12
Internationale Arbeitsteilung (Krempel/Plümper 1999)*

Bemerkenswert ist in diesem Fall jedoch, dass den Komponentenexporten gegenläufige Importe von Fertigprodukten entgegenstehen. Ein solches Muster komplementärer Handelsflüsse identifiziert eine grenzüberschreitende Organisation der Automobilproduktion, bei der Kanada und Mexiko quasi als die verlängerte Werkbank zur Montage der aus den USA gelieferten Komponenten dienen, die anschließend als endmontierte Fahrzeuge wieder an die USA geliefert werden.

Im europäischen Cluster findet sich ein derartiges Muster nicht, auch wenn sich bei sorgsamer Betrachtung durchaus einige bilaterale Handelsbeziehungen identifizieren lassen, die ebenfalls durch eine Komplementarität der Lieferungen gekennzeichnet sind.

Beispiel: Konzentrationen von Schätzfehlern bei der Modellierung von Netzwerkflüssen

Ein zweites Anwendungsbeispiel, in dem Kantenattribute und ihre Verteilung in einem Graphen eingesetzt werden, beruht auf der Verknüpfung statistischer Modellierungen und Visualisierungen, die Auskunft über die Qualität der Modelle geben. Das Beispiel zeigt auch, wie statistische Analysen und Visualisierungen komplementär verknüpft werden können.

Bei dem Versuch, quantitative Schätzungen für das Ausmaß von Globalisierungstendenzen im Welthandel zu ermitteln, haben Krempel und Plümper (2003) untersucht, inwieweit sich in den bilateralen Handelsvolumina über Zeit eine Abschwächung der Bedeutung geografischer Entfernungen der Handelspartner bei der Modellierung der Handelsvolumina nachweisen lässt und wie groß die Tendenz einer solchen Abschwächung ist. Der Kern des Arguments besteht darin, dass in einem sich globalisierenden Welthandelssystem, das durch Abnahme der Transportkosten und den Fortfall nationaler Handelsschranken gekennzeichnet ist, die geografischen Entfernungen für den Handel eine über Zeit geringere Bedeutung aufweisen sollten.

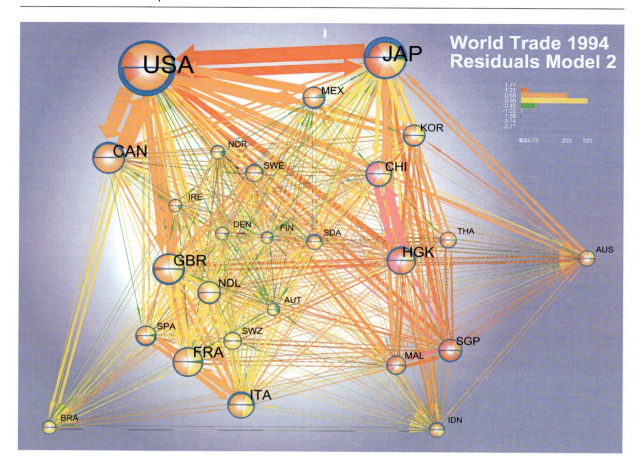

Abbildung 7.13
Konzentrationen von Schätzfehlern bei der Modellierung von Handelsflüssen I

Um die Bedeutung der geografischen Entfernungen numerisch zu schätzen, verwenden die Autoren eine Sequenz von Gravity-Modellen, die es erlauben, weitere Merkmale (Bruttosozialprodukt, gemeinsame Grenzen, Verbundenheit durch Seewege: Küsten am gleichen Ozean usw.) in die Modelle zu integrieren. Diese Modelle versuchen, das Volumen des bilateralen Handels unter Berücksichtigung der geografischen Distanzen und zusätzlicher Merkmale zu schätzen. Die quantitativen Schätzungen der Distanzeffekte geben Auskunft über die Größenordnung der Globalisierungstendenzen, wenn man sie für unterschiedliche Zeitpunkte (komparativ-statisch) vergleicht.

Wie allgemein bekannt, liefern derartige Regressionsrechnungen jedoch nur dann gültige Parameterschätzungen, wenn die Schätzfehler der Modelle zufallsverteilt sind, das heißt, wenn die Verteilung der Schätzfehler (die Differenz der beobachteten gegenüber den durch das Modell vorhergesagten Handelsvolumina) keine systematischen Muster aufweist.

Um die systematischen Verzerrungen verschieden komplexer Modelle zu untersuchen, wird in dieser Arbeit eine geografisch räumliche Struktur geschaffen, die es erlaubt, die Schätzfehler der Modelle auf räumliche Muster zu untersuchen. Dazu wird aus der Matrix der geografischen Distanzen der Länder eine vereinfachte Landkarte des Systems mit einem Spring Embedder erzeugt.

Da die Darstellung einer kompletten Matrix von Schätzfehlern in einem zweidimensionalen Layout eine besonders anspruchsvolle Aufgabe ist, benötigt man in diesem Fall ein Layout, in dem sich die Darstellungen der Handelsflüsse möglichst wenig überlappen. Dies ist ein Optimierungsproblem, das bereits in Kapitel 4.3 diskutiert wurde. Dort wurde für die Distanzmatrix dieses Handelssystems eine Sequenz von Layouts erzeugt, bei denen die Anordnung der Positionen im Sinne einer Gitterstruktur gedehnt wurde und die geografischen Nachbarschaften weitgehend erhalten bleiben. Ein optimales Layout erhält die geografischen Nachbarschaften und gestattet gleichzeitig, weitere Informationen mit Größen und Farben zu übertragen.

In einem ersten Schritt kann man die Handelsvolumina in das optimierte Layout des Graphen übertragen. Ein weiterer Schritt besteht in der zusätzlichen Markierung der einzelnen Flüsse, die anzeigt, ob diese mit einem bestimmten Modell unter- oder überschätzt werden und in welchem Ausmaß dies der Fall ist. Dazu wird in Abbildung 7.13 ein spektrales Farbschema benutzt, das über das Ausmaß der Verzerrungen informiert. Schließlich werden die so markierten Handelsvolumina knotenspezifisch aggregiert, um Länder zu identifizieren, deren Handel durch das Modell nicht oder nur wenig gut beschrieben wird.

Ein angemessenes Modell sollte in einer solchen Darstellung keinerlei systematische Variationen der Schätzfehler aufzeigen. Treten dagegen Schätzfehler gehäuft für einzelne Länder oder bestimmte Nachbarschaften im Layout auf, dann identifiziert dies systematische Komponenten in den Schätzfehlern und deutet auf unberücksichtigte Variablen hin, aus denen Verzerrungen der Parameterschätzungen resultieren. Lokale Konzentrationen der Schätzfehler geben in diesen Visualisierungen Auskunft über systematische Verzerrungen und helfen gleichzeitig, die Modelle zu verbessern.

Abbildung 7.13 zeigt die resultierende Verteilung der Schätzfehler, die mit einem einfachen Modell entstehen, das lediglich die Distanzen und die Bruttosozialprodukte der Länder benutzt, um das Volumen der Handelsflüsse vorherzusagen. Die Verteilung der Schätzfehler kann man dem Histogramm in der oberen rechten Hälfte der Grafik entnehmen.

Abbildung 7.14
Konzentrationen von Schätzfehlern bei der Modellierung von Handelsflüssen II

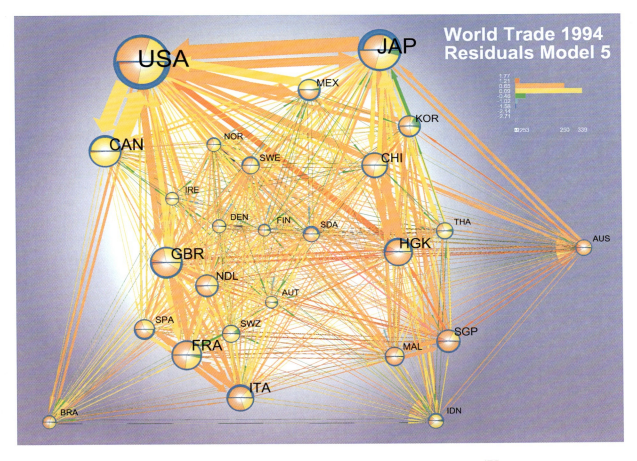

In der Darstellung finden sich erhebliche lokale Konzentrationen der Schätzfehler im asiatischen Raum. Der Handel zwischen Hongkong und China sowie Thailand, Singapur und Malaysia wird dabei drastisch unterschätzt. Dies gilt auch für den Handel zwischen den USA und Japan und zwischen Hongkong und den USA. Andererseits finden sich grüne Markierungen für viele Handelsflüsse, die nur ein geringes Volumen aufweisen. Diese verweisen auf zu hohe Modellschätzungen. Für einige kleinere Länder wie Österreich, Dänemark, Finnland und Mexiko lassen sich die Überschätzungen des Modells an ihren Zonensymbolen ablesen.

Ein modifiziertes und erweitertes Modell berücksichtigt zusätzlich zu den Entfernungen und dem Bruttosozialprodukt der Länder weitere Variablen, die den bilateralen Handel begünstigen: gemeinsame Grenzen, die Küstenlage an den gleichen Ozeanen und auch die Zugehörigkeit zu gemeinsamen Handelsblöcken. Die Schätzfehler des verbesserten Modells zeigt Abbildung 7.14. Diese Abbildung weist so gut wie keine systematischen Nachbarschaftsmuster mehr in den Schätzfehlern auf. Allerdings lassen sich selbst in diesem Bild noch einige Besonderheiten entdecken. So wird auch mit diesem Modell der Handel zwischen Großbritannien, Hongkong, Singapur und Australien systematisch unterschätzt, ein Muster, das auf die Rolle des ehemaligen Commonwealth hinweist, das als systematische Abweichung identifizierbar ist.

Die vorstehenden Beispiele zeigen, wie man unter günstigen Informationslagen große Mengen von Informationen in einer systematischen Art und Weise grafisch bearbeiten kann und wie die Lagerung von Kantenattributen in diesen Strukturen Auskunft über lokale Ordnungen gibt. Die grafische Darstellung erlaubt es, Muster zu identifizieren und selbst schwache lokale Lagerungen zu entdecken. Diese Zusammenhänge sind mit traditionellen Auswertungsverfahren nur schwer zu identifizieren.

Während das Beispiel des Weltautohandels die Volumina der aktuellen Handelsflüsse benutzt, um das Layout des Graphen zu erzeugen, verwendet das letzte Beispiel eine stark vereinfachte geografische Struktur. In beiden Darstellungen werden die Handelsvolumina mit Größenmarkierungen übertragen und die der Handelsbilanzen mit Zonensymbolen dargestellt.

Eine dritte quantitative Information, die simultan mit entsprechenden Farbschemata kommuniziert wird, sind die Wachstumsraten, die Komposition der gehandelten Güter oder das Ausmaß, in dem der bilaterale Handel über- oder unterschätzt wird. Die so entstehenden Muster resultieren aus der Lagerung der Akteure im Layout. Die Volumina der Flüsse erlauben es auch, die Muster hinsichtlich ihrer Größenordnungen zu beurteilen. Hohe Merkmalskonzentrationen in den Umwelten bestimmter Akteure können aus den Zonensymbolen abgelesen werden.

7.3 Strukturen und Muster explorieren

Dieses Kapitel zeigt auf, wie *Selektionen* und *Aggregationen* helfen können, die Komplexität der Darstellungen systematisch zu reduzieren und diese gezielt zu vereinfachen. Diese Operationen sind die explorativen Werkzeuge, die es erlauben, Besonderheiten gezielt zu untersuchen, ohne dass die Platzierungen der Einheiten neu berechnet werden müssen.

Die hierbei entstehenden vereinfachten Darstellungen werden aus einem für die Gesamtmenge aller Knoten und Kanten des Graphen berechneten Layout abgeleitet. Hierin erscheinen nur bestimmte Knoten und Kanten oder deren Aggregate sowie ihre Attribute. Derart vereinfachte Darstellungen sind gezielte und systematische Auswertungen der Gesamtinformationen. Diese werden im ursprünglichen Layout abgebildet. Sie berücksichtigen somit auch die ausgeblendeten Informationen, da diese in die Berechnung des Layouts eingegangen sind. Zwei Verfahren, die es erlauben, ein Bild gezielt zu explorieren, sind *Selektionen* und *Aggregationen* der Einheiten und/oder Relationen eines Graphen.

Durch *Selektionen* ist es möglich, definierte Knoten oder Kantenmengen mit spezifischen Eigenschaften auszuwählen. Bei bewerteten Graphen kann man durch Schwellenwerte für die Stärke der Beziehungen beziehungsweise Flüsse die Komplexität der Darstellungen verringern. Selektionen der Beziehungen zwischen spezifischen Akteuren oder Klassen von Knotenattributen sind weitere Vereinfachungen, mit denen überschaubare Abbildungen erzeugt werden können.

Während in Datenbanken Selektionen dazu dienen, Mengen von Informationen mit gleichartigen Merkmalen auszuwählen, bietet die grafische Umsetzung erweiterte Möglichkeiten, mit so ausgewählten Einheiten zu verfahren. So kann man die Prinzipien des Layering benutzen, um selektierte Phänomene visuell von den nicht selektierten Informationen zu unterscheiden. Markiert man die selektierte Information mit Farben und die nicht selektierten Informationen in schwachen Grautönen, dann benutzt man den Chromakontrast, um die Lage einer Selektion in der Gesamtstruktur wiederzugeben. In diesem Fall werden die Selektionen simultan im Kontext der vollständigen Informationen dargestellt.

Aggregationen sind dagegen Operationen, die Mengen von Knoten zusammenfassen sowie die aus diesen Vereinfachungen entstehenden Kanten zwischen den so aggregierten Einheiten. Ich habe bereits in Kapitel 5.7 von grafischen Aggregationen Gebrauch gemacht. Dort habe ich gezeigt, dass diese Operationen geeignet sind, analytisch ermittelte Partitionen in den Layouts zu markieren.

Führt man Aggregationen in der Bildstruktur der Lösungen aus, so muss man im Gegensatz zu numerischen Aggregationen zusätzlich auch die Lage der aggregierten Einheiten bestimmen. Diese wird bei der grafischen Aggregation aus den Positionen der aggregierten Einheiten abgeleitet. Beschreibt der zugrunde liegende Graph binäre Relationen, dann wird man das Aggregat auf den Schwerpunkt der aggregierten Einheiten setzen. Ist dagegen ein Graph mit bewerteten Relationen beschrieben, dann wird man zur Gewichtung zusätzlich den Degree der Einheiten verwenden, um die Lage des Aggregats zu bestimmen.

Während die Positionierungen mit allen zur Verfügung stehenden Relationen berechnet werden, werden in das Layout nur bestimmte Informationen eingezeichnet. Diese sind Selektionen der Knoten oder Kanten mit bestimmten Eigenschaften oder Attributen. Einen derartigen Umgang mit den einer Grafik zugrunde liegenden Informationen kann man als *visuelle Datenbank* auffassen. Die Grafik wird zum Interface, das Resultate systematischer Operationen auf den Graphen und seine Elemente, ihre Eigenschaften und Attribute sichtbar werden lässt.

7.3.1 Selektionen

Besonders bei komplexen Netzwerken, wie dem bewerteten Graphen, der das Welthandelsnetzwerk beschreibt, ist es nicht immer sinnvoll, sämtliche Informationen des Graphen in einem Bild darzustellen. Dies führt trotz aller Optimierungen der Platzierungsverfahren schnell zu Überdeckungen. Auch unter kommunikativen Gesichtspunkten ist es oft ungünstig, alle Informationen simultan darstellen zu wollen.

Zur Erstellung einfach und schnell lesbarer Darstellungen ist damit der Einsatz von Selektionen, insbesondere hinsichtlich der Kanten komplexer Graphen, ein unverzichtbares Hilfsmittel. In dem Ausmaß, in dem man Selektionen systematisch verwendet, das heißt, gezielt auf bestimmte Klassen von Relationen anwendet, stellen sie selbst ein analytisches Verfahren dar, das geeignet ist, komplexe Graphen näher zu untersuchen.

Selektionen zeichnen sich dadurch aus, dass sie es erlauben, die Darstellungen näher zu untersuchen, ohne dass das zugrunde liegende Layout neu berechnet werden muss. Da die Platzierungsverfahren, die ich in dieser Arbeit vorgestellt habe, das Layout der Einheiten unter Verwendung aller Kanten des Graphen berechnen, spiegeln somit auch die Anordnungen selektierter Teilmengen von Knoten oder Kanten mit den Positionierungen die Informationen des Gesamtdatensatzes wider.

Um dies darzustellen, komme ich noch einmal auf Abbildung 7.5 zurück. Dort habe ich den Handel innerhalb und zwischen verschiedenen Regionen des Netzes mit einem nominalen Farbschema sichtbar werden lassen. Bereits dort habe ich einen Schwellenwert für die Darstellung der Handelsflüsse verwendet, ohne diesen Schritt näher zu erläutern. In Abbildung 7.5 werden Handelsflüsse nur dann dargestellt, wenn die Importe oder Exporte eines zweier Länder mehr als zehn Prozent der nationalen Lieferungen oder Bezüge überschreiten.

In Abbildung 7.15 verwende ich dagegen einen höheren Schwellenwert und wende diesen bei der Darstellung der Flüsse an. In diesem Fall muss der Handel zwischen Paaren von Ländern für eines der beiden Länder fünfzehn Prozent der Importe oder Exporte überschreiten, eine Selektion, die numerisch nur noch sehr bedeutsame Handelsbeziehungen darstellt.

Durch die Anhebung des Schwellenwertes zerfällt das in Abbildung 7.5 verbundene Handelssystem in zwei unverbundene Teilsysteme. Während die ehemalige Sowjetunion auch unter diesen Auswahlbedingungen noch durch ihren Handel mit Deutschland in das europäische Cluster integriert und der asiatische mit dem amerikanischen und arabischen Raum verbunden bleibt, gibt es keine einzige transatlantische Handelsbeziehung zum ame-

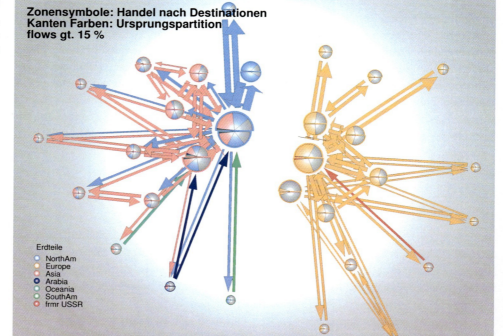

Abbildung 7.15
Welthandel 1994,
Schwellenwert-
selektionen

Zusammenhänge sichtbar machen

rikanischen oder asiatischen Raum, die dieses Kriterium erfüllt. Der Handel zwischen den USA und Großbritannien, Deutschland und Frankreich, und der Frankreichs mit Saudi-Arabien ist durch das Selektionskriterium aus der Darstellung ausgeblendet worden.

Die Wahl unterschiedlicher Schwellenwerte führt so zu einer Validierung des Layouts, obwohl die Lage der Elemente fixiert ist und durch die Selektionen nicht beeinflusst werden kann. Es zeigt sich auch, dass innerhalb dieser Teilsysteme viele Handelspartner durch große Handelsvolumina verbunden sind. Gleichzeitig ist durch die Wahl unterschiedlicher Schwellenwerte für das Volumen der Handelsflüsse ein Zusammenhang zwischen der regionalen Klassifikation und dem Layout der Struktur auszumachen.

7.3.2 Aggregationen

Neben Selektionen sind Aggregationen weitere Operationen, die es erlauben, die Bedeutung zusätzlicher Knotenmerkmale zu untersuchen, ohne das Layout des zugrunde liegenden Graphen neu berechnen zu müssen. Ich illustriere dies an den gleichen Welthandelsdaten, benutze das gleiche Layout und die gleichen Knotenattribute.

Dabei ermöglichen es Aggregationen bei diesen Daten, gezielt bestimmten Fragen nachzugehen, zum Beispiel der Frage nach den Konsequenzen einer europäischen Integration. Es soll auch gezeigt werden, dass selbst die aus Attributen abgeleiteten Aggregationen ein sinnvolles Mittel zur Bearbeitung von Netzwerkstrukturen sein können.

Während ich in Kapitel 7.2.1 Knotenattribute mit Farbschemata auf das Layout des Welthandelsgraphen abgebildet habe, verwende ich in diesem Abschnitt die gleichen Merkmale und benutze die durch die Regionen definierten Teilmengen, um in den Layouts Einheiten zu aggregieren.

Obwohl die Darstellungen zunächst kaum vermuten lassen, dass sie auf den gleichen Informationen beruhen, sind die zugrunde liegenden Informationen die gleichen wie in den vorherigen Darstellungen. Für die neu entstehenden Einheiten werden dabei die Ausgangsinformationen in verschiedenen Rechenschritten zusammengefasst.

Ein erster Schritt betrifft die Lage der „neuen" aggregierten Einheiten. Für jede

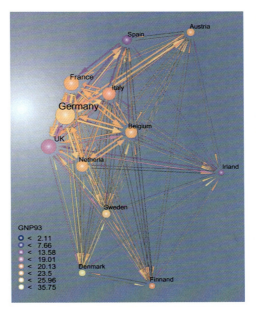

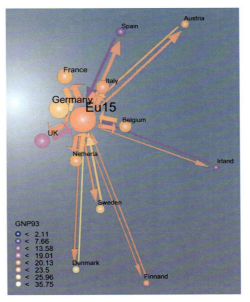

Abbildung 7.16
Die Stellung der EU-15-Staaten im Welthandelsnetz 1994.

(a) Die Länder der EU-15
Binnenhandel derjenigen EU-15-Länder, die aus dem Welthandelsnetz von 1994 per Selektion ausgewählt worden sind. Zusätzlich wird die Höhe ihres Bruttosozialprodukts mit einem quantitativen Farbschema dargestellt.

(b) Binnenhandel der EU-15
Binnenhandel der ausgewählten Mitgliedstaaten sowie die per Aggregation erzeugte Europäische Union mit der Größe des so beschriebenen Binnenmarktes

der durch die Attribute unterschiedenen Teilmengen wird die Lage als das gewichtete Mittel der Lage der zugehörigen Elemente berechnet.

Eine zweite Aggregation betrifft die Flüsse und ihre Volumina. Hierbei handelt es sich im Prinzip um die Generierung einer Bildmatrix (Imagematrix), die die Beziehungen zwischen den Merkmalsklassen berechnet. Dies ist ein Rechenschritt, der dem Vorgehen der Blockmodellanalyse entspricht. Der Unterschied zur Blockmodellanalyse besteht darin, dass in diesem Fall externe Informationen benutzt werden, um eine Partition zu definieren.

Eine Besonderheit der Aggregation von Handelsdaten ist die, dass die Vereinigung mehrerer nationaler Wirtschaftsgebiete zu einer neuen ökonomischen und politischen Einheit unter Transfergesichtspunkten einen Teil des Außenhandels der nationalen Ökonomien zum Binnenhandel der neuen Einheit werden lässt. Um eine Vergleichbarkeit der Größendarstellungen zu gewährleisten, muss deshalb der Degree der aggregierten Einheit um den durch die Aggregation neu entstehenden Binnenhandel bereinigt werden.

Eine dritte Aggregation betrifft die Attribute, die zusätzlich auf das Aggregat abgebildet werden können. In Abbildung 7.18(a) verwende ich das durchschnittliche Bruttosozialprodukt der aggregierten Einheiten und in Abbildung 7.18(b) die durchschnittlichen Wachstumsraten des Bruttosozialprodukts zwischen 1980 und 1993. Zur Markierung der Größenordnungen benutze ich ein multispektrales Farbschema von Brewer und zur Darstellung der unterschiedlichen Wachstumsraten einen gelb-roten Farbgradienten.

Hierdurch entstehen zwei Darstellungen, an denen die Verteilung der Wirtschaftskraft in den sechs unterschiedlichen Regionen des Welthandelssystems abzulesen ist, wobei Ozeanien, Südamerika und die ehemalige Sowjetunion entsprechend der Grundpopulation des Ausgangsnetzes nur durch einzelne Länder repräsentiert sind. Während Nordamerika das höchste Bruttosozialprodukt aufweist, gefolgt von Europa und Asien, sind die durchschnittlichen Steigerungsraten zwischen 1980 und 1993 in Asien die höchsten und in Europa die niedrigsten.

Abbildung 7.17 Die EU-15 im Welthandelsnetz 1994. Im Gegensatz zu Abbildung 7.16 stellt diese Abbildung die fiktive Stellung der EU im Welthandelsnetz von 1994 dar. Die Aggregation der EU-15-Länder zeigt das Volumen des Außenhandels, der um den Binnenhandel korrigiert worden ist. Gleichzeitig wird das durchschnittliche Bruttosozialprodukt mit einer quantitativen Farbkodierung dargestellt.

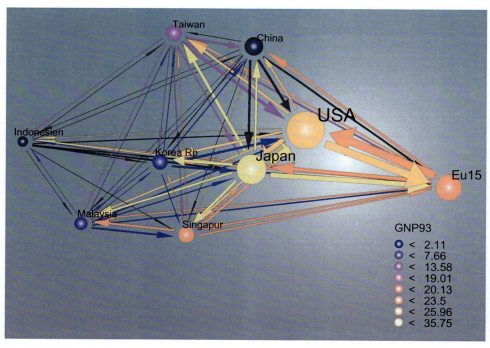

Zusammenhänge sichtbar machen

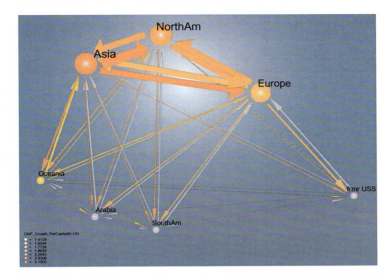

Abbildung 7.18
Welthandel 1994,
Aggregation nach
Regionen.

(a)
Bruttosozial-
produkt 1993

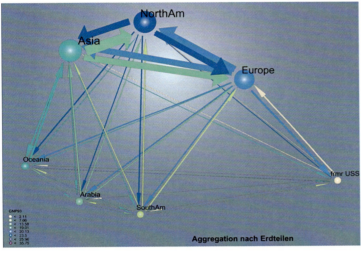

(b)
Wachstum des
Bruttosozialprodukts
1980 bis 1993

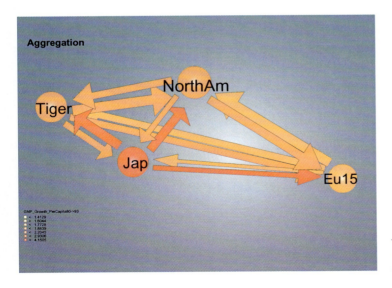

Abbildung 7.19
Welthandel 1994
als Tetrade

Schließlich kann man das Welthandelsnetzwerk der 30 wichtigsten Handelspartner in 1994 als eine Welt von vier Regionen darstellen, in der Japan und die so genannten Tiger-Ökonomien unterschieden werden. Ein solcher Vergleich weist das aggregierte Europa als die Zone mit dem durchschnittlich geringsten Wirtschaftswachstum auf und zeigt eine Welt, in der Japan durch das höchste Wachstum des Bruttosozialprodukts gekennzeichnet ist. Sichtbar wird auch, dass in diesem System gewisse Imbalancen der Lieferungen bestehen und die Bezüge von Nordamerika sowohl aus den Tiger-Ökonomien als auch aus Japan größer sind als die Lieferungen Nordamerikas in diese Gebiete.

Gegenüber numerischen Aggregationen werden bei den geometrischen Aggregationen zusätzlich das Layout des Graphen und die Positionen seiner Einheiten benutzt, um daraus neue Darstellungen abzuleiten. Dies setzt voraus, dass die durch ein externes Merkmal beschriebene Partitionierung bereits im Layout enthalten ist, was offenbar bei diesem Welthandelsdatensatz der Fall ist. Bereits die Abbildung der regionalen Klassifikation auf den nicht aggregierten Graphen in Abbildung 7.3 hat es im Prinzip ermöglicht, einen solchen Zusammenhang abzulesen. Grafische Aggregationen sind somit ein alternativer Weg, die Lagerung externer Information im Layout zu untersuchen, wenngleich konvexe Hüllen sensiblere grafische Markierungen sind, da sie auch die Variabilität der Positionierungen erhalten.

7.4 Resümee

Mit den Positionierungsverfahren, die es erlauben, Einheiten in Graphen lesbar anzuordnen, den zusätzlichen Markierungen, die es ermöglichen, Eigenschaften der Graphen für Zonen und intermediäre Ebenen in Netzen zu markieren, und den im vorhergehenden Kapitel beschriebenen Varianten, die Lagerung zusätzlicher Attribute in den Layouts mit Farben darzustellen, verfügt man über umfangreiche Möglichkeiten, Strukturen zu untersuchen.

Der Fokus der Bertin'schen Grafik, Einblicke in komplexe Lagerungen in einer einzigen Darstellung zu geben, erfordert eine möglichst effektive Verwendung und Umsetzung numerischer Informationen in das grafische System. Bertins Fokus ist hilfreich, weil er zu einer intensiven Auseinandersetzung mit den grafischen Darstellungsmitteln zwingt. Von einem solchen Fokus können auch Darstellungen profitieren, die die Komplexität des Bildes in interaktive und sequentielle Abbildungen auflösen.

Die Aufnahme grafischer Informationen durchläuft für Bertin drei Stadien: In einer ersten Phase bestimmt ein Betrachter, welche Komponenten in einem Bild dargestellt sind *(external identification)*, danach, welche Komponenten mit welchen grafischen Variablen *(internal identification)* abgebildet sind, um in einem dritten Stadium die Beziehungen zwischen den Komponenten des Bildes *(correspondences)* zu identifizieren, die die eigentlichen Träger der Information sind.

Bertin unterscheidet Grafiken, die zum Zweck der (visuellen) Dokumentation und Speicherung von Information angefertigt werden, von solchen, deren Aufgabe darin besteht, Zusammenhänge zwischen den dargestellten Informationen zu entdecken. Grafiken, die mit dem Ziel einer möglichst effektiven Kommunikation erstellt werden, beschreiben einen dritten Typ.

Beim Entschlüsseln eines Bildes (seiner Wahrnehmung) gilt es, die Verbindung zwischen den Zeichen und ihrer Bedeutung zu erfassen: Dies ist dann möglich, wenn die Bedeutung jedes einzelnen Zeichens bekannt ist. Lesbare Abbildungen erfordern strikte und systematische Regeln, mit denen Informationen in visuelle Formen übersetzt werden.

Da die Lesbarkeit von grafischen Darstellungen eine Funktion der Komplexität der abgebildeten Informationen ist, sind Operationen und Regeln, die es erlauben, die Komplexität der Darstellungen systematisch zu vereinfachen, besonders hilfreich, wenn es darum geht, lesbare Abbildungen zu erzeugen. Gelingt es darüber hinaus, Informationen in natürlicher Form zu kodieren, so dass die natürliche Ordnung von Größen und Farben den Ordnungen der dargestellten Informationen entsprechen, dann können diese Informationen einer Darstellung sehr schnell entnommen werden.

Treisman hat gezeigt, dass Informationen aus Darstellungen quasi automatisch, mühelos und in sehr kurzer Zeit entnommen werden können, wenn sie mit elementaren Features kodiert sind (vgl. Kap. 2.2). Dies gilt jedoch nicht für kombinierte Features, das heißt mehrfach kodierte visuelle Einheiten. Die Suche und das Auffinden kombinierter Informationen ist ein sequentieller Prozess, dessen Zeitdauer von der Anzahl der Einheiten, die in einer Grafik dargestellt sind, abhängt.

Je nachdem zu welchen Zwecken eine Grafik angefertigt werden soll, wird man dabei systematisch Vereinfachungen vornehmen müssen, um die Komplexität der Darstellungen zu reduzieren.

Kapitel 8
Optimierte Darstellungen von Strukturen

Bereits in Morenos „Who Shall Survive?" (1934, 1953) werden in großem Umfang manuell erstellte Abbildungen verwendet, um vielfältige Befunde seines neuen Ansatzes zum Studium menschlicher Beziehungen darzustellen. Wie man systematisch grafische Darstellungen von Netzen erzeugen kann, war zu diesem Zeitpunkt noch nicht bekannt.[52] In einer zweiten Phase entstanden erste standardisierte Prozeduren, mit denen versucht wurde, bedeutungstragende Anordnungen der Knoten eines Netzes zu erzeugen. Als statistisches Verfahren wurde zunächst die Faktorenanalyse benutzt, die in späteren Perioden durch verschiedenartige Skalierungsverfahren und die Korrespondenzanalyse abgelöst wurde. In letzter Zeit werden hierzu zunehmend verschiedenartige Spring Embedder eingesetzt (vgl. Freeman 2000).

In geordneten Netzen gibt die Lage der Einheiten Auskunft über die Stellung in der Struktur, das heißt, wie die Akteure in ihre lokalen Umwelten und in die Gesamtstruktur eingebettet sind. Die Kombination von Informations- und Netzwerkvisualisierung versucht mit der Untersuchung weiterer Attribute und deren Verteilung in diesen Lösungen mit grafischen Mitteln, Einsichten in die multivariate Lagerung in Strukturen zu gewinnen.

In dieser Arbeit habe ich gezeigt, welche Arbeitsschritte bei einer Verbindung von Struktur- und Informationsvisualisierung unterschieden werden müssen und welche Abhängigkeiten zwischen diesen Stufen bestehen, wenn weitere Ordnungen in den Strukturen entdeckt und kommuniziert werden sollen.

Die Visualisierung von Netzwerken umfasst drei aufeinander aufbauende Bearbeitungsstufen: das *Ordnen* der empirischen Relationen, das *Markieren* von Eigenschaften der Graphen sowie die Untersuchung *weiterer Attribute* durch deren Abbildung auf die geordneten und markierten Strukturen. Der dritte Schritt erlaubt es, Zusammenhänge zwischen der Lagerung der Einheiten in der Struktur und den auf die Struktur abgebildeten Attributen zu identifizieren.

---

52 „Most early images were constructed by the application of ad hoc rules. As time passed, however, images have increasingly been constructed by applying standardized procedures for placing points in first two, and later three-dimensionnal space. Early applications used factor analysis. More recently, factor analysis has been replaced by various forms of scaling, particularly principal components and correspondence analysis. And, just in the last few years, various forms of spring embedders are increasingly used to place points." (Freeman 2000)

Während die Platzierungen der Elemente im Lösungsraum aus der Bearbeitung der Relationen mit verschiedenen *Ordnungsverfahren* resultieren, sind es die grafischen Markierungen eines Netzes mit *Größen, Farben* und *Formen,* mit denen Eigenschaften von Strukturen und die Verteilung weiterer Informationen in den Strukturen untersucht und kommuniziert werden können. *Größen* und *Farben* sind für die Netzwerkvisualisierung die effizientesten grafischen Markierungen, die quantitative Informationen darstellen können.

Ein *zweiter* Arbeitsschritt der Netzwerkvisualisierung besteht darin, die geordneten Netze durch die *Markierung* syntaktischer Eigenschaften der Struktur anzureichern. Neben den elementaren Eigenschaften der primären Umwelten kommen hierzu Markierungen von Partitionen in Betracht, die Cliquen, Cluster oder Blöcke beschreiben. Dadurch ist es möglich, in die Bilder Resultate der analytischen Strukturanalyse zu integrieren.

Auf einer *dritten* Stufe können *zusätzliche Merkmale (Attribute),* die für die Akteure oder aber für die zwischen ihnen bestehenden Relationen bekannt sind, helfen, *globale,* aber auch *lokale* Muster zu entdecken. Dies kann beantworten, inwieweit Positionen in der Struktur mit Konzentrationen von Attributen einhergehen.

Wie die *Größen* von Markierungen vom Menschen wahrnehmungsmäßig unterschieden werden können und wie diese variiert werden müssen, um subjektiv gleichförmige Unterschiede zu erzeugen, ist experimentell gut untersucht. Die hierbei identifizierten Funktionen und Parameter gestatten es, quantitative Informationen so darzustellen, dass Daten in korrespondierende Empfindungen abgebildet werden. Dies gilt auch für die Kommunikation von Daten mit *Farben.* Hier erlauben es wahrnehmungsorientiert gleichförmige Farbsysteme, mit denen Farbräume metrisch beschrieben sind, Farbschemata zu entwerfen, deren Abstufungen als gleich groß empfunden werden.

Unter Anwendung der in dieser Arbeit identifizierten Prinzipien entstehen Darstellungen, denen sehr detaillierte Informationen über die Ordnung der Netzwerke entnommen werden können. In geordneten Darstellungen gibt die Lage der Knoten und deren Nähe Auskunft über ihre Verbundenheit. Im einfachsten Fall verwendet man Punkte, um die Lage der Knoten zu markieren. Lokale Verdichtungen lassen sich in optimierten Anordnungen aus den Nachbarschaften der Knoten ablesen.

Überträgt man zusätzlich die Zentralitäten der Knoten mit Größenmarkierungen, dann kann diese Ordnung detaillierter inspiziert werden, da die Umgebungseigenschaften der Knoten dargestellt werden. Größere Knoten finden sich in stark zentralisierten und verbundenen Systemen in der Regel im Zentrum der Bildstruktur. In der Peripherie sind Knoten oft nur lokal zentral, zum Beispiel bei wenig stark verbundenen Teilsystemen. Dies kann anhand der verbindenden Kanten genauer inspiziert werden.

Durch die Übertragung von Attributen mit geeigneten Farbschemata ist es möglich, weitere Ordnungsmuster zu entdecken, die Zusammenhänge von Knoten und Kanteneigenschaften beschreiben. Farbmarkierungen externer Attribute können daraufhin überprüft werden, ob die aus den Nachbarschaften ablesbaren Verdichtungen auch im Sinne weiterer Merkmale homogen sind. Konzentrationen von Knoten oder Kantenattributen treten dabei farblich als zusammenhängende Gebiete in Erscheinung.

Im Fall nominaler Attribute wird dazu jeder Klasse ein eigener Farbton zugeordnet. Benachbarte, gleichfarbige Anordnungen identifizieren homogene Verdichtungen, in denen verbundene Elemente die gleichen Attribute aufweisen. Diese lassen sich mit konvexen Hüllen näher untersuchen. Exklusive Lagerungen nominaler Klassen sind durch nicht überlappende Hüllen gekennzeichnet. Liegen Hüllen für mehrere Merkmalsausprägungen vor, dann lassen sich ihre Schnittmengen und die in diesen positionierten Akteure identifizieren.

Analytische Partitionen eines Graphen, die aus den direkten Beziehungen abgeleitet worden sind, beschreiben gleichartige Positionen in einem Netzwerk. In geordneten Netzen führen geometrische Aggregationen strukturell äquivalenter Positionen zu vereinfachten Darstellungen. In ähnlicher Weise können homogene Muster von Attributen durch die Zusammenfassung gleichartiger Knoten vereinfacht werden. In diesem Fall sind Knoten mit gleichartigen Attributen benachbart gelagert und definieren homogene Subsysteme von Strukturen.

Liegen für Netze besonders informationshaltige Attribute vor, wie etwa bei quantitativen Knoten- oder Kantenattributen, dann können die Lagerungen im Bild auch hinsichtlich der Verteilung dieser Merkmale inspiziert und verglichen werden. Hierzu eignen sich Zonensymbole, wenn Kantenattribute mit Farbschemata in die Darstellungen übertragen werden. Sie beschreiben die Merkmalsverteilungen der Kanten in der primären Umwelt eines Knotens in ähnlicher Weise wie Kreisdiagramme als relative Anteile. Bei gerichteten Flüssen können zusätzlich die Verteilungen der ein- und ausgehenden Flüsse unterschieden werden. Bei bewerteten Kanten können darüber hinaus die Gesamtvolumina der Flüsse mit Größen übertragen, und die Verteilung der Attribute als deren Anteile dargestellt werden.

Durch den Vergleich der Muster der ein- und ausgehenden Beziehungen einzelner Knoten können asymmetrische Merkmalsverteilungen besonders einfach entdeckt werden. Sie verweisen auf unterschiedliche Funktionen der ein- und ausgehenden Beziehungen gleicher Akteure. Ähnlichkeiten der Verteilungen benachbarter Einheiten identifizieren verdichtete Teilgebiete, die auch hinsichtlich der Attribute (deren Verteilung) ähnlich sind. Die so identifizierten Subgraphen sind durch ähnliche Attributmuster gekennzeichnet, die ähnliche Lagerungen in multidimensionalen Räumen beschreiben.

8.1 Ordnen und Positionieren

Bei der Darstellung von Netzwerken ist die Positionierung der Einheiten in der Bildstruktur das grundlegende Problem. Alle weiteren Schritte der Netzwerkvisualisierung beruhen auf der Qualität dieser Ordnungen. Je nachdem welche Informationen für einen Graphen vorliegen, resultieren für dessen Ordnung verschiedene Problemstellungen. Im Laufe dieser Arbeit habe ich verschiedene Verfahren vorgestellt und weitere Varianten entwickelt, die es erlauben, Problemklassen mit unterschiedlichem Informationsgehalt zu behandeln.

Die menschliche Wahrnehmung ist in der Lage, einfachen Layouts Muster und Ordnungen zu entnehmen. Piaget hat bereits bei seinen Untersuchungen zur Entwicklung des räumlichen Denkens *infralogische Prinzipien* beschrieben, einfache Wahrnehmungsprinzipien, die Nachbarschaften benutzen und aus diesen quantitative Aussagen ableiten (vgl. Abschnitt 1.1, Seitenhinweis hinzufügen). Solange in Darstellungen die Nachbarschaften erhalten bleiben, können verschiedene Layouts so zu gleichen Aussagen führen.

Bertin, der Kartograf und Pionier der Informationsvisualisierung, kommt aus einer praktischen Perspektive zu ähnlichen Erkenntnissen. Er spricht von der *strukturellen Auflösung* einer Grafik und beschreibt, dass diese erhalten bleiben kann, wenn man Grafiken vereinfacht, solange wichtige Bezugspunkte (die Nachbarschaften) bestehen bleiben (vgl. Abschnitt 1.1). Euler-Diagramme erlauben es, vorhandenes Wissen über Strukturen in Lagekonstraints zu übersetzen. Die Optimierung der Lage der Einheiten in solchen Layouts gestattet es, in derartigen Anordnungen Ordnungen zu entdecken.

Für die Ordnung *binärer Relationen* eignen sich Varianten des Spring Embedders, der aus Netzwerkdaten nichtmetrische Ordnungen erzeugen kann. Diese können hinsichtlich weiterer Zielkriterien (der effizienten Nutzung des Bildraumes, der Überschneidungsfreiheit der Kanten usw.) optimiert werden.

In dieser Arbeit habe ich gezeigt, dass man Spring Embedder erweitern kann und sie auf spezielle Graphen angewendet werden können: *Two-mode-Daten* beschreiben Graphen zweier Mengen von Einheiten, bei denen lediglich Beziehungen *zwischen* den Mengen bekannt sind. *Bewertete Graphen* beschreiben die Relationen eines Graphen zusätzlich mit einer Bewertung jeder Kante. Beide Graphen können mit modifizierten Varianten des Spring Embedders geordnet werden. In beiden Fällen bleibt die Flexibilität erhalten, Platzierungen so zu optimieren, dass die Positionen der Einheiten es erlauben, weitere Informationen zu kommunizieren.

Liegen Relationen in Form von *Distanzen* oder aber *Ähnlichkeiten* vor, so können Graphen mit Verfahren der Multidimensionalen Skalierung (MDS) bearbeitet werden. Hier habe ich gezeigt, wie man *iterative* Algorithmen[53] modifizieren kann, so dass die resultierenden Anordnungen der Elemente – innerhalb gewisser Grenzen – ähnlich verformt werden können, wie dies Spring Embedder ermöglichen, die dabei Nachbarschaften in den Platzierungen erhalten können. Auch MDS-Algorithmen bieten damit flexible Möglichkeiten, Lösungen kontrolliert zu vereinfachen, und erlauben es, Einbettungen der Knoten für Zwecke der Informationskommunikation zu optimieren.

Die mit den verschiedenen Ordnungsverfahren erzeugten Abbildungen gruppieren die Einheiten eines verbundenen Systems um seinen Schwerpunkt, wobei zentrale Akteure näher im Zentrum, wenig zentrale Akteure in der Peripherie angeordnet werden. Je nach Kalibrierung erlauben es die Algorithmen, stark kohärente Zentren zu dehnen und Entfernungen in der Peripherie zu schrumpfen. Solange dabei die Nachbarschaften der metrischen Lösungen erhalten bleiben, resultieren einfach zu lesende Abbildungen, aus denen wichtige Eigenschaften eines Netzes erschlossen werden können.

8.2 Strukturen markieren: syntaktische Zeichen

Wenn man in geordnete Netze mit grafischen Zeichen und Symbolen weitere Informationen integriert, dann werden diese Abbildungen auch für den nicht mit Strukturen vertrauten Betrachter lesbar: Die Einheiten in den Graphen können unter einer strukturellen Perspektive verglichen und unterschieden werden.

Zonensymbole sind grafische Container, die über den *Degree* oder den *In-* und *Outdegree* der Einheiten informieren. Sie geben Hinweise auf die relative strukturelle Bedeutung einzelner Akteure. Verwendet man den Degree eines Knotens, um die Größe des entsprechenden Zonensymbols zu markieren, so informiert dies über die Anzahl der *direkten* Beziehungen, mit denen ein Akteur in seine Umwelt eingebunden ist.

Zonenmarkierungen können darüber hinaus auch Auskunft über die *Komposition* der primären Umwelt der Akteure geben. Je nachdem welche Information und welche Abstu-

---

[53] Die in den gängigen statistischen Paketen implementierten MDS-Routinen verwenden in der Regel andere Algorithmen (vgl. zum Beispiel Borg 1992), die derartige Eingriffe nicht gestatten. Am verwandtesten sind Algorithmen der nichtmetrischen MDS, die in einem formalen Zwischenschritt die beobachteten Distanzen einer zusätzlichen Regressionsprozedur unterziehen und so den Zusammenhang zwischen den beobachteten Distanzen und den Distanzen in der Bildstruktur (Shepard-Diagramm) modellieren. Iterative Implementierungen von MDS-Algorithmen werden heute auch von anderen Autoren propagiert. XGobi ist ein MDS-Programm, das es erlaubt, hochdimensionale MDS-Lösungen interaktiv zu untersuchen, was einen iterativen Algorithmus erfordert (vgl. Swayne et al. 2001).

fungen dabei unterschieden werden, wird das Größensymbol zu einem multidimensionalen Zeichen *(icon)*, das über die *Art der Lagerung* in der primären Umwelt Auskunft gibt.

Multidimensionale Icons sind in der grafischen Statistik etablierte grafische Elemente (vgl. Schnell 1994).[54] Diese systematisch konstruierten Zeichen fassen Werteausprägungen mehrerer Attribute zu einem einzigen Symbol zusammen und verändern damit dessen visuelle Erscheinung in Abhängigkeit der Werteausprägungen der zugrunde liegenden Merkmale. Ein trainierter Beobachter ist so in der Lage, Ordnungen multidimensional ähnlicher Objekte in Abbildungen zu entdecken.

Tortendiagramme *(pie charts)* sind grafische Markierungen, mit deren Hilfe Informationen über Merkmalsverteilungen dargestellt werden können. In der heutigen Form wurden sie bereits von Playfair verwendet. Obwohl sie bereits seit über 200 Jahren in der grafischen Statistik verwendet werden, werden sie bis heute in der Literatur kontrovers diskutiert.[55]

Ian Spence (2000), ein kanadischer Psychologe, hat die Leistungsfähigkeit der Tortendiagramme zur grafischen Kommunikation in verschiedenen empirischen Untersuchungen experimentell überprüft. In einem Resümee seiner eigenen und mit Koautoren durchgeführten Arbeiten (Spence 1990; Spence/Lewandowski 1991; Hollands/Spence 1992, 1998) kommt er zu folgender Bewertung:

> Pies are accurate when single proportions are estimated. Pies are best for part–whole judgements. Pies are more accurate for compound estimates. Pies generally allow faster estimation than bars. Pies are not good for slow trends, pies are ok for showing large differences over time.

Pie charts sind demnach für die explorative Analyse gut geeignet. Unterschiede, die mit *pie charts* sichtbar werden, sind damit eher die größeren und quantitativ bedeutsameren Unterschiede.

Auch wenn man Tuftes Prinzip grafischer Sparsamkeit als ein äußerst nützliches Prinzip der Informationskommunikation anerkennt, sind die zur Kommunikation benötigten grafischen Symbole eine Funktion der Komplexität der darzustellenden Sachverhalte. Daher wird man erwarten, dass, je komplexer die Informationen sind, es umso aufwändiger wird, diese grafisch darzustellen und sie einer Abbildung zu entnehmen. Es gilt daher, eine den zu kommunizierenden Informationen entsprechende, möglichst effiziente Darstellungsform auszuwählen.

Teilsysteme in Netzen können mit *konvexen Hüllen* markiert werden und erlauben es so, *Partitionen* von Akteuren in den Lösungen zu identifizieren. Sie können benutzt werden, um Cluster, Cliquen oder zusammenhängende Lagerungen in der Struktur sichtbar werden

---

54 „Neben diesen einfachen Icons finden sich in der Literatur eine große Anzahl weiterer Icons, die prinzipiell die simultane Darstellung von Dutzenden von verschiedenen Variablen an einem Objekt erlauben. Hierzu gehören Histogramme, Polygonzüge, ‚Blobs', Sterne, Sonnen, Glyphs, Diamanten und Facetten. Die bekanntesten Icons sind ‚Gesichter'. ... Die Idee der so genannten ‚Chernoff Faces' (Chernoff 1973) bzw. ‚Flury-Riedwyl-Faces' (Flury Riedwyl 1981) beruht darauf, dass Menschen Gesichter leichter unterscheiden können ... Selbst bei einfachen Icons eignen sich im allgemeinen Scatterplots mit Icons nur für kleine Fallzahlen. Ausnahmen bilden lediglich die Bubble-Plots sowie die Arrow-Plots, die sich in vielen Datensätzen bis zu mehreren hundert Fällen noch sinnvoll interpretieren lassen." (Schnell 1994: 129f.)

55 Unter den prominenten Gegnern findet sich auch E.R. Tufte (1983): „What is worse than a pie chart? Many of them!" – „A table is nearly always better than a dumb pie chart ... [They] should never be used."

zu lassen, und helfen damit, analytische Befunde der Netzwerkanalyse in die Bildstruktur zu übersetzen und visuell zu kommunizieren.

Die Kombination von Zonensymbolen in Verbindung mit der Markierung von Teilsystemen ermöglicht es, die in Netzwerkstrukturen typischerweise vorherrschenden komplexen Mehrebenenbeziehungen detailliert zu inspizieren.

Geometrische Aggregationen, bei denen die Positionen der Einheiten in der Bildstruktur benutzt werden, um aus diesen die Lage weiterer Markierungen abzuleiten, beschreiben eine weitere Klasse von Operationen. Sie beruhen auf den Informationen der Bildstruktur und damit auf Vereinfachungen der empirischen Ausgangsdaten, auf die geometrische Operationen angewendet werden. Diese *bildauswertenden Verfahren* können als geometrische Analogien zu Vorgehensweisen der traditionellen Netzwerkanalyse aufgefasst werden. In dieser Arbeit waren diese Verfahren auch bei der Verarbeitung von nichtmetrischen Topologien dazu geeignet, in ihnen Teilstrukturen zu identifizieren.

8.3 Attribute abbilden: Muster in Netzen

Visualisierungen sind hilfreich, wenn die Bedeutung substantieller Merkmale inspiziert werden soll. Bei der Netzwerkvisualisierung gewinnt das kartografische Problem besondere Bedeutung, Gruppen oder Ordnungen in x und y zu entdecken, die auf der Grundlage der z-Werte gebildet werden. Dies ist bereits bei Bertin beschrieben. Während Geografen in Karten Informationen für Orte eintragen, die eindeutig lokalisiert sind, ist die Lage der mit einem Graphen stukturell beschriebenen Einheiten zunächst unbekannt.

In dem Ausmaß, in dem Ordnungsverfahren mit den Relationen eines Graphen bedeutungstragende Anordnungen erzeugen, kann man diese Ordnungen benutzen, um die Bedeutung weiterer Informationen zu erschließen. Alle Verfahren, die in dieser Arbeit vorgestellt wurden, sind nicht nur in der Lage, Zentralitätstopologien zu erzeugen, in denen zentrale von peripheren Einheiten unterschieden werden, sie sind auch geeignet, mehr oder weniger stark zusammenhängende Cluster und Teilstrukturen räumlich zusammenhängend darzustellen.

Bildet man auf diese Platzierungen der Elemente eines Netzes zusätzliche Informationen ab, dann können *globale,* aber auch *lokale* Zusammenhänge (Korrelationen) mit der Stellung der Merkmalsträger in der Struktur und auch ihrer Einbettung in Substrukturen in Erscheinung treten. Soweit Zusammenhänge zwischen diesen existieren, können sie als Gebiete gleicher Merkmalsausprägungen in den Darstellungen leicht identifiziert werden.

Nach meinen Erfahrungen zeigt sich hierbei, dass die mit den verschiedenen Ordnungsverfahren erzeugten Topologien oft in erstaunlich hohem Ausmaß die Verteilung weiterer Attribute organisieren. Dies bedeutet auch, dass die Güte dieser Topologien bisher eher unterschätzt worden ist.

Das Risiko, in den für die Lesbarkeit hoch optimierten Strukturen Artefakte zu entdecken, ist ein ernst zu nehmendes Problem. Man kann versuchen, dies durch zusätzliche Kreuzvalidierungen auszuschließen, etwa durch das Überprüfen identifizierter Zusammenhänge mit weiteren (statistischen) Verfahren oder durch zusätzliche Informationsquellen.

Der Bias der Informationsvisualisierung, Lösungen danach zu beurteilen, ob sich in den automatisch erzeugten Ordnungen regelmäßige Muster zusätzlicher Merkmale finden, muss gegenüber dem Risiko abgewogen werden, Muster überhaupt erst gar nicht zu entdecken, wenn man sich zum Beispiel ausschließlich von Anpassungsstatistiken und technischen Gütekriterien leiten lässt.

Ein näherer Blick in die methodologische Literatur zeigt aber auch, dass Zusammenhänge in den mit multivariaten Verfahren erzeugten Strukturen keine Seltenheit sind, in methodologischen Arbeiten jedoch oft als Nebenergebnis berichtet und unter kommunikativen Gesichtspunkten eher stiefmütterlich behandelt werden.

Die Kombination von Netzwerk- und Informationsvisualisierung basiert vollständig auf der Qualität der in einem ersten Schritt erzeugten Ordnungen. Die Abbildung zusätzlicher Attribute auf diese Ordnungen hat meine anfänglichen Erwartungen, weitere Regelmäßigkeiten zu finden, oft erheblich übertroffen und sich als viel informativer erwiesen, als es zu hoffen war.

Möglicherweise verstellt eine zu absolut geführte messtheoretische Diskussion in der sozialwissenschaftlichen Methodologie den Blick darauf, dass auch Lösungen mit mittlerer Anpassungsgüte noch informationshaltig sein können. Dies könnte man sich zum Beispiel dadurch erklären, dass die in die Ordnungsverfahren eingebauten Mechanismen der Ausgleichsrechnung bestimmte Eigenschaften besser erhalten als andere. Wenn zentrale Positionen in Strukturen in weniger gut angepassten Lösungen geringer verfälscht werden als periphere Positionen, über die in der Regel nur wenige Informationen vorliegen, dann sind auch diese Ordnungen geeignet, Muster in Attributen zu finden.

Die Attraktivität der nichtmetrischen Platzierungsverfahren scheint darin zu liegen, dass sie robustere Verfahren sind, da lediglich monotone Ordnungen erzeugt werden und keine vollständigen Ähnlichkeiten oder Distanzen zwischen den Objekten erforderlich sind.

In den Sozialwissenschaften gibt es unterschiedliche Ansichten darüber, inwieweit sozialwissenschaftliches Verständnis von Vorgängen in Netzwerken eher durch generalisierbare Zusammenhänge oder aber durch eine möglichst umfassende multivariate Beschreibung individueller Handlungsbedingungen profitiert.[56] Die Kombination von Strukturanalyse und Informationsvisualisierungen scheint geeignet zu sein, diese Gegensätze zu überbrücken.

8.4 Quantitative Daten und grafische Markierungen

Wie man quantitative Informationen mit grafischen Zeichen effektiv kommunizieren kann, ist eine Problematik, die bereits in den Arbeiten der Kartografen intensiv behandelt wurde. *Größen* und *Farben* sind die effektivsten grafischen Markierungen, die besonders schnell und bei nur geringem Aufwand gelesen werden können. Unterschiede von Größen und Farben und ihre Wahrnehmung durch den Menschen sind heute so gut untersucht, dass beide grafischen Markierungen zur Kommunikation quantitativer Information eingesetzt werden können.

Die Variation der *Größen* als grafische Markierungen ist allerdings durch die Positionierung der Einheiten im Lösungsraum beschränkt, wenn man Verdeckungen vermeiden will. In der grafischen Statistik wie auch in der Geografie, für die die Lage der Einheiten

---

56 „Lässt man einmal die Frage beiseite, inwieweit es möglich ist, universelle Aussagen über Aggregatphänomene mit offensichtlich zeitgebundenen Eigenschaften zu formulieren, dann hat es doch den Anschein, dass die Sozialforschung, die sich mit sozialen Systemen und Systemprozessen befasst, tatsächlich gar nicht nach Generalisierungen höherer Ordnung über Beziehungen zwischen zwei Variablen sucht. ... Denn auf dieser Ebene der Analyse verfolgen wir oft ein anderes Erkenntnisziel: nicht Generalisierungen über Beziehungen zwischen isolierten Eigenschaften, sondern eine vollständige Erfassung der inneren Dynamik des Systems bzw. der Beschreibung und Erklärung spezifischer Prozesse." (Mayntz 1997a: 305f.)

oft die einzige bedeutungstragende Information ist, sind Größenmarkierungen daher immer problematisch. Um Größen optimal einsetzen zu können, wird man daher den zusätzlichen Informationsgewinn, der durch eine größere Variationsbreite erzielt werden kann, gegenüber dem Informationsverlust abwägen und optimieren müssen, der durch Verformungen der Lösungstopologie eintritt, wenn eine höhere Variationsbreite erzeugt werden soll.

Der effektive Gebrauch von *Farben* stellt heute eine der vordersten Entwicklungsfronten der Informationsvisualisierung dar. Die Transkription quantitativer Informationen in lesbare Farbschemata ist der Schlüssel zu einer multivariaten grafischen Informationstechnologie.

Die Konventionen, quantitative Unterschiede durch die Helligkeit von Farbtönen zu kodieren, knüpfen an intensiv untersuchte und parametrisierte Eigenschaften der menschlichen Farbwahrnehmung an. Anhand der in der Colorimetrie entwickelten wahrnehmungsmäßig gleichförmigen Farbsysteme kann man Farbschemata entwerfen, mit denen quantitative Informationen grafisch lesbar werden.

Farbliche Markierungen stellen im Gegensatz zu den Größen keine besonderen Anforderungen an die Positionierungen der Einheiten. Trotzdem ist die Erstellung geeigneter Farbschemata aufwändig. Zum einen, weil die wahrnehmungsorientierten Farbsysteme unter Abwesenheit moderierender Kontextbedingungen entwickelt worden sind: Relative Farbkontraste zum Hintergrund und auch die Größenverhältnisse der von bestimmten Farben eingenommenen Flächen können die Unterscheidbarkeit der gewählten Farbabstufungen beeinflussen. Zum anderen ist der Farbeindruck von Markierungen auch eine Funktion der Größe: Helle Farben erscheinen bei kleineren Markierungen heller und dunkle Farben dunkler. In Abhängigkeit von der Größe der verwendeten Zeichen benötigt man daher andere Farbschemata.

Aufwändig ist der Gebrauch von Farben auch dann, wenn man beabsichtigt, Abbildungen mit unterschiedlichen Geräten darzustellen oder für verschiedene Medien zu erzeugen. Für diese Aufgabe stehen heute zwar technische Hilfen zur Verfügung, allerdings sind die von diesen Farbmanagementsystemen durchgeführten Transformationen immer durch den Gamut des Gerätes mit dem geringeren Farbauflösungsvermögen begrenzt, so dass der Wechsel zwischen verschiedenen Medien mit einem Informationsverlust einhergeht.

In der Praxis führen diese zusätzlichen Anforderungen dazu, dass die Abstufungen wahrnehmungsorientierter metrischer Farbsysteme mit größeren Schrittweiten benutzt werden müssen, um leicht lesbare Darstellungen entstehen zu lassen.

8.5 Entwicklungsperspektiven und offene Fragen

Verfahren zur Darstellung von Netzwerken erfahren zurzeit eine weite Verbreitung. Netzwerkdarstellungen benötigt man stets dann, wenn es unerlässlich ist, komplexe Beziehungen unter Objekten zu verstehen, und Baumstrukturen nicht ausreichen, diese darzustellen.

Netzwerke können Beziehungen zwischen nur einigen Personen beschreiben, aber auch Telefonsysteme, in denen Millionen von Einheiten untereinander verbunden sind. Autobahnen, Pipelines und elektronische Schaltkreise sind alltägliche Netzwerke, in denen die Flüsse zwischen den Verbindungen wichtiger sind als die Eigenschaften der Knoten. Hier sind es die kürzesten Verbindungen zwischen Paaren von Knoten, die Ermittlung der maximal möglichen Flüsse oder die effizientesten Wege, auf denen alle Knoten durchlaufen werden – Fragestellungen, die einer aufwändigen algorithmischen Behandlung bedürfen.

Wegen der anspruchsvollen Topologien der Knoten und der Komplexität der dabei zu bewältigenden Aufgaben sind Informationsvisualisierungen von Netzwerken eine große

Herausforderung. Planare Anordnungen sind dabei wünschenswert, aber nicht immer herzustellen. Selbst bei einer vergleichsweise kleinen Anzahl von Knoten (weniger als 100) können die erzeugten Layouts unübersichtlich und Beziehungen verdeckt werden (vgl. Card/Mackinlay/Shneiderman 1999: 630f.).

8.5.1 Große Netze

Ein Anwendungsbereich der Netzwerkvisualisierung, der zunehmend an Bedeutung gewinnt, ist die Analyse von Hypertextstrukturen. Einige Projekte versuchen große Teile des WWW abzubilden, andere lediglich eine einzelne Webseite. Die Ergebnisse von Abfragen, die Darstellung von Nachbarschaften einer besuchten Seite oder die Menge der Webseiten, die ein bestimmter Nutzer besucht hat, sind andere Beispiele für Hypertextstrukturen. Gemeinsame Themen oder Links von Webseiten gestatten es, starke oder schwache Relationen zwischen Webseiten zu identifizieren und diese zu ordnen.

Große Netzwerke werfen viele neue Fragen auf. Da der Rechenaufwand zum Ordnen sehr großer Stukturen exponentiell steigt, werden Strategien benötigt, die es erlauben, große Netzwerke schrittweise zu analysieren und das Problem ihrer Darstellung in Teilaufgaben zu zerlegen, die sinnvoll analysiert werden können. Es tritt zum einen die Frage auf, welche statistische Vorbehandlung geeignet ist, Teileinheiten großer Netze zu identifizieren, die sinnvoll separat untersucht werden können. Zum anderen stellt sich die Frage nach optimalen Algorithmen, die diese Aufgaben mit möglichst geringem Ressourcenaufwand lösen können.

8.5.2 Mehrdimensionale Darstellungen

Gegenüber den klassischen statistischen Verfahren sind Spring Embedder durch eine größere Flexibilität gekennzeichnet, die es gestattet, ästhetische, aber auch substanzielle Konstraints zu berücksichtigen. Andererseits stellen die klassischen Verfahren der multivariaten Statistik ein Methodeninventar dar, das, wenn die entsprechenden Voraussetzungen erfüllt sind, einen elaborierten Apparat zur Beurteilung von multivariaten Zusammenhängen zur Verfügung stellt. Allerdings sind die metrischen Einbettungen der klassischen statistischen Verfahren nicht immer besonders gut lesbar.

Ob dies aus der Behandlung binärer Informationen resultiert oder aus den Besonderheiten der Transformationen binärer Information in metrische Distanzen, bedarf einer genaueren Prüfung. Wie diese Arbeit gezeigt hat, sind die Übergänge zwischen beiden Verfahren fließend, das heißt abhängig von den zur Verfügung stehenden Informationen. Der Algorithmus von Kamada/Kawai, der zum Zeichnen von Graphen-Distanzen verwendet wird, ist eine spezielle Multidimensionale Skalierung.

Auch die höherdimensionalen Strukturen sind keine exklusive Domäne der statistischen Verfahren. Die diversen Spring Embedder können ohne große Mühe verallgemeinert werden, so dass sie dreidimensionale Einbettungen erzeugen. Dreidimensionale Darstellungen sind zunächst oft sehr ansprechend, aber die Kompliziertheit der Navigation in diesen Strukturen kann desorientieren und mit den Fragestellungen kollidieren. Die Anzahl von Knoten und Kanten in Netzen kann schnell so groß werden, dass relevante Informationen verdeckt werden.

Die Kontrolle eines Nutzers über die Anzahl der dargestellten Einheiten scheint ein Bestandteil eines effektiven Benutzerinterfaces zu sein, das die Untersuchung von Netzwerken ermöglicht. Darstellungen von Knoten oder Kanten können auf die Umgebungen einzelner Knoten oder solche beschränkt werden, die bestimmte Kriterien erfüllen. Damit gibt es große Herausforderungen für Wissenschaftler, die die Untersuchung *(browsing)* von Netzwerken erleichtern wollen (vgl. Card/Mackinlay/Shneiderman 1999: 631).

8.5.3 Hierarchien in Netzen

Baumstrukturen und Netze sind zwei alternative Darstellungsformen von Graphen, wobei Baumstrukturen hierarchische Ordnungen identifizieren. Netze dagegen sind eher geeignet, zusammenhängende Teilstrukturen darzustellen. Verfahren zum Zeichnen von Graphen verfolgen heute entweder nur die Strategie, Hierarchien zu entdecken oder aber Zusammenhänge in Netzen zu zeigen.

Netzwerkvisualisierungen in zwei Dimensionen können nur symmetrische Graphen ordnen (wenn man von einigen speziellen Verfahren absieht, die für Graphen geringer Dichte verwendet werden können). Üblicherweise werden die zugrunde liegenden Graphen symmetrisiert, wenn Einbettungen für die Knoten eines Graphen berechnet werden. Auf die so erzeugten Layouts können die asymmetrischen Relationen abgebildet werden.

Eine Herausforderung an die Netzwerkvisualisierung ist es, Formen zu entwickeln, die es erlauben, die Netzwerken unterliegenden Hierarchien simultan mit ihren Verdichtungsstrukturen zu ordnen und in die Abbildungen zu integrieren. Hier bietet die Netzwerkanalyse verschiedene Ansatzpunkte, die geeignet erscheinen, simultane Darstellungen von Verflechtungen und Hierarchien zu entwickeln.

Ein klassisches Modell, mit dem die hierarchische Lagerung von horizontal verflochtenen Einheiten beschrieben werden kann, ist das *Ranked-cluster*-Modell (vgl. Davis/Leinhardt 1972), das auf triadischen Überlegungen beruht und auf Digraphen angewendet werden kann. In der auf den Triadenzensus aufbauenden Literatur (vgl. auch Hummell/Sodeur 1987a, 1987b) sind konzeptionelle Überlegungen zu einem *Positionszensus* entstanden, die es erlauben, aus den Triaden Kontextbeschreibungen auf verschiedenen Ebenen von Netzwerken abzuleiten (vgl. auch Burt 1990). Diese können sehr detailliert Auskunft über das Ausmaß bestehender hierarchischer Ordnungen in Netzen geben (vgl. Hummell/Sodeur 1987b: 198 ff.).

Ein zweiter Ansatz von Freeman (1997) zeigt, wie man mit der Zerlegung der Verbundenheitsmatrix eines Netzes in eine symmetrische und eine schief-symmetrische *(skew-symmetric)* Matrix die einem Netzwerk unterliegende Hierarchie ermitteln kann. Dieser Ansatz nimmt Rekurs auf Gowers kanonische Zerlegung der Verbundenheitsmatrix und eignet sich für bewertete Graphen.

8.5.4 Die Effizienz von Darstellungen

Die Beiträge dieser Arbeit sind ein Versuch, lesbare Darstellungen von Netzwerken zu entwickeln und zu sondieren, welche Informationen mit welchen grafischen Markierungen in die Lösungen eingetragen werden können. Da die Visualisierung von Strukturen keine lange Tradition als eigenständiges Forschungsgebiet hat, geht es in einer solchen frühen Phase zunächst einmal darum, das in verschiedenen Disziplinen verfügbare Wissen, das für die Konstruktion effizienter Markierungen relevant ist, zu bestimmen und zusammenzutragen.

Solange Visualisierungen nach systematischen Regeln und Konstruktionsprinzipien erstellt werden, gestatten diese Regeln auch Dritten zu erlernen, wie man diese Darstellungen liest. Kommuniziert man zusätzliche quantitative Informationen mit unterscheidbaren Ausprägungen von Markierungen, dann können auch diese Zeichen entschlüsselt werden.

In dieser Arbeit habe ich versucht, den Kern einer Informationsvisualisierung von Strukturen näher zu bestimmen. Bei der Erzeugung von Layouts können verschiedene Verfahren eingesetzt werden. Die Spannweite reicht von den klassischen statistischen multivariaten Verfahren über die flexibleren Spring Embedder bis hin zu diskreten Optimierungsalgorithmen, die es erlauben, Relationen in theoretisch spezifizierten Layouts zu ordnen.

Die Kommunikation weiterer Informationen mit Größenmarkierungen kann durch die Verwendung psychophysiologischer Funktionen der Größenwahrnehmung und der Parameter des Magnitude Scaling optimiert werden. Bei der Kommunikation quantitativer Information mit Farben sind die Abstufungen von wahrnehmungsmäßig als gleichförmig identifizierten Farbsystemen ein zentraler Bezugspunkt, um numerische Informationen in menschliche Empfindungen umzusetzen.

Die syntaktischen Markierungen sind aus dem üblichen statistischen Repertoire der Netzwerkanalyse abgeleitet. Sie markieren die Akteure, ihre Umwelten und deren Lagerung in der Struktur. Auch die mit Algorithmen der Netzwerkanalyse identifizierten intermediären Teilstrukturen können in die Darstellungen übertragen werden.

Externe Informationen und deren Lagerung in dieser Struktur können in die so angereicherten Layouts vornehmlich mit Farben übertragen werden. Farben und ihre Wahrnehmung sind heute immerhin so gut verstanden, dass dabei quantitative Abstufungen in korrespondierende Wahrnehmungen umgesetzt werden. Dies erlaubt es, lokale Ordnungen und multiple Lagerungen zu entdecken, Regelmäßigkeiten der Lagerung in Subsystemen zu untersuchen und, falls sie existieren, auch globale Zusammenhänge zu identifizieren, ohne dass der Bezug zum Gesamtsystem verloren geht.

Ob solche nach systematischen Regeln erzeugten Darstellungen im Sinne einer Informationsökonomie effizient sind, ist eine Frage, die erst eine vergleichende Untersuchung alternativer Darstellungen der gleichen Sachverhalte beantworten kann. Empirische Untersuchungen werden es erlauben, unter alternativen Designs die geeigneteren auszuwählen, die schneller gelesen werden können oder aber einfachere Einblicke in komplexe Beziehungen geben. Ein Forschungsprogramm, das unterschiedliche Visualisierungen vergleicht, könnte helfen, die Darstellung von Strukturen zu verbessern und zu optimieren. Erste Anfänge zu einem solchen Programm finden sich heute in den Arbeiten von McGrath, Blythe und Krackhardt (1997, 1998).

8.6 Resümee

In dieser Arbeit wurde versucht, die Visualisierung von sozialen Netzwerken mit der Visualisierung weiterer Informationen, der Attribute der Akteure oder ihrer Relationen, zu verbinden. Grafische Darstellungen haben eine höhere Bandbreite als die Schriftsprachen und sind geeignet, mehrere Informationen simultan zu kommunizieren. Um große relationale Informationsmengen zu überblicken, benötigt man systematische Ordnungsverfahren, die es erlauben, die zugrunde liegende Struktur zu identifizieren. Die grafische Auflösung der Darstellungen kann so optimiert werden, dass Größenmarkierungen eingesetzt werden können und die resultierenden Layouts lesbar bleiben. Die Bedeutung weiterer Informationen, syntaktischer Eigenschaften der Struktur und zusätzlicher Attribute können mit Markierungen in das so entstandene Layout übertragen werden.

Die Optimierung der Auflösung eines Bildes besteht damit in der Aufgabenstellung, wieweit man Strukturen vereinfachen kann, ohne dass diese unlesbar werden. Dies ist das bereits bei Bertin beschriebene Problem der *strukturellen Auflösung* von grafischen Darstellungen. Algorithmen, die es erlauben, flexibel die Auflösung von Strukturen zu verändern und dabei gleichzeitig die Topologie der Lösungen zu erhalten, sind das Arbeitsmittel, mit dem diese konkurrierenden Anforderungen optimiert werden können.

Die so entstandenen Informationsgrafiken sind in mehrfacher Weise hoch optimierte Darstellungen. Sie integrieren das Potential statistischer multivariater Verfahren oder der flexiblen Spring Embedder, die komplexe relationale Beobachtungen systematisch verarbeiten können. Die Benutzung psychophysiologischer Funktionen und metrischer Farbräume erlaubt es, quantitative Informationen mit Größen und Farben zu kommunizieren, so dass bei ihrer Wahrnehmung quantitative Unterschiede erhalten bleiben.

Größen und Farben sind darüber hinaus Markierungen, die besonders schnell und mühelos präattentiv wahrgenommen werden. Sie eignen sich in besonderer Weise, die Bedeutung zusätzlicher Informationen zu identifizieren. Die menschliche Wahrnehmung von Größen und auch von Farben, ihrer Helligkeit, ihrer Sättigung und der Farbtöne ist heute so gut verstanden, dass auch bekannt ist, wie man mit diesen Markierungen gleich große Unterschiede kommunizieren kann. So ist es möglich, Größen und Farben für die Kommunikation quantitativer Informationen einzusetzen. Die Kenntnis der Funktionen, wie diese Markierungen von der menschlichen Wahrnehmung entschlüsselt werden, erlaubt es, Darstellungen zu erzeugen, die unmittelbar „lesbar" sind. In dieser Arbeit habe ich einige Konzepte entwickelt, die es gestatten, visuelle und analytische Verfahren der Netzwerkanalyse zu integrieren. Ich habe versucht, den Nutzen einer solchen Integration exemplarisch zu demonstrieren.

Eine integrierte Arbeitsplattform zur Durchführung von Netzwerkanalysen steht heute nicht zur Verfügung. Auch von anderen Autoren (vgl. Freeman 2000) wird heute der Bedarf an einer Plattform gesehen, die es gestattet, relationale Informationen und ihre Attribute zu verwalten, statistische Berechnungen an Netzwerkdaten zur Markierung von geordneten Strukturen interaktiv zu benutzen sowie Selektionen oder grafische Operationen auf beliebige Einheiten, Relationen oder Partitionen anzuwenden.

Geografische Informationssysteme (GIS) erlauben es bereits heute, räumliche Informationen zu verwalten, zu aggregieren und zu tabulieren und auf unterschiedliche geografische Bezugssysteme abzubilden. Verfahren zur Ordnung relationaler Informationen können Einbettungen der Einheiten eines Graphen in zwei- und mehrdimensionale Räume erzeugen, die viele der zugrunde liegenden Eigenschaften erhalten. In dem Ausmaß, wie die erzeugten Ordnungen informationshaltig sind, sind auch Markierungen mit zusätzlicher Information informativ. Bildet man auf die mit Ordnungsalgorithmen erzeugten Positionierungen weitere Informationen ab, dann sind die so entstehenden *Informationslandschaften* in ähnlicher Weise lesbar wie Karten in Atlanten und ihre elektronischen Verwandten.

Die Rolle des Bildes in der Wissenschaft hat eine ambivalente Tradition. Die menschliche Wahrnehmung unterliegt Täuschungen und Trugbildern. Visuelle Muster können Artefakte sein oder können Zusammenhänge verdecken. Entsprechend ist der wissenschaftliche Umgang mit grafischen Zeichen oft durch eine besondere Zurückhaltung gekennzeichnet. Dies ist nicht verwunderlich, da die grafischen Mittel zur Kommunikation von Informationen lange nicht besonders gut verstanden worden sind. Die formale Sprache der Mathematik ist in diesem Sinne in einer besonderen Weise zurückhaltend und spartanisch. John Ziman identifiziert bei seiner Untersuchung der Rolle des Bildes in den Wissenschaften die

Kluft zwischen den formalen Verfahren und der Komplexität des Gegenstandes der Sozialwissenschaften als einen Grund für die Skepsis und Zurückhaltung, formale Verfahren in den Sozialwissenschaften anzuwenden.

> Mathematical language also has very limited descriptive powers. An Euclidean ‚point', without size or shape, makes good sense as a dynamical ‚particle', but is a poor sort of representation for a molecule or planet. The process of formalization produces an abstract entity that satisfies its defining realtions perfectly but which has been stripped of all other attributes. This is one of the fundamental objections to the use of mathematical techniques in the social sciences …; the data, concepts and other entities that arise in the study of human behavior are never so simple and unadorned as the objects and operations we have learnt to manipulate mathematically. (Ziman 1977: 14)

Heute beginnt man auch in der grafischen Statistik, das Potential der mit der technologischen Entwicklung entstandenen erweiterten Möglichkeiten grafischer Verfahren zu erschließen. Dies ermöglicht es, die Kluft zwischen den formalen Verfahren und den viel komplexeren Gegenständen, die mit diesen Verfahren untersucht werden sollen, zu verkleinern.

Wenn relationale Beobachtungen nach systematischen Regeln geordnet und weitere externe Informationen in diese Ordnungen unter Berücksichtigung psychophysiologischer Prinzipien abgebildet werden, entstehen hoch optimierte grafische Informationslandschaften, künstliche Welten, die mehrfache Beschreibungen der gleichen Objekte zusammenfügen und diese Objekte nach systematischen Regeln rekonstruieren. Dadurch ist es möglich, lokale multidimensionale Muster zu inspizieren und die Lagerung der so mehrfach beschriebenen Elemente im Gesamtsystem zu studieren.

Besonders der Gebrauch von Farben erweitert die Möglichkeiten, Muster und Konzentrationen von Merkmalen in den Strukturen zu entdecken, die multivariate Zusammenhänge identifizieren. Die technischen Verfahren zur Erzeugung von Farben, aber auch die unterschiedlichen Technologien, beim Menschen ähnliche Farbeindrücke hervorzurufen, beruhen auf einem enorm verbesserten Verständnis der menschlichen Farbwahrnehmung. Obwohl diese Farbtechnologien im Alltag eine rasante Verbreitung erfahren haben, steht der wissenschaftliche Gebrauch von Farben bei der Untersuchung komplexer Sachverhalte wohl eher in den Anfängen.

Wie eine grafische Technologie den Umgang mit großen Mengen an Information ermöglicht, hat der Kartograf Bertin[57] bereits in den 1970er Jahren in einer Art beschrieben, die an Aktualität wenig eingebüßt hat. Ich habe in dieser Arbeit versucht zusammenzutragen,

---

57 „Graphic representations can be used to reduce the comprehensive, nonmemorizable inventory to a simplified, memorizable message. For the message to be useful, simplification must not involve eliminating part of the information, but only ‚processing' it, that is: utilizing the mechanism of ordering and classing, for the purpose of discovering, the groupings contained in the information being processed, and deriving from it new components or categories, reduced in number and consequently easier to memorize than the comprehensive information.

The combination of these new elements must enable us to recall and understand the whole of the initial information. Collections of comparable diagrams, networks or maps are found in working atlases and graphic files, and foster all types of comparisons and classings. Such collections allow researchers to discover the correlations contained in a finite set and to derive from them ‚lines of force' subsets, and new components. These elements broaden the scope of the message, increase the rapidity of comprehension, and thus lead to better ‚communication'. What matters is to avoid any prior reduction of the information, to use the complete information, which alone provides all the givens for pertinent correlations and choices. The representation must be *comprehensive*.

mit welchen Regeln und Prinzipien man beginnen kann, die heute erweiterten Möglichkeiten zu nutzen.

Je besser man diese Regeln verstehen und anwenden kann, umso mehr wird es möglich sein, die natürlichen Eigenschaften der menschlichen Wahrnehmung für wissenschaftliche Zwecke zu nutzen. Die ergonomisch optimierte Grafik nutzt damit die besonderen Fähigkeiten der menschlichen Wahrnehmung für wissenschaftliche Zwecke in systematischer Weise. Sie erlaubt, das Potential automatischer Prozeduren mit den besonderen Fähigkeiten der menschlichen Wahrnehmung zu verbinden.

> But it also matters that all types of comparisons and classings are possible and easy. The most useful questions will obviously involve the overall level of reading, where their answer will be found in a limited number of comparable images. The representation must be reduced to the smallest number of *memorizable images*.
>   With this function, the graphic is an experimental instrument leading to the construction of collections of comparable images with which the researcher ‚plays'. We class and order these images in different ways, grouping similar ones, constructing ordered images to discover the synthetic schema which is at once the simplest and most meaningful." (Bertin 1983: 164)

Literatur

Adobe Systems Incorporated, 1990: *Postscript Language Reference Manual.* 2. Aufl. Reading: Addison Wesley.
Andreß, Hans Jürgen, et al. (Hg.), 1992: *Theorie, Daten, Methoden. Neue Modelle und Verfahrensweisen in den Sozialwissenschaften.* München: Oldenbourg.
Angel, Edward, 1990: *Computer Graphics.* Reading: Addison Wesley.
Arabie, Phipps/S.A. Boorman/P.R. Levitt, 1978: Constructing Blockmodels: How and Why. In: *Journal of Mathematical Psychology* 17, 21–63.
Arabie, Phipps/J. Douglas Carroll/Wayne S. DeSarbo, 1987: *Three-Way Scaling and Clustering.* Newbury Park: Sage.
Axelrod, Robert (Hg.), 1976: *Structure of Decision. The Cognitive Maps of Political Elites.* Princeton: Princeton University Press.

Bergman, Lawrence D./Bernice E. Rogowitz/Lloyd A. Treinish, 1995: *A Rule-based Tool for Assisting Colormap Selection.* <http://www.research.ibm.com/dx/proceedings/pravda/index.htm>
Berlin, Brent/Paul Kay, 1969: *Basic Color Terms: Their Universality and Evolution.* Berkeley: University of California Press.
Bertin, Jaques, 1974: *Graphische Semiologie. Diagramme, Netze, Karten.* Berlin: de Gruyter.
Bertin, Jaques, 1981: *Graphics and Graphic Information-Processing.* Berlin: de Gruyter.
Bertin, Jaques, 1982: *Graphische Darstellungen. Graphische Verarbeitung von Informationen.* Berlin: de Gruyter.
Bertin, Jaques, 1983: *Semiology of Graphics. Diagrams Networks Maps.* Madison, WI: University of Wisconsin Press.
Blau, Peter M., 1977: A Macrosociological Theory of Social Structure. In: *American Journal of Sociology* 83, 26–54.
Blau, Peter M./Joseph E. Schwartz, 1984: *Crosscutting Social Circles: Testing a Macrostructural Theory on Intergroup Relations.* Orlando: Academic Press.
Boissevain, Jeremy, 1974: *Friends of Friends. Networks, Manipulators and Coalitions.* Oxford: Blackwell.
Boker, Stephen M., 1997: *The Representation of Color. Metrics and Mapping in Perceptual Color Space.* <http://kiptron.psyc.virginia.edu/steve_boker/ColorVision2/ColorVision2.html>
Bonacich, Phillip, 1987: Power and Centrality: A Family of Measures. In: *American Journal of Sociology* 92, 1170–1182.
Boorman, S.A./H.C. White, 1976: Social Structure from Multiple Networks: II. Role Structures. In: *American Journal of Sociology* 81, 1384–1446.
Borg, Ingwer/Patrick Groenen, 1997: *Modern Multimensional Scaling. Theory and Applications.* New York: Springer.

Borg, Ingwer/Thomas Staufenbiel, 1997: *Theorien und Methoden der Skalierung. Eine Einführung.* 3. überarb. Aufl. Bern: Huber.

Borgatti, Stephen P., 1997: Structural Holes: Unpacking Burt's Redundancy Measures. In: *Connections* 20, 35–38.

Borgatti, Stephen P./Martin G. Everett, 1997: Network Analysis of 2-mode Data. In: *Social Networks* 19, 243–269.

Brandenburg, Franz J./Michael Jünger/Petra Mutzel, 1997: *Algorithmen zum automatischen Zeichnen von Graphen.* Report Nr. 97–264. Köln: Zentrum für Angewandte Informatik, Universität zu Köln.

Brandes, Ulrik, 1999: *Layout of Graph Visualizations.* Dissertation. Konstanz: Universität Konstanz, Fakultät für Mathematik und Informatik.
<http://www.ub.uni-konstanz.de/v13/volltexte/1999/255//pdf/255_1.pdf>

Brandes, Ulrik/Patrick Kenis/Dorothea Wagner, 1999: Centrality in Policy Network Drawings. In: Jan Kratochvíl (Hg.), *Graph Drawing. Lecture Notes in Computer Science 1731.* Berlin: Springer, 250–258.

Brandes, Ulrik/Dorothea Wagner, 1997: *Random Field Models for Graph Layout.*
<http://www.informatik.uni-konstanz.de/Schriften/>

Brandes, Ulrik, et al., 1999: Explorations into the Visualization of Policy Networks. In: *Journal of Theoretical Politics* 11, 75–106.

Brandes, Ulrik/Jörg Raab/Dorothea Wagner, 2001: Exploratory Network Visualization: Simultaneous Display of Actor Status and Connections. In: *Journal of Social Structure* 2(4), 1–28.

Breiger, Ronald L., 1991: *Explorations in Structural Analysis. Dual and Multiple Networks of Social Interaction.* New York: Garland.

Brewer, Cynthia A., 1997: Spectral Schemes: Controversial Color Use on Maps. In: *Cartography and Geographic Information Systems* 24(4), 203–220.

Brewer, Cynthia A., 1999: Color Use Guidelines for Data Representation. In: *American Statistical Association 1999, Proceedings of the Section on Statistical Graphics.* Baltimore: ASA, 55–60.

Broder, Andrei, et al., 2000: *Graph Structure in the Web.*
<http://www.almaden.ibm.com/cs/k53/www9.final>

Brogan, David (Hg.), 1990: *Visual Search.* London: Taylor and Francis

Buja, Andreas, et al., 2001: *XGvis: Interactive Dynamic Data Visualization with Multidimensional Scaling.* <http://www.research.att.com/areas/stat/xgobi/papers/xgvis.pdf>

Burt, Ronald S., 1981: Studying Status/Role-Sets as Ersatz Network Positions in Mass Surveys. In: *Sociological Methods and Research* 9(3), 313–337.

Burt, Ronald S., 1986: *Structure 3.0, Sociometric Indices, Cliques, Structural Equivalence, Density Tables, Equilibria, Norms and Structural Autonomy in Multiple Network Systems.* New York: Center for the Social Sciences.

Burt, Ronald S., 1990: Detecting Role Equivalence. In: *Social Networks* 12, 83–97.

Burt, Ronald S., 1991: Measuring Age as a Structural Concept. In: *Social Networks* 13, 1–34.

Burt, Ronald S., 1992a: *Structural Holes. The Social Structure of Competition.* Cambridge: Harvard University Press.

Burt, Ronald S., 1992b: The Social Structure of Competition. In: Noriah Nitin/Robert G. Eccles (Hg.), *Networks and Organizations: Structures, Forms and Action.* Boston: Harvard Business School Press.

Card, Stuart K./Jock D. Mackinlay/Ben Shneiderman (Hg.), 1999: *Information Visualization. Using Vision to Think.* San Francisco: Morgan Kaufmann.

Card, Stuart K./Peter Pirolli/Jock D. Mackinlay, 1999: The Cost-of-Knowledge Characteristic Function: Display Evaluation for Direct-Walk Dynamic Information Visualisations. In: Stuart K. Card/Jock D. Mackinlay/Ben Shneiderman (Hg.), *Information Visualization. Using Vision to Think.* San Francisco: Morgan Kaufmann, 582–588.

Carr, Dan/Ru Sun, 1999: Using Layering and Perceptual Grouping in Statistical Graphics. In: *Statistical Computing & Graphics* 10, 25–31.

Chen, Chaomei, 1999: *Information Visualisation and Virtual Environments.* London: Springer.

CIE (International Commission on Illumination), 1998: *The CIE 1997 Interim Colour Appearance Model.* CIECAM97s, CIE TC1–34 April 1998.
<http://www.cis.rit.edu/people/faculty/fairchild/PDFs/CIECAM97s_TC_Draft.pdf>

Cleveland, William S./Robert McGill, 1984: Graphical Perception: Theory, Experimentation and Application to the Development of Graphical Methods. In: *Journal of the American Statistical Association* 79(387), 531–554.

Cohen, Jonathan D., 1997: Drawing Graphs to Convey Proximity. In: *ACM Transactions on Computer-Human Interaction (TOCHI)* 4(3), 197–229.

Coleman, James S., 1990: *Foundations of Social Theory.* Cambridge: The Belknap Press of Havard University Press.

Coleman, Michael K./D. Stott Parker, 1996: Aesthetics-based Graph Layout for Human Consumption. In: *Software-Practice and Experience* 26, 1–25.

Davidson, Ron/David Harel, 1996: Drawing Graphs Nicely Using Simulated Annealing. In: *ACM Transactions on Graphics* 15(4), 301–333.

Davis, Allison/Burleigh B. Gardener/Mary R. Gardener, 1941: *Deep South: A Social Anthropological Study of Caste and Class.* Chicago: University of Chicago Press.

Davis, James A./Samuel Leinhardt, 1972: The Structure of Positive Interpersonal Relations in Small Groups. In: Josef Berger et al. (Hg.), *Sociological Theories in Progress*, Vol. 2. Boston, MA: Houghton Mifflin, 218–251.

Degenne, Alain/Michel Forsé, 1999: *Introducing Social Networks.* London: Sage.

Di Battista, Guiseppe, et al., 1994: Annotated Bibliography on Graph Drawing Algorithms. In: *Computational Geometry: Theory and Applications* 4, 235–282.
<http://www.cs.brown.edu/people/rt/gd-biblio.html>

Di Battista, Giuseppe, et al., 1999: *Graph Drawing. Algorithms for the Visualization of Graphs.* London: Prentice Hall.

Doreian, Patrick, 1988: Using Multiple Network Analytic Tools for a Single Social Network. In: *Social Networks* 10, 287–312.

Doreian, Patrick/Louis H. Albert, 1989: Partitioning Political Actor Networks: Some Quantitative Tools for Analyzing Qualitative Networks. In: *Journal of Quantitative Anthropology* 1, 279–291.

Eades, Peter, 1984: A Heuristic for Graph Drawing. In: *Congressus Numerantium* 42, 149–160.

Eick, Stephen G./Graham J. Wills, 1993: Navigating Large Networks with Hierarchies. In: *IEEE Proceedings Information Visualization* 93, 204–210; auch in: Stuart K. Card/Jock D. Mackinlay/Ben Shneiderman (Hg.), 1999: *Information Visualization. Using Vision to Think.* San Francisco: Morgan Kaufmann, 207–214.

Enns, James T., 1990: Three-Dimensional Features that Pop Out in Visual Search. In: David Brogan (Hg.), *Visual Search.* London: Taylor and Francis, 37–45.

Euler, Leonhard, 1769: *Briefe an eine deutsche Prinzessin über verschiedene Gegenstände aus der Physik und Philosophie.* Leipzig.

Ford, Adrian/Alan Roberts, 1998: Color Space Conversions.
<http://www.inforamp.net/~poynton/Poynton-colour.html>

Freeman, Linton C., 1979: Centrality in Social Networks: Conceptual Clarification. In: *Social Networks* 1, 215–239.

Freeman, Linton C., 1997: Uncovering Organizational Hierarchies. In: *Computational & Mathematical Organization Theory* 3, 5–18.

Freeman, Linton C., 2000: Visualizing Social Networks. In: *Journal of Social Structures* 1(1).
<http://www.cmu.edu/joss/content/articles/volume1/Freeman.html>

Frick, Arne/Andreas Ludwig/Heiko Mehldau, 1994: A Fast Adaptive Layout Algorithm for Undirected Graphs. In: Robert Tamassia/Ioannis G. Tollis (Hg.), *Graph Drawing. Lecture Notes in Computer Science 894.* Berlin: Springer, 388–403.

Friedkin, Noah E., 1991: Theoretical Foundations of Centrality Measures. In: *American Journal of Sociology* 96, 1478–1504.

Fruchtermann, Thomas M. J./Edward M. Reingold, 1991: Graph Drawing by Force directed Placement. In: *Software-Practice and Experience* 21(11), 1129–1164.

Ganchev, Gancho/Lothar Krempel/Margarita Shivergeva, 2001: *How to View Structural Change: The Case of Economic Transition in Bulgaria*. Köln: Max-Planck-Institut für Gesellschaftsforschung.

Ganchev, Gancho/Lothar Krempel/Margarita Shivergeva, 2002: Rubrika Metodologija "Visualisatzija na strukturnite izmenenija: Prehodut v Bulgarija i roljata na finansovija sector". (Visualization of Structural Changes: Transition in Bulgaria and the Role of the Financial Sector.) In: *Banki investizii i pari* 3, 3–8.

Gigerenzer, Gerd, 1981: *Messung und Modellbildung in der Psychologie*. München: Reinhardt.

Granovetter, Mark, 1983: Threshold Models of Collective Behavior. In: *American Journal of Sociology* 83(6), 1400–1443.

Green, Marc, 2000: *Towards a Perceptual Science of Multidimensional Data Visualization: Bertin and Beyond*. <http://www.ergogero.com>

Güdler, Jürgen/Lothar Krempel/Dominick Sack/Michael Schnegg, 1996: *Dynamik der Medienforschung. Eine szientrometrische Analyse auf der Grundlage sozialwissenschaftlicher Fachdatenbanken*. Forschungsberichte, Bd. 1. Bonn: Informationszentrum Sozialwissenschaften.

Hardeberg, Jon Yngve, 1999: *Aquisition and Reproduction of Colour Images: Colorimetric and Multispectral Approaches*. Dissertation. Paris: Ecole Nationale Superieure des Telecommunications. <http://www-isis.enst.fr/Kiosque/theses/manuscrits/Jon_hardenberg.pdf>

Haynes, Kingsley E./A.Stewart Fotheringham, 1985: *Gravity and Spatial Interaction Models*. Beverley Hills: Sage.

Healey, Christopher G., 1992: *Visualisation of Multivariate Data Using Preattentive Processing*. MSc Thesis. Vancouver: University of British Columbia, Department of Computer Science.

Healey, Christopher G., 1996: *Effective Visualization of Large, Multidimensional Datasets*. PhD Thesis. Vancouver: University of British Columbia, Department of Computer Science.

Healey, Christopher G./James T. Enns, 1998: A Perceptual Colour Segmentation Algorithm. In: *IEEE Transactions on Visualization and Computer Graphics* 5(2), 145–167.

Hollands J.G./Ian Spence, 1992: Judgements of Change and Proportion in Graphical Perception. In: *Human Factors* 34(3), 313–334.

Hollands J.G./ Ian Spence, 1998: Judging Proportions with Graphs: The Summation Model. In: *Applied Cognitive Psychology* 12, 173–190.

Höpner, Martin/Lothar Krempel, 2003: *The Politics of the German Company Network*. MPIfG Working Paper 03/9. Köln: Max-Planck-Institut für Gesellschaftsforschung. <http://www.mpifg.de/pu/workpap/wp03-9/wp03-9.html>

Hummell, Hans J./Wolfgang Sodeur, 1987a: Triaden und Triplettzensus als Mittel der Strukturbeschreibung. In: Franz Urban Pappi (Hg.), 1987: *Methoden der Netzwerkanalyse*. München: Oldenbourg, 129–160.

Hummell, Hans J./Wolfgang Sodeur, 1987b: Strukturbeschreibung von Positionen in sozialen Beziehungsnetzen. In: Franz Urban Pappi (Hg.), 1987: *Methoden der Netzwerkanalyse*. München: Oldenbourg, 177–201.

Hummell, Hans J./Wolfgang Sodeur, 1992: Multivariate Analyse von Struktureigenschaften auf mehreren Ebenen. Netzwerkanalyse als meßtheoretisches Konzept. In: Hans J. Andreß et al. (Hg.), 1992: *Theorie, Daten und Methoden. Neue Modelle und Verfahrensweisen in den Sozialwissenschaften*. München: Oldenbourg , 269–293.

Hummell, Hans J./Wolfgang Sodeur, 1997: Structural Analysis of Social Networks with Respect to Different Levels of Aggregation. In: *Mathematiques, Informatique et Sciences Humaines* 137, 37–60.

ICC (International Color Consortium), 1998: Specification ICC.1: 1998–09. File Format for Color Profiles. Reston, VA: ICC. <http://www.color.org/ICC-1_1998-09.pdf>

Indow, Tarow/N. Aoki, 1983: Multidimensional Mapping of 178 Munsell Colors. In: *Color Research and Application* 8, 145–152.

Indow, Tarow, 1988: Multidimensional Studies of the Munsell Color Solid. In: *Psychological Review* 95(4), 456–470.

Jacobson, Nathaniel / Walter Bender, 1996: Color as a Determined Communication. In: *IBM Systems Journal* 36(3&4), 526–538.

Jacoby, William G., 1998: *Statistical Graphics for Visualizing Multivariate Data*. Thousand Oaks: Sage.

Jansen, Dorothea, 1999: *Einführung in die Netzwerkanalyse. Grundlagen, Methoden, Anwendungen*. Opladen: Leske + Budrich.

Johnson, Jeffrey C. / Lothar Krempel, 2004: Network Visualization: The „Bush Team" in Reuters News Ticker 9/11-11/15/01. In: *Journal of Social Structure* 5(1).
<http://www.cmu.edu/joss/content/articles/volume5/JohnsonKrempel/>

Johnson-Laird, Philip N., 1983: *Mental Models. Towards a Cognitive Science of Language, Inference, and Consciousness*. Cambridge: Cambridge University Press.

Kamada, Tomihisa, 1989: *Visualizing Abstract Objects and Relations*. Teaneck, NJ: World Scientific.

Kamada, Tomihisa / Satoru Kawai, 1989: An Algorithm for Drawing General Undirected Graphs. In: *Information Processing Letters* 31, 7–15.

Kappelhoff, Peter, 1984: Strukturelle Äquivalenzen in Netzwerken: Algrebraische und topologische Modelle. In: *Kölner Zeitschrift für Soziologie und Sozialpsychologie* 35, 464–493.

Kappelhoff, Peter, 1987: Blockmodellanalysen. In: Franz Urban Pappi (Hg.), *Methoden der Netzwerkanalyse*. München: Oldenbourg, 101–128.

Kappelhoff, Peter, 1992: Strukturmodelle von Position und Rolle. In: Theodor Harder, *Theorie, Daten und Methoden. Neue Modelle und Verfahrensweisen in den Sozialwissenschaften*. München: Oldenbourg, 243–268.

Kappelhoff, Peter, 1993: *Soziale Tauschsysteme. Strukturelle und dynamische Erweiterungen des Marktmodells*. München: Oldenburg.

Klovdahl, Alden S., 1986: View_net: A New Tool for Network Analysis. In: *Social Networks* 8, 313–342.

Knoke, David / James H. Kuklinski, 1982: *Network Analysis*. Beverly Hills: Sage.

Kockläuner, Gerhard, 1994: *Angewandte metrische Skalierung. Am Beispiel des statistischen Programmpaketes SPSS*. Braunschweig: Vieweg.

Krackhardt, David / Jim Blythe / Cathleen McGrath, 1995: *Krackplot 3.0, User's Manual*. Pittsburgh: John Heinz III School of Public Policy and Management.
<http://www.contrib.andrew.cmu.edu/~krack>

Krempel, Lothar, 1994: *Simple Representations of Complex Networks: Stategies for Visualizing Network Structure*. Köln: Max-Planck-Institut für Gesellschaftsforschung.
<http://www.mpi-fg-koeln.mpg.de/~lk/algo5a/algo5a.html>

Krempel, Lothar / Thomas Plümper, 1998: *Exploring the Dynamics of International Trade by Combining the Comparative Advantages of Multivariate Statistics and Network Visualizations*. <http://www.mpi-fg-koeln.mpg.de/~lk/netvis/visualtrade>

Krempel, Lothar / Michael Schnegg, 1998: *Exposure, Networks and Mobilization: The Petition Movement during the 1848/49 Revolution in a German Town*.
<http://www.mpi-fg-koeln.mpg.de/~lk/netvis/exposure>

Krempel, Lothar, 1999: Visualizing Networks with Spring Embedders: Two-mode and Valued Data. In: *American Statistical Association 1999, Proceedings of the Section of Statistical Graphics. Alexandria, VA: ASA, 36–45*.

Krempel, Lothar / Thomas Plümper, 1999: International Division of Labor and Global Economic Processes: An Analysis of the International Trade in Automobiles. In: Journal of World-Systems Research 5, 390–402. <http://jwsr.ucr.edu/archive/vol5/number3/krempel>

Krempel, Lothar / Thomas Plümper, 2003: Exploring the Dynamics of International Trade by Combining the Comparative Advantages of Multivariate Statistics and Network Visualizations. In: *Journal of Social Structure* 4(1).
<http://www.cmu.edu/joss/content/articles/volume4/KrempelPlumper.html>

Krugman, Paul, 1996: *Development, Geography and Economic Theory*. Cambridge: MIT Press.

Kruskal, Joseph B., 1964: Nonmetric Multidimensional Scaling: A Numerical Method. In: *Psychometrika* 29(2), 115–129.

Kruskal, Joseph B. / Myron Wish, 1978: *Multidimensional Scaling*. Beverly Hills: Sage.

Kruskal, Joseph B. / J.B. Seery, 1980: Designing Network Diagrams. In: *Proceedings First General Conference on Social Graphics*. U.S. Department of Census, 22–50.

Lauman, Edward O./David Knoke, 1987: *The Organizational State. Social Choice in National Policy Domains*. Madison: University of Wisconsin Press.

Lazarsfeld, Paul/Hubert Menzel, 1961: On the Relation between Individual and Collective Properties. In: Amitai Etzioni (Hg.), *Complex Organizations*. New York: Holt, Rinehart, and Winston, 422–440.

Lazega, Emmanuel/Marijtje van Duin, 1997: Position in Formal Structure, Personal Characteristics and Choices of Advisors in a Law Firm: A Logistic Regression Model for Dyadic Network Data. In: *Social Networks* 19, 375–397.

Lazega, Emmanuel/Philippa E. Pattison, 1999: Multiplexity, Generalized Exchange and Cooperation in Organizations: A Case Study. In: *Social Networks* 21, 67–90.

Lazega, Emmanuel, 2001: *The Collegial Phenomenon*. Oxford: Oxford University Press.

Lilley Chris, et al., (o.J.): Colour in Computer Graphics. The Computer Graphics Unit Manchester Computing Centre, University of Manchester.
<http://www.man.ac.uk/MVC/training/gravigs/colour/>

Lindberg, David C., 1976: *Theories of Vision from Al-Kindi to Kepler*. Chicago: University of Chicago Press.

Lipp, Carola, 1997: Zum Zusammenhang von lokaler Politik, Vereinswesen und Petitionsbewegung in der Revolution 1848/49. Eine Mikrostudie zu politischen Netzwerken und Formen der Massenmobilisierung in der politischen Kultur der Revolutionsjahre. In: *Esslinger Studien* 36, 211–269.

Lipp, Carola/Lothar Krempel, 2001: Petitions and the Social Context of Political Mobilization in the Revolution of 1848/49. A Microhistorical Actor Centered Network Analysis. In: *International Review for Social History* 46, Supplement 9, 151–169.

Lodge, Milton, 1981: *Magnitude Scaling. Quantitative Measurement of Opinions. Sage University Paper Series on Quantitative Applications in the Social Sciences*. Beverly Hills: Sage.

Luce, R. Duncan/Albert D. Perry, 1949: A Method of Matrix Analysis of Group Structure. In: *Psychometrica* 14, 95–116.

Luce, R. Duncan, 1950: Connectivity and Generalized Cliques in Sociometric Group Structure. In: *Psychometrica* 15, 169–190.

Maar, Christa/Hans Ulrich Obrist/Ernst Pöppel (Hg.), 2000: *Weltwissen Wissenswelt. Das globale Netz von Wort und Bild*. Köln: Dumont.

Mackinlay, John, 1986: Automating the Design of Graphical Representations of Relational Information. In: *ACM Transactions on Graphics* 5(2), 111–141.

McGrath, Cathleen/Jim Blythe/David Krackhardt, 1997: The Effects of Spatial Arrangements on Judgements and Errors in Interpreting Graphs. In: *Social Networks* 19(3), 223–242.

McGrath, Cathleen/Jim Blythe/David Krackhardt, 1998: *Seeing Groups in Graph Layouts*.
<http://www.andrew.cmu.edu/user/cm3t/groups.html>

Mayntz, Renate, 1994: *Deutsche Forschung im Einigungsprozeß. Die Transformation der Akademie der Wissenschaften der DDR 1989 bis 1992*. Frankfurt a.M.: Campus.

Mayntz, Renate, 1995: Gesellschaftliche Modernisierung und die veränderte Rolle des Staates. In: Max-Planck-Gesellschaft (Hg.), *Jahrbuch 1995*. Göttingen: Vandenhoeck & Ruprecht, 57–70.

Mayntz, Renate, 1997a: *Soziale Dynamik und politische Steuerung. Theoretische und methodologische Überlegungen*. Frankfurt a.M.: Campus.

Mayntz, Renate, 1997b: Forschung als Dienstleistung? Zur gesellschaftlichen Einbettung der Wissenschaft. In: *Berlin-Brandenburgische Akademie der Wissenschaften, Berichte und Abhandlungen* 3, 135–154.

Mokken, Robert J., 1979: Cliques, Clubs and Clans. In: *Quality and Quantity* 14, 161–173.

Moreno, Jacob L., 1934: Who Shall Survive? A New Approach to the Problem of Human Interrelations. Washington, DC: Nervous & Mental Disease Publishing.

Moreno, Jacob L., 1953: Who Shall Survive? Foundations of Sociometry, Group Psychotherapy and Psychodrama. Beacon, NY: Beacon House.

Murch, Gerald M., 1984: Physiological Principles for the Effective Use of Color. In: *IEEE Computer Graphics and Applications* 4(11), 49–54.

Nemcsics, Antal, 1993: *Farbenlehre und Farbendynamik. Theorie der farbigen Umweltplanung.* Göttingen: Muster-Schmidt.
de Nooy, Wouter / Andrej Mrvar / Vladimir Batagelj, 2005: *Exploratory Social Network Analysis with Pajek.* Cambridge: Cambridge University Press, im Erscheinen.
Northway, Mary L., 1940: A Method for Depicting Social Relationships Obtained by Sociometric Testing. In: *Sociometry* 3, 144–150.

O'Rourke, Joseph, 1994: *Computational Geometry in C.* Cambridge: Cambridge University Press.
Orford, Scott / Daniel Dorling / Richard Harris, 1998: *Review of Visualization in the Social Sciences: A State if the Art Survey and Report.* University of Bristol: School of Geographical Sciences.

Palmer, Stephen E., 1999: *Vision Science, Photons to Phenomenology.* Cambridge: MIT Press.
Pappi, Franz Urban (Hg.), 1987: *Methoden der Netzwerkanalyse.* München: Oldenbourg.
Piaget, Jean / Bärbel Inhelder, 1973: *Die Psychologie des Kindes.* Freiburg: Walter.
Piaget, Jean, et al., 1975: *Die Entwicklung des räumlichen Denkens beim Kinde. Gesammelte Werke,* Bd. 6. Stuttgart: Klett.
Poynton, Charles A., 1996: *A Technical Introduction into Digital Video.* New York: Wiley.
Poynton, Charles A., 1997: Frequently Asked Questions about Color. <http://www.poynton.com/ColorFAQ.html>
Poynton, Charles A., 1998: Frequently Asked Questions about Gamma. <http://www.poynton.com/GammaFAQ.html>
Press, Wiliam H., et al., 1986: *Numerical Recipes. The Art of Scientific Computing.* New York: Cambridge University Press.

Richards, William / Andrew Seary, 2000: Eigen Analysis of Networks. In: *Journal of Social Structure* 1(2). <http://www.cmu.edu/joss/content/articles/volume1/RichardsSeary.html>
Richter, Klaus, 1996: *Computergrafik und Farbmetrik. Farbsysteme, Postscript, geräteunabhängige CIE-Farben.* Berlin: VDE.
Rogowitz, Bernice E. / Lloyd A. Treinish, 1995: *How NOT to Lie with Visualization.* <http://www.research.ibm.com/dx/proceedings/pravda/truevis.htm>
Rogowitz, Bernice E. / Lloyd A. Treinish, 1996: *Why Should Engineers and Scientists Be Worried about Color?* <http://www.research.ibm.com/people/l/lloydt/color/color.htm>

Sack, Dominik, 1998: *Das Netzwerk der zeitgenössischen Musik in Köln. Ergebnisse einer musiksoziologischen Untersuchung.* Vortrag. Kölner Gesellschaft für Neue Musik, 17. Juni 1998, Köln.
Sander, Georg, 1996: *Graph Layout for Applications in Compiler Construction.* Universität des Saarlandes, FB14 Informatik. Technical Report A/01/96.
Scaife, Mike / Yvonne Rogers, 1996: External Cognition: How Do Graphical Representations Work? In: *International Journal Human-Computer Studies* 45, 185–213.
Schnell, Rainer, 1994: *Graphisch gestützte Datenanalyse.* München: Oldenbourg.
Schnotz, Wolfgang, 1994: Wissenserwerb mit logischen Bildern. In: Bernd Weidenmann (Hg.), *Wissenserwerb mit Bildern.* Bern: Huber, 95–147.
Schweizer, Thomas, 1996a: *Muster sozialer Ordnung: Netzwerkanalyse als Fundament der Sozialethnologie.* Berlin: Reimer.
Schweizer, Thomas, 1996b: Reconsidering Social Networks: Reciprocal Gift Exchange among the !Kung. In: *Journal of Quantitative Anthropology* 6, 147–170.
Schweizer, Thomas, 1997: Embeddedness of Ethnographic Cases. A Social Networks Perspective. In: *Current Anthropology* 38(5), 739–760.
Scott, John, 2000: *Social Network Analysis. A Handbook.* London: Sage.
Sedgewick, Robert, 1988: *Algorithms.* Reading: Addison Wesley.
Seidman, S., 1983: Network Structure and Minimum Degree. In: *Social Networks* 5, 269–287.
Shepard Roger N. / A. Kimball Romney / Sara Beth Nerlove (Hg.), 1972: *Multidimensional Scaling. Theory and Applications in the Behavioral Sciences.* New York: Seminar Press.
Shepard, Roger N., 1972: A Taxonomy of Some Principal Types of Data and of Multidimensional Methods for their Analysis. In: Roger N. Shepard / A. Kimball Romney / Sarah Beth Nerlove

(Hg.), *Multidimensional Scaling: Theory and Applications in the Behavioral Sciences,* Vol. 2: *Applications.* New York: Seminar Press, 23–44.

Simmel, Georg, 1955: *Conflict and the Web of Group Affiliations.* New York: Free Press.

Spence, Ian, 1990: Visual Psychophysics of Simple Graphical Elements. In: *Journal of Experimental Psychology: Human Performance and Perception* 16, 683–692.

Spence, Ian/Stephan Lewandowsky, 1991: Displaying Proportions and Percentages. In: *Applied Cognitive Psychology* 5, 61–77.

Spence, Ian, 2000: *Le Camembert depuis 200 ans: Playfair, Minard, et les autre.* Konferenzbeitrag. Fifth International Conference on Social Science Methodology, Zentralarchiv für Empirische Forschung, 3.–6. Oktober 2000, Köln.

Stevens, Stanley S., 1975: *Psychophysics. Introduction to its Perceptual, Neural, and Social Prospects.* New York: John Wiley.

Sugiyama, Kozo/Kazuo Misue, 1994: A Simple and Unified Method for Drawing Graphs: Magnetic Spring Algorithm. In: Robert Tamassia/Ioannis G. Tollis (Hg.), *Graph Drawing. Lecture Notes in Computer Science 894.* Berlin: Springer, 364–375.

Thomson, Graham, et al. (Hg.), 1991: *Markets, Hierarchies & Networks. The Coordination of Social Life.* Sage: London.

Thorndyke, Perry W./Barbara Hayes-Roth, 1982: Differences in Spatial Knowledge Acquired from Maps and Navigation. In: *Cognitive Psychology* 14, 560–589.

Tollis, Ioannis G., 1996. Graph Drawing and Information Visualization, Strategic Directions in Computing Research: Working Group on Computational Geometry. In: *ACM Computing Surveys*, 28A(4), December 1996. <http://www.utdallas.edu/~tollis/SDCR96/TollisGeometry>

Tolman, Edward C., 1948: Cognitive Maps in Rats and Men. In: *Psychological Review* 55, 189–208.

Torgerson, Warren S., 1958: *Theory and Methods of Scaling.* New York: John Wiley.

Treisman, Anne/Stephen Gormican, 1988: Feature Analysis in Early Vision: Evidence from Search Asymmetries. In: *Psychological Review* 95, 15–48.

Trezzini, Bruno, 1998: Konzepte und Methoden der sozialwissenschaftlichen Netzwerkanalyse: Eine aktuelle Übersicht. In: *Zeitschrift für Soziologie* 27(5), 378–394.

Tufte, Edward R., 1983: *The Visual Display of Quantitative Information.* Ceshire: Graphics Press.

Tufte, Edward R., 1990: *Envisioning Information.* Ceshire: Graphics Press.

Tufte, Edward R., 1997: *Visual Explanations, Images and Quantities, Evidence and Narrative.* Ceshire: Graphics Press.

Tukey, John W., 1977: *Exploratory Data Analysis.* Reading: Addison Wesley.

Tunkelang, Daniel, 1994: *A Practical Approach to Drawing Undirected Graphs.* Technical Report CMU-CS-94-161. Pittsburgh, PA: Carnegie Mellon University School of Computer Science Carnegie.

Tversky, B., 1993: Cognitive Maps, Cognitive Collages, and Spatial Mental Models. In: Andrew U. Frank/Irene Campari (Hg.), *Spatial Information Theory. A Theoretical Basis for GIS.* European Conference, COSIT'93. Lecture Notes in Computer Science, Vol. 716. Berlin/Heidelberg/New York, 14–24.

Valente, Thomas W., 1995: *Network Models of the Diffusion of Innovations.* Cresskill: Hampton Press.

Wainer 1983: Foreword. In: Jaques Bertin, *Semiology of Graphics. Diagrams Networks Maps.* Madison, WI: University of Wisconsin Press.

Wasserman, Stanley/Katherine Faust, 1994: *Social Network Analysis: Methods and Application.* Cambridge: Cambridge University Press.

Watson, David F., 1992: *Contouring. A Guide to the Analysis and Display of Spatial Data.* Oxford: Elsevier.

Watt, Alan, 1989: *Fundamentals of three-dimensional Computer Graphics.* Workingham: Addison Wesley.

Weidenmann, Bernd (Hg.), 1994: *Wissenserwerb mit Bildern. Instruktionale Bilder in Printmedien, Film/Video und Computerprogrammen.* Bern: Hans Huber.

White, Harrison C. / Scott A. Boorman / Ronald L. Breiger, 1976: Social Structure from Multiple Networks. Blockmodels of Roles and Positions. In: *American Journal of Sociology* 81, 730–780.

Wiessner, Polly, 1986: !Kung San Networks in a Generational Perspective. In: Megan Biesele / Robert Gordon / Richard Lee (Hg.), *The Past and Future of !Kung Ethnography: Critical Reflections and Symbolic Perspectives*. Essays in Honour of Lorna Marshall. Hamburg: Buske, 103–136.

Wildbur, Peter / Michael Burke, 1998: *Information Graphics. Innovative Lösungen im Bereich Informationsdesign*. Mainz: Schmidt.

Wills, Graham J., 1997: NicheWorks – Interactive Visualisation of Very Large Graphs. In: *Proceedings of Graph Drawing '97. Lecture Notes in Computer Science*. Berlin/Heidelberg/Rom: Springer-Verlag, 403–414. <http://citeseer.ist.psu.edu/wills97nicheworksinteractive.html>

Winship, Christoph / Michael Mandel, 1983: Roles and Positions: A Critique and Extension of the Blockmodelling Approach. In: Samuel Leinhardt (Hg.), *Sociological Methodology 1983–1984*. San Francisco: Jossey Bass, 314–344.

Wittenburg, Jens, 1977: *Dynamics of Systems of Rigid Bodies*. Stuttgart: Teubner.

Wolf, Christof, 1996: *Gleich und gleich gesellt sich. Individuelle und strukturelle Einflüsse auf die Entstehung von Freundschaften*. Hamburg: Kovac.

Wyszecki, Günter / Walter S. Stiles, 1982: *Color Science. Concepts and Methods, Quantitative Data and Formulae*. 2. Aufl. New York: Wiley & Sons.

Young, Michael D., 1996: Cognitive Mapping Meets Semantic Networks. In: *Journal of Conflict Resolution* 40(3), 395–414.

Ziman, John, 1978: *Reliable Knowledge. An Exploration of the Grounds for Belief in Science*. Cambridge: Cambridge University Press.

Ziman, John, 1984: *An Introduction to Science Studies: The Philosophical and Social Aspects of Science and Technology*. Cambridge: Cambridge University Press.

Anhang
Programme und Programmierwerkzeuge

Die Netzwerkdarstellungen in diesem Buch wurden mit eigenen Programmen und Programmierwerkzeugen erzeugt. Die stürmische Entwicklung des Projektes hat mich vor die Wahl gestellt, meine Programmprototypen weiterzuentwickeln und als eigenständige Software zu verbreiten oder aber mehr Zeit darauf zu verwenden, Elemente einer grafischen Sprache von Netzwerken zu bestimmen, die es den Betrachtern erlauben, komplexe Netzwerkdaten und deren Attribute schnell und einfach zu erfassen. Ich habe mich für diesen zweiten Weg entschieden. Das vorliegende Buch zeigt an einer Vielzahl thematisch und formal unterschiedlicher Beispiele, wie dieses Ziel erreicht werden kann.

Viele der in diesem Buch verwendeten Verfahren stehen mittlerweile mit (oft freien) Programmen zur Verfügung: Pajek, Visone, Netdraw, Krackplot, Multinet, Sonia sind nur einige der in der *Social Network Community* häufig verwendeten Programme. Darüber hinaus gibt es im Internet heute nicht weniger als dreißig Programmplattformen und Bibliotheken, die es erlauben, Graphen zu analysieren und zu visualisieren. Viele dieser Programme können weitere Informationen mit Größen, Formen und Farben auf Netzwerke abbilden. Können die Darstellungen als Vektorformate (EPS, PS) exportiert werden, dann ist eine Nachbearbeitung mit leistungsfähigen Standard-Grafikbearbeitungsprogrammen möglich. Einzelne Bildelemente oder Gruppen ähnlicher Objekte können mit Hilfe dieser Programme selektiert und gestalterisch optimiert werden.

Pajek

Pajek ist ein Programm von Vladimir Batagelj und Andrej Mrvar, das sehr große Netzwerke analysieren und visualisieren kann. Für die Benutzung des Programms ist das neu erschienene Buch „Exploratory Social Network Analysis with Pajek" (W. de Nooy, A. Mrvar, V. Batagelj, 2005) äußerst hilfreich.
<http://vlado.fmf.uni-lj.si/pub/networks/pajek/default.htm>

Visone

Visone ist ein Programm zur Analyse und Visualisierung von Netzwerken, das auch eigene, neue Diagramme zur Visualisierung von Netzwerken zur Verfügung stellt. Visone ist ein

gemeinsames Projekt der Konstanzer Informatikgruppe um Dorothea Wagner und Ulrik Brandes.
< http://www.visone.de>

NetDraw

Netdraw ist ein Freeware-Programm, das Steve Borgatti entwickelt hat. Es ergänzt UCI-NET, ein weit verbreitetes kommerzielles Programm zur numerischen Analyse von Netzwerkdaten, und verfügt über eine recht intuitive Nutzerschnittstelle.
<http://www.analytictech.com/netdraw.htm>

KRACKPLOT

Krackplot von David Krackhardt und Jim Blythe ist zwar ein DOS-Programm, stellt aber auch heute noch Algorithmen zur Verfügung, die in anderen Programmen nicht implementiert sind.
<http://www.andrew.cmu.edu/user/krack/krackplot/krackindex.html>

Multinet

Ein Netzwerkanalyse-Programm, das sich stärker an klassischen statistischen Verfahren (Eigenwertanalysen) orientiert, ist Multinet, ein Programm von Bill Richards and Andrew Seary.
<http://www.sfu.ca/~richards/Multinet/Pages/multinet.htm>

SONIA

Vielfältige Mittel zur dynamischen Visualisierung von Netzwerken stellt SONIA, ein Programm von David McFarland von der Stanford University, USA, zur Verfügung.
< http://www.stanford.edu/group/sonia>

Weitere Programme

Verweise auf weitere Programme zur Analyse von Netzwerken finden sich unter anderem unter <http://www.insna.org/INSNA/soft_inf.html> und <http.//www.casos.org.cs.cmu.edu/computational_tools/tools.html>.

Personen- und Sachverzeichnis

Abbbildungen
  homomorphe 17, 18
Adjazenzmatrix 133, 134, 136
Aggregat 177, 180
Aggregationen
  geometrische
  134, 136, 139, 182, 187,190
Alba, R. H. 77
Albert, Louis H. 96
Algorithmen
  iterative 188
Äquivalenz, strukturelle 101, 132
Arabie, Phipps 30
Artefakte
  visuelle 62
Attribute
  Kantenattribute, abgeleitete 172
  Konzentration, lokale 157, 158
  semantische 80, 81
  syntaktische 80, 81
  von Kanten 155ff.
  von Knoten 155ff.
Auflösung, strukturelle 187, 196
Axelrod, Robert 29

Beleuchtungsbedingungen 68, 69, 70
Bender, Walter 66, 67
Bergman, Lawrence D. 62, 64, 65
Berlin, Brent 42
Bertin, Jaques 24, 27, 28, 30ff., 42, 63, 157, 182, 187, 190, 196ff.
Beziehungen
  Austausch der Hxaro 145
  nicht redundante 125
Bild, internes 25
Bilddistanz 89, 90
Billmeyer, Fred W. Jr. 60

Blau, Peter 81, 82
Blockmodell 132ff.
  Ähnlichkeitsmatrix 133
  Bildstruktur 133, 134
  Blockdichten 133, 136, 139
  grafische Darstellung 132, 133
Blockstruktur 133, 136, 137, 143
Boorman, Scott A. 30
Borgatti, Stephen P. 114
Brandes, Ulrik 80, 81, 87 110, 112
Brewer, Cynthia
  63, 64, 156, 163, 168, 180
Burt, Ronald 123, 124, 133, 136, 137, 140, 141, 143

Card, Stuart K. 25, 70, 193, 194
Carr, Dan 35
catness 82
chromatic adaptation 66
Chen, Chaomei 25
CIE Commission Internationale de
  L'Eclairage 47, 49, 52
Cleveland, William S. 33, 37, 39, 40
Cluster 29, 30
  cognitive maps 28, 29
Cohen, Jonathan D. 117
Coleman James S. 123
Coleman, Michael K. 110
Colorimetrie 192
conjunction search 36
cost of knowledge characteristic function 71
cross modality matching 39

Darstellungen, einfache 90, 91, 92
Datenbank, visuelle 177
Davidson, Ron 109, 110, 111

Davis, Allison 114, 115
Davis, James A. 194
Degenne, Alain 132
Degree-Zentralität 93, 96, 97, 111
Denken, räumliches 26, 27
Di Battista, Guiseppe 32, 106, 113
Disparitäten 113
Distanzen 89, 90
  euklidische
  93, 133, 136, 137, 140, 142
  geografische 118, 119, 120, 121
  graphentheoretische 93, 97
Distanzmatrix, Burts Z-Matrix
  136, 137
Doreian, Patrick 95, 96, 97
Dorling, Daniel 24

Eades, Peter 109, 110, 116
edge detection 46
Eick, Stephen 110
Euler, Leonhard 84, 85, 86, 87
Euler-Diagramme 187
Everett, Martin G. 114
Exploration
  Aggregationen 176, 177, 179, 182
  Bildstruktur 177
  Farbkodierungen
  157, 162, 168, 171, 180
  Platzierungskonstraints 120
  Selektionen 176, 177, 178, 179

Faktorenanalyse 185
Farbdistanz
  CIE L*a*b* 57, 58, 59, 60, 61
  Farbtonunterschiede 61
  hue difference 61
  hue difference equation CIE 61

Farbempfindungen 41, 43, 48, 51
Farben
    ergonomische Empfehlungen 64
    ICC Profile 54
Farbenblindheit 47
Farbhelligkeit 52
Farbinduktion
    chromatic adaptation 66
Farbkontraste 66
Farbmanagementsysteme 53, 55, 70
Farbmarkierungen
    metrische Daten 62, 63
    nominale Daten 62
    ordinale Daten 62, 63
Farbmischungen, Metamere 45, 47
Farbmodell
    CIE L*a*b* 57, 58, 59, 60, 61
    nach *Munsell* 51, 52, 59, 60, 61
Farbmuster 66
Farbraum, psychometrischer
    55, 57, 58, 59
Farbrezeptoren 45, 46, 47
    Stäbchen 46
    Zapfen 46
Farbsättigung 46
    Kontrast 66
Farbschemata
    divergent 63
    für Farbanomalien 64
    hervorhebende 62
    isomorphe 62
    segmentierte 62, 70
    sequentielle
    63, 156, 157, 159, 163, 171
    spektrale 62, 63, 64
    Wasser-Land 62
Farbsystem
    CIE L*a*b* 57, 58, 59, 60, 61
    CIE xyY 48, 49, 55, 56, 59
    CIE XYZ
    49, 52, 55, 56, 57, 58, 59, 61
    CMY(K) 49, 50
    gerätespezifisches 48, 49, 50
    geräteunabhängiges 48, 49
    nach *Munsell* 51, 52, 59, 60, 61
    Munsell-Renotation 67
    RGB 49, 55, 56, 57
    technisches 48
    Umrechnung RGB in XYZ 56, 57
    Umrechnung XYZ in xyY 56
    Umrechnung CIE und Munsell 59
    Umrechung XYZ und CIE
    L*a*b* 58
    wahrnehmungsmäßig einheitliches 48, 51, 62
    wahrnehmungsorientes 51, 52

Farbtheorie
    Farbton 46, 47, 51, 52
    trichromatische 45, 47
Farbunterschiede
    JND, just noticeable differences 66
Farbwahrnehmung
    chromatische Adaptation 66, 70
    Farbanomalien 64
    Kontextbedingungen 66, 68
    kulturabhängige 42
    Referenzkontraste 65
    Zonen 43
Faust, Katherine 74, 133
Fechner'sches Gesetz 38
Federkonstante 112, 113
Feldman, Uri 66, 67
Forse, Michael 132
Freeman, Linton 30, 86, 93, 111, 130,
    185, 194, 196
Frick, Arne 111, 112
Fruchterman, Thomas M.J. 104, 109,
    110, 114, 116
Funktionen, psychometrische 17

Gammafunktion 50
Gammakorrektur 50
Gamut 48, 53, 56, 192
Gamutmapping 53, 70
Gardener, Burleigh B. 114, 115
Gardener, Mary R. 114, 115
Geräteprofile, colorimetrische 53
Gesamtsystem
    niedriger energetischer Zustand 104, 105
    Schwerpunkt 128
Gleichgewicht 104, 116
Gormican, Stephen 36
Gradienten
    Farben 87
    Helligkeit 87
    radiale 87
Grafik, Lügenfaktor 40
grafische Darstellung, Layering 35
grafische Variable
    planare 31, 32
    retinale 31, 33
Graph 73, 124, 125
    Baum 75
    bewerteter 80, 103ff., 116ff., 133,
    142ff., 188
    bipartiter 103, 114, 118
    dichotomisieren 80
    Dichte 75, 76, 77
    Digraph 168, 169
    dreifachverbundener 107, 108
    Durchmesser 75, 77
    gerichteter 80

Kantenfolge 74
kanteninduzierter 74
Kantenzug 74
knoteninduzierter 74
komplexer 158, 177, 178
Komponenten 75, 76
Kreise 74
maximaler Teilgraph 74
Normalisierung 107
planarer 31, 32
Subgraph 74, 75, 77, 78
symmetrisch binärer 106
symmetrisieren 80, 114
two-mode 103, 114, 115, 188
ungerichteter 80, 124, 125
Graph Drawing 32
    bary-centric 106
    Kostenfunktion 110
    Layout 103, 104, 105, 110, 112,
    117, 118, 119
    Layoutproblem 32
Grassman, Hermann G. 45
Green, Marc 32
Größeneindruck 39, 40
Größenmarkierungen 37, 120, 121
    Optimierungsproblem 121
Größenskalierung 39
Größenunterschiede 37
Größenwahrnehmung 37

Hardeberg, Jon 61
Harrell, David 109, 110, 111
Harris, Richard 24
Hayes-Roth, Barbara 28
Healy, Christopher G. 36
Helligkeitskontraste 66
Helmholtz, Hermann von 46
Hering Oponent Color Theorie 47
Hollands, J.G. 189
Homophilie 81
Hook'sches Gesetz 112, 113
Hüllen, konvexe 129, 134, 136, 138,
    140ff., 150ff., 182, 186, 189
Hummell, Hans J. 194

Ikonen, multidimensionale
    158, 166 189
Indow, Taro 52
Informationskosten, Senkung 71
Informationslandschaften 196
Informationsökonomie 70, 71
Informationssysteme, geografische 196
Informationsvisualisierung
    25, 29, 30, 31, 32, 33, 37
Inhelder, Bärbel 26, 27

INSNA, International Network for Social Network Analysis 37
Isoluminance 45
Iterationsschemata 105
Jacobson, Nathaniel 66, 67
Jansen, Dorothea 132
JNDs just noticeable differences 37, 38, 57, 66

Kamada, Tomihisa 112, 113
Kanten
   abgeleitete Kantenattribute 172
   abgeleitete Kantenmarkierungen 167
   Brücke 75, 76
   Gesamtlänge 90, 92, 93
   Kantenattribute 155ff., 170ff.
   Sortierungen 165
Kapital, soziales 123
Kappelhoff, Peter 132
Karten 23
   mentale 28
Kartografie 43
Kawai, Satoru 112, 113
Kay, Paul 42
Kenis, Patrick 87
Kepler, Johannes 44
Knoten
   Attribute 125, 127
   cut points 75
   Degree 107, 111, 115, 125, 126, 128
   first order zone 134
   Partitionen 156
   Schnittpunkte 75
   Umwelt, primäre 125, 126, 127, 128, 129
   Zentralität 130
Knotenattribute 155
   metrische 158
   nominale 35, 158, 161, 163, 168
   ordinale 157, 158
   quantitative 158, 159, 163, 164
knowledge
   landmark 28
   route 28
   survey 28
kognitive Operationen, infralogische (Piaget) 86
Kommunikation
   effektive 30, 31
   grafische 25, 30
Kommunikationsstrategien, visuelle 62
Korrelationen, globale 90
Korrespondenzanalyse 185

Krempel, Lothar 172, 173
Kreuztabellen 87
Kruskal, Joseph B. 113

landmark, knowledge 28
Layering 177
Layout, Transformation 145, 146
Lazega, Emmanuel 134, 135, 136, 137
Leinhardt, Samuel 194
Levitt, Paul R. 30
Licht
   physikalische Eigenschaften 43, 44
   Standardbeleuchtungen 56, 57
Lichtquellen, farbige 49
Löcher, strukturelle 123, 124
Lodge, Milton 40
Luce, R. Duncan 30, 76, 77,
Ludwig, Andreas 111, 112

Maar, Christa 24
Mackinlay, Jock D 25, 70, 193, 194
Mackinlay, John 34
Magnitude Scaling 39
Mandel, Michael 79
maps, cognitive 28, 29
Markierungen
   Degree 188
   dreidimensionale 35
   Farben 191, 192
   Größen 191, 192
   gruppierende 31
   konvexe Hüllen 182
   Lage 36, 37
   planare 31, 32
   präattentive 35, 36
   retinale 31
   trennende 31
   visuelle 31, 32
   Zonen 138
   Zonensymbole 188
matching, cross modality 39
Matrix
   der Erreichbarkeiten 93
   skew symmetric 194
Maxwell, James Clerk 45
McGill, Robert 33, 37, 39, 40
Mehldau, Heiko 111, 112
Mehrebenenbeziehungen 190
Mengen, Partitionen von 81, 82
Mokken, Robert J. 77
Moreno, Jacob L. 30, 32
Muster
   globale 186
   lokale 186
   Vereinfachung struktureller 27

netness 82
Netzwerkanalyse 30, 32
Netzwerkdarstellungen
   Ebenen 182
   Hintergund 87
Netzwerke
   Matrixdarstellung 124
   soziale 29, 30
Netzwerkvisualisierung 34, 37, 73
Newton, Isaac 44
Northway, Mary L. 86

Obrist, Hans U. 24
Operationen
   infralogische (Piaget) 27
   topologische 26, 27
Optimierung
   konvexe Startkonfiguration 107
   lokale Minima 110, 117
   n-p complete 92
   simulated annealing 105, 109, 110
   Startkonfiguration 106, 107
   Zufallskonfiguration 106, 117
Optimierungskriterium 92
Optimierungsverfahren, stochastische 110
Ordnungskonstraints 145, 146
   räumliche 147, 148, 149
Ordnungskriterien 92
Ordnungsverfahren
   Flexibilität 34
   Platzierungskonstraints 120
Orford, Scott 24

Palmer, Stephen E. 41
Parker, D. Stott 110
Partition 81, 82, 83, 189
   a priori 98
   Farbmarkierungen 127, 128, 156
   Markierung mit konvexen Hüllen 129
   von Mengen 81, 82
Pattison, Philippa E. 134
Perry, Albert D. 30, 76
Pfade, kürzeste 130, 136
Piaget, Jean 26, 27, 84, 86, 187
Pirolli, Peter 70
Plato 44
Platzierungen, Optimierung von 187
Platzierungskonstraints 120
Playfair, William 23, 24, 189
Plümper, Thomas 172, 173
Pöppel, Ernst 24
Positionen 73, 79
   soziale 29, 30
Positionszensus 194
   primäre Umwelt, Komposition 188

Programme
  Krackplot 32, 210
  Multinet 32, 210
  Netdraw 209
  Pajek 32, 209
  Sonia 210
  Visone 32, 209
Psychophysik 37
Puzzle, grafisches 71

Raum
  euklidischer 89, 90
  sozialer 145, 146
Reingold, Edward M.
  104, 109, 110, 114, 116
relational accuracy 27, 28
Relationen
  Ähnlichkeiten 188
  asymmetrische 103, 105
  binäre
    103, 105, 106, 107, 109, 116, 187
  Brücken 75
  Distanzen 188
  symmetrische
    80, 90, 103, 105, 124
Rogers, Yvonne 25
Rogowitz, Bernice E. 62, 64, 65
Rollen 79
route knowledge 28

Sack, Dominik 108
Saltzman, Max 60
Scaiffe, Mike 25
Schnell, Rainer 120, 189
Schnotz, Wolfgang 32
Schweizer, Thomas
  132, 145, 146, 147, 148
Schwerpunkt, Helligkeitsgradienten
  127, 128
Schwerpunktverfahren 106
Scott, John 132
Search
  breadth-first 131
  depth-first 131
Sedgewick, Robert 130, 131
Seidman, Stephen 78
Selektionen 162, 176, 177, 178
semantische Differentiale 66
Semiologie, grafische 30

Shepard, Roger 113
Shneiderman, Ben 25, 193, 194
Skalierung
  multidimensionale (MDS)
    96, 113, 188, 193
  nichtmetrische 113
Skalierungsverfahren 185
Sodeur, Wolfgang 194
Soziogramm 30, 90, 91
Spence, Ian 189
Spring Embedder
  103ff., 116, 118, 185ff.
  erwartete Distanz 109
  für Two-mode-Daten
    103, 114, 115
  Lücken 110, 111
  metrischer 130, 137, 139, 140
Standardbeleuchtungen, CIE 56
Standardbeobachter, CIE 47, 54, 57
Stevens, Stanley S. 38, 39, 40, 68
Stevens' law 39, 40
Stiles, Walter S. 45, 46, 52, 59, 67, 70
Strategie, konfirmatorische 88
strukturelle Muster, Vereinfachung 27
Strukturen
  makrosoziologische Erklärungen 81
  theoretische 87
Subgraphen 74, 75, 77, 78
Sun, Ru 35
survey knowledge 28

Tauschsystem 145, 146
Taxonomien, soziale Gruppen 81, 82
Thorndyke, Perry W. 28
Tilly, Charles 82, 83
Tolman, Edward C. 28
Topologie 87, 89
  räumliche 145, 146
Torgerson, Warren S. 113
Tortendiagramme 189
Treinish, Lloyd A. 62, 64, 65
Treisman, Anne 36, 183
Tufte, Edward 31, 35, 40, 71
Tunkelang, Daniel 109
Tutte, William T. 107

Unterschiedsschwellen 37

Van Duin, Marijtje 134
Venn-Diagramm 83, 85, 87
Verarbeitungsprozesse, präattentive 32
Verbundenheitsmatrix
  130, 133, 137, 139, 140ff.
Verdichtungen
  clique 73, 76, 77
  Cluster 73, 78
  k-core 77, 78
  k-plex 77, 78
  lambda-set 78
  n-clan 77
  n-clique 77, 78
  n-club 77
Wagner, Dorothea 87, 112
Wahrnehmung, präattentive 35, 36
Wahrnehmungsprinzipien, infralogische 187
Wahrnehmungstheorie, emanente 44
Wainer, Howard 24, 29
Wasserman, Stanley 74, 133
Weber, Ernst H. 37, 38
Webers Gesetz 37, 38
Weidenmann, Bernd 25
White, Harrison C. 30
Wiesner, Polly 145, 146, 147, 153
Winship, Christoph 79
Wolf, Christof 81
Wyszecki, Günter
  45, 46, 52, 59, 67, 70

Zeki, Semir 35, 36
Zentralität
  Closeness 93, 97, 112, 130
  Degree 93, 96, 97, 111, 125, 126
Ziman, John 196, 197
Zonen
  Heterogenität 158
  Homogenität 158
Zonensymbole
  125, 126, 157, 158, 162, 165
  und Attribute 157, 158
  Größenmarkierung 126
  und Kantenattribute 169, 170
  und nominale Knotenattribute 158
  und sequentielle Knotenattribute 158
Zusammenhänge, lokale 190